北京电影学院摄影学院专业教材
北京市教委教学质量提高项目经费支持

用影像讲好中国故事
中国摄影家的成长

宋 靖 著

中国摄影出版传媒有限责任公司
China Photographic Publishing & Media Co., Ltd.
中国摄影出版社

图书在版编目（CIP）数据

用影像讲好中国故事：中国摄影家的成长 / 宋靖著. -- 北京：中国摄影出版传媒有限责任公司，2024.1
ISBN 978-7-5179-1379-5

I. ①用… II. ①宋… III. ①摄影家-生平事迹-中国-高等学校-教材 IV. ① K825.72

中国国家版本馆 CIP 数据核字 (2024) 第 022780 号

用影像讲好中国故事：中国摄影家的成长
作　　者：宋　靖
出 品 人：高　扬
责任编辑：郑丽君
装帧设计：冯　卓
出　　版：中国摄影出版传媒有限责任公司（中国摄影出版社）
　　　　　地址：北京东城区东四十二条 48 号 邮编：100007
　　　　　发行部：010-65136125　65280977
　　　　　网址：www.cpph.com
　　　　　邮箱：distribution@cpph.com
印　　刷：北京地大彩印有限公司
开　　本：16 开
印　　张：20.5
版　　次：2024 年 11 月第 1 版
印　　次：2024 年 11 月第 1 次印刷
ＩＳＢＮ　978-7-5179-1379-5
定　　价：108.00 元

版权所有 侵权必究

目 录

前 言　　　　　　　　　　　　　　　　　　　　　　　　　　5

柴继军：专注自己感兴趣的东西　　　　　　　　　　　　　　7

陈　杰：恰逢其时的影响力　　　　　　　　　　　　　　　　21

兰红光：摄影就是我的"天职"　　　　　　　　　　　　　　 39

李　刚：意境表现源自雪原马　　　　　　　　　　　　　　　53

李树峰：我对理论研究还很有激情　　　　　　　　　　　　　63

李晓英：弱光摄影是大家的　　　　　　　　　　　　　　　　75

李学亮：最大的动力就是大自然给我的回馈　　　　　　　　　91

梁向锋：我希望能够有一个正面的动作　　　　　　　　　　　109

刘鲁豫：我们有责任把我们河南的好山好水推荐出去　　　　　117

柳　军：我的作品体现了我对当代中国军队的认知和感悟　　　135

卢现艺：我想用自己的方式阐述东方美学和民族文化特征　　　153

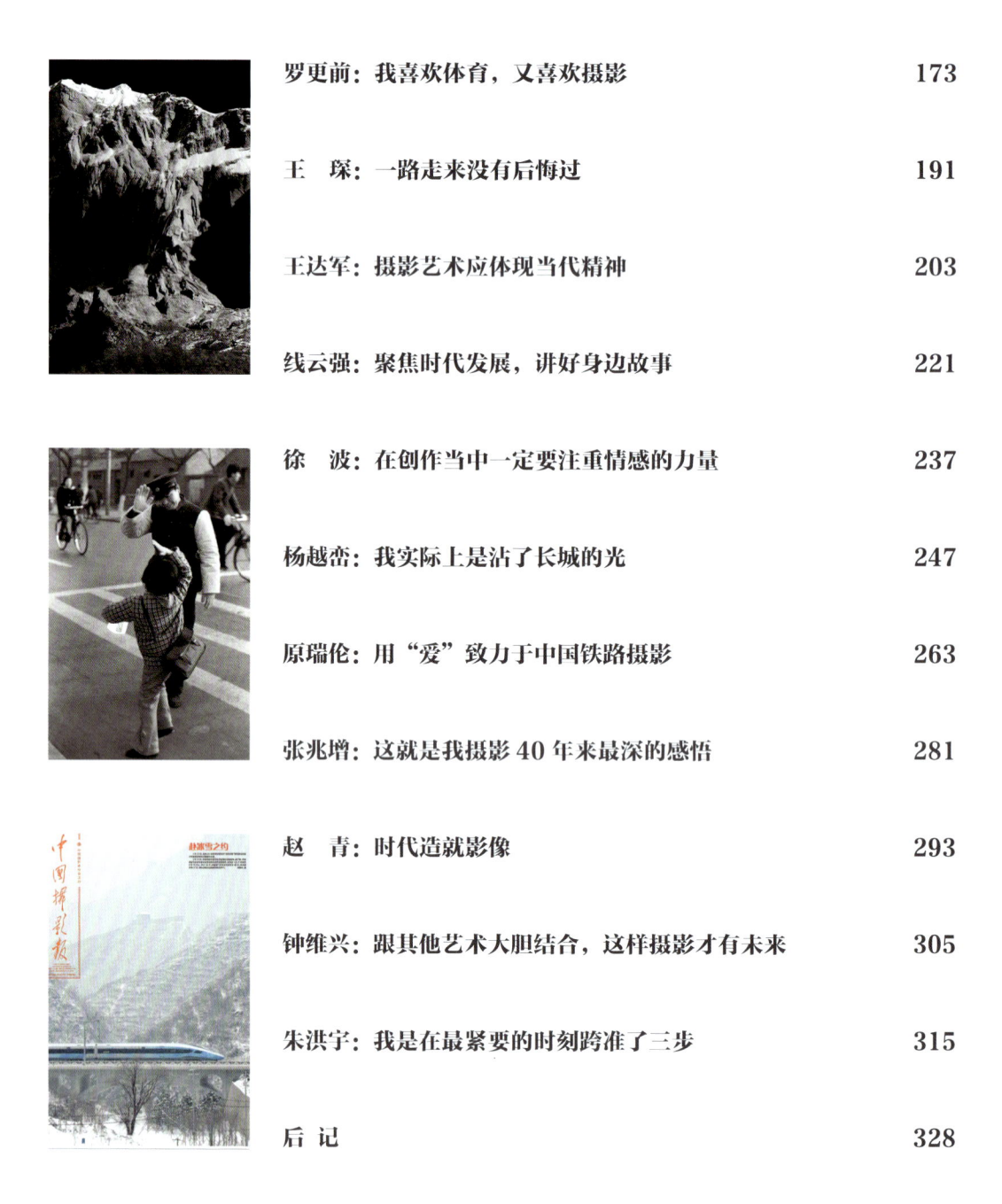

罗更前：我喜欢体育，又喜欢摄影	173
王　琛：一路走来没有后悔过	191
王达军：摄影艺术应体现当代精神	203
线云强：聚焦时代发展，讲好身边故事	221
徐　波：在创作当中一定要注重情感的力量	237
杨越峦：我实际上是沾了长城的光	247
原瑞伦：用"爱"致力于中国铁路摄影	263
张兆增：这就是我摄影40年来最深的感悟	281
赵　青：时代造就影像	293
钟维兴：跟其他艺术大胆结合，这样摄影才有未来	305
朱洪宇：我是在最紧要的时刻跨准了三步	315
后　记	328

前 言

　　熟悉我的朋友知道，我近二十年来一直在做两件事，一是行走中国，二就是有机会便与中国的摄影家们相识、相交。这两件事其实有一个共同的缘起，那就是作为一个中国人、一个中国摄影家，我对自己的祖国和人民充满了去认知和表达的强烈愿望。中国的历史文化是如此厚重、多元，以至于一直走一直有新的发现，而中国摄影家的思想与内心是如此丰富、深沉，他们的人与作品总能带给我新的启发与触动。

　　作为摄影专业的教师，在高校教书育人，我意识到有责任去分享、传播这些启发与触动。曾几何时我接触到的很多学生对国外的摄影名家、大师推崇备至，而他们的眼睛似乎缺乏发现中国、中国人故事的敏感，也就更无从关注到中国的摄影家。从那时起，我就想带着他们在中国的大地上去走去看，把中国摄影家的故事带给他们，让他们去读去想。

　　到今天，这两件事都正在结出丰硕的果实，这本书（以及过往已经出版的《中国纪实摄影家成长实录》两卷）就是我带领我的研究生们在这些年陆陆续续寻访到的摄影家们的故事。他们是真正懂中国，懂中国人，能讲好中国故事的一些人。从黄河、黄山到长城、长江，从田边地头到工厂车间，从基建狂魔到一带一路，更有如今日新月异的国家建设与传统复兴，他们镜头下的中国阔步向前。我坐在他们对面，听他们侃侃而谈，随他们日行千里，穿越古今，目光里闪烁着自豪与自信。我也要做讲故事的人，把他们的故事和他们看见的、亲历的中国大地上无数能感动人、启发人、激励人的故事讲给广大读者尤其是青年摄影师们听，给他们成长、奋进的过程中增添一种力量，让他们有机会深入领悟前辈们是如何自醒、自觉、自立的，使他们早日成为中华民族伟大复兴的优秀的见证者，乃至参与者和实践者，续写新一代摄影人的新故事，续写中华民族伟大复兴的新篇章，并把这些好故事，讲给广阔世界的、未来的人们。

柴继军

视觉中国总裁，中国摄影家协会理事、影像产业委员会委员，中国版权协会理事，中国新闻技术工作者联合会新闻信息标准化分会委员。

1974年4月生于上海，祖籍浙江宁波。

1991—1995年就读于南京大学新闻传播学系，获学士学位。

1995—2006年在《中国青年报》摄影部任图片编辑、摄影记者。

2000年合作创办中国首家在线图片库，开创了中国图片市场的历史。

2012年6月起任视觉中国集团执行董事、总编辑。

2022年6月至今任视觉中国总裁。

其间于1996年获得第6届中国新闻奖摄影类报纸编辑二等奖1个，三等奖2个。

1997年获得第7届中国新闻奖摄影类报纸编辑二等奖1个。

1998年拍摄的《目击乡村选举》获第8届中国新闻奖摄影类三等奖。

1998年获1997年度"全国十佳青年新闻摄影记者"称号。

1999年获《人民摄影》报新闻摄影评选全国杰出编辑奖，同年《北京抗议北约轰炸中国驻南联盟大使馆事件》（组照）获突发类金奖。

2001年，作品《2000年中国网络经济的春夏秋冬》获第11届中国新闻奖二等奖。

2002年获2001年度"全国十佳青年新闻摄影记者"称号。

2002年获第4届中国新闻摄影记者金眼奖，同年入选中国摄影家协会荷赛（世界新闻摄影比赛WPP）基金会新闻摄影学习班。

2003年，作品《山西繁峙矿难系列报道》获第13届中国新闻奖系列报道一等奖（与人合作）。

2006年，2005年编辑的新闻图片《两党一小步 民族一大步》获第16届中国新闻奖新闻摄影一等奖。

柴继军：专注自己感兴趣的东西

好的编辑会帮助摄影师去升华作品

宋靖：和我前几年出版的《中国纪实摄影家成长实录》一样，我写这本书的目的就是为了让学生们知道中国的摄影师是如何在社会上取得成功、找到突破并形成自己的体系或者作品风格的。你的摄影从业经历是从报纸编辑记者开始，然后逐步转为把摄影作为一个媒体、一个产业来推动，你帮助了很多中国摄影师成就自己的梦想，也为众多媒体、企业提供了很多好照片。今天希望你具体讲讲你的摄影成长经历。你最早是怎么开始从事摄影的？

柴继军：我是在南京大学新闻传播系（今为学院）毕业的。在南京大学，当时我们系的学生们大四的时候一般要去新闻媒体实习，学校那个时候可以联系一些媒体单位。我希望去北京实习，当时就选了《中国青年报》。这中间还有点小波折，因为我的专业是新闻传播学，总体而言我还是文字学得多，只是把摄影当成一个技能，会拍照片而已。但我到《中国青年报》实习时，只剩思想理论部和摄影部可以选择。我觉得思想理论部的工作不太适合我，就选择了去摄影部，所以说我去摄影部其实是因为一个很偶然的机会。那时摄影还用胶片机，成本很高，所以当时摄影部给我提了几个条件，说没法给我提供相机，也没有胶卷提供，我得自己承担这些东西。但我那时已经没有退路，不接受的话可能就只能回去，所以我咬着牙说"行"，然后就去了。当时我正巧有一位大学同学在北京实习，他借给我一台相机，我就拿着那台相机开始在《中国青年报》实习。其实现在回头看，这对我来说是一个特别幸运的事。因为在20世纪90年代《中国青年报》是国内最好的新闻媒体之一，报社摄影部也是国内媒体中最具影响力的摄影部。在那个互联网还不是特别发达的年代，在这里你能看到最好的摄影记者、图片编辑是怎么工作的，看到中国最好的暗房怎么操作，看到编辑怎么选择照片、头版照片怎么运用等，这是多么幸运的事儿。那时候《中国青年报》刚刚在全国率先推出了摄影画刊，就是用一整版图片来报道新闻事件，这在当时是开创性的，所以在这里实习对科班出身的我们而言提高是非常快的。

应该说，我走上摄影之路算是偶然。这四个月的实习，让我觉得图像的力量比文字更大，摄影更有发展前途。值得一提的是，作为一个普通的大学生，我在北京没有任何"关系"，能被作为中央级媒体的《中国青年报》最终录用，特别幸运。

宋靖：进《中国青年报》后你就直接到了摄影部吗？

柴继军：是的。那时，摄影部的大多数人都希望去采访拍摄，普遍不太愿意做幕后的编辑。现在回头看，其实图片编辑最稀缺，直到现在也是这样。不过，《中国青年报》的氛围特别好，即使你的身份是编辑，社里也会让你去体验采访拍摄，不然你是没法理解摄影记者在新闻现场报道的感觉的。所以我在做编辑的时候，也有非常多的机会去参与拍摄、报道。也就是说，《中国青年报》既给了我图片编辑的经验，也给了我做摄影记者的大量机会。甚至一些突发报道、灾难报道，我只要提出来，基本上贺老师（贺延光，著名摄影家，《中国青年报》时任摄影部主任——编者注）都会让我去。因为他认为要想做好图片编辑，你得知道一线是什么情况。

编辑的工作如果能帮助一个摄影师提升他的报道，这就是最有价值的事了。我举一个印象深刻的例子，就是焦波的专题《俺爹俺娘》。当时《中国青年报》和《南方周末》是竞争对手，《中国青年报》有一整版可以发照片，《南方周末》也有一整版用来发照片。但是《南方周末》是市场化的报纸，稿费特别高，一整版大概是2000—5000元，而我们《中国青年报》的一整版大概才480—600元。所以我和当时《南方周末》的编辑张小文既是好朋友，也是竞争对手，我们要竞争稿源。在稿费方面我们没有任何竞争力，只能靠编辑的功夫，我们必须抢在别人前面发现有价值的内容，同时保持与优秀摄影记者的沟通交流。只有帮助摄影师提升摄影报道水平，才能让摄影记者更认可我们，以获得更大的影响力。这就要求编辑下功夫，跟好多摄影师成为朋友，要不仅仅看他寄给你的稿子，还要经常跟他聊："你最近在拍什么？你有什么想法？你应该往哪个方面调整一下……"当年这个工作我做得特别多。有一次我在《南方周末》上看到一组稿子，是用图片故事的形式讲述一对山东农村老人第一次来北京的情景——老人在故宫、长城留了影，年纪大的小脚

1997年1月20日《中国青年报》摄影专题版刊发柴继军编发的摄影师焦波作品《俺爹俺娘》。柴继军提供

老太突然到了北京这样的现代城市，产生了强烈的视觉反差，颇显有趣。当时我没太在意，但过了一段时间我在《大众摄影》看到了一篇讲摄影师与父母之间亲情故事的文章。作者焦波写了他为父母亲拍的第一张照片以及他们之间的诸多情感故事，我看后很感动。里面的一些细节让我突然联想到了《南方周末》的那组照片，我就想这会不会是同一个作者，如果是同一个作者，那之前那组照片就显得有点猎奇了。如果作者拍的是他父母十几年的生活，那应该是个很有意思的图片故事。当时我不认识焦波，后来通过各种渠道才找到他。我问他："焦老师这两份报刊的文章是不是都是你写的？"他说："是。"我说："你是不是拍你父母亲很长时间了？"他说："是。"我就说："我很感兴趣，能不能看看所有的底片？"然后焦波就把他所有的底片都带到我们办公室，让我看了他的所有底片。我从中大概选了十几张，并就报道取名《俺爹俺娘》在《中国青年报》摄影专题版发表了。报道反响特别好，特别受欢迎。中央电视台看见后就给我们打电话，说春节期间想借此做个专题片。焦波这个选题的成功坚定了他持续拍他父母的决心，后续他就不断丰富、不断拍，最终成就了《俺爹俺娘》这个大专题，并在中国美术馆举办了展览，还写了书，拍了纪录片。我觉得，其实这中间反映的是编辑切入的角度不同以及对题材思考的不同，好的编辑会帮助摄影师去升华作品，创造更大的价值。

宋靖：好的编辑是会帮助摄影师提升作品质量的。你在报社工作时，有没有哪个采访报道让你记忆深刻？

柴继军：有一件，那是我作为摄影记者与文字记者刘畅一起协同工作的一个报道。我后来写过一篇文章，题为《繁峙矿难报道十年断想》，讲的就是那次报道的一些经历和思考。繁峙矿难是2002年发生在山西的一个金矿事故，当时的系列图文报道拿了2002年度中国新闻奖一等奖。这个奖是我摄影记者生涯里很重要的奖项，它让我觉得我的确是为社会做了点事，对自己这份职业有所交代。其实，这也是《中国青年报》

推崇的办报理念，就是能关注社会，能把镜头对准老百姓，通过媒体来推动社会的进步。这就是我关于摄影印象深刻的两件事，一件和图片编辑有关，一件和摄影记者有关。

当年的具体情况是这样的：2002年6月22日15时许，山西省繁峙县金矿发生一起特大爆炸事故。当时，繁峙县政府报告说"死两人，伤四人"。直到6月25日才有举报人通过电话向《中国青年报》举报此次矿难瞒报了死亡人数。在整个采访过程中，最惊心动魄的是6月26日至28日这三天的采访经历。

收到举报后，领命采访的我们抵达繁峙，一入驻宾馆就有一名好心的服务员善意地提醒我们："我不知道你们是干什么的，但你们一来，就有人盯梢，一夜都没离开，你们千万要小心啊。"原来两个"神秘人物"已经开始对我们进行24小时"监控"。

一张无形的黑色大网笼罩在繁峙。

矿难幸存者以及部分遇难者家属一开始就被矿主控制在一家汽车旅馆内集中"管理"，如接受"不接收遗体、五万元赔偿"的条件，即可拿钱走人。一些来自陕西的遇难者家属坚持必须看到遗体，拒绝矿主的要求，并冒着危险与我们取得了联系。他们摆脱跟踪后在一家路边小店接受了我们的采访："窗外，不停有人影晃动。突然，一个目光凶残、满脸横肉的人，在窗外走了一个来回，并向窗内张望。这时，我注意到，接受采访的家属、矿工们脸色大变。摄影记者柴继军将数码相机藏到身后，我也将微型录音机藏在床下，以应对随时发生的不测。"刘畅在事后文章中描述了这一场景，我对窗外的那张脸至今记忆深刻。就这样，我们不断转移，与遇难者家属秘密会面。直到27日深夜，遇难者家属在路边向我们提供了一份由他们自己统计的29人的遇难者名单。此时，透过车窗，他们悲苦而无助的眼神，充满了对正义、真相的渴望，深深地印在我们心里。

事后我们了解到，在这些矿难背后，是当年松懈的安全监管以及中国经济快速增长带来的永无止境的对煤炭等自然资源的需求，这些孕育了矿难瞒报事故的频发，甚至出现了有偿新闻、媒体腐败等问题。

我在2012年的回顾文章中写道："繁峙矿难已经过去十年

了，矿难在这十年间一直是中国人心中永远的痛，至今仍然是媒体的关注热点，人们似乎已经对频繁发生的矿难麻木了。不过，我们也应看到，随着综合治理的加强，从2002年至2011年间，煤矿事故总起数和绝对死亡人数逐年下降，如今已连续9年下降。2011年全年死亡人数已经降至2000人以内。"

大学毕业后有幸进入《中国青年报》工作，这里有优良的新闻传统，注重重大新闻事件独立发声，鼓励记者进行舆论监督批评报道，强调"人文关怀"的报道视角，重视新闻图片

2002年7月8日《中国青年报》法治社会版刊发刘畅撰文、柴继军摄影的山西繁峙矿难稿件《黄金劫》。柴继军提供

以及摄影专题报道,这些都让我受益匪浅。繁峙矿难是我仅有的十年新闻生涯中唯一的一次深度调查性报道。刘畅扎实的采访作风和后方编辑的精心组织为此次报道的成功打下了重要基础。对我个人而言,这次报道让我经受了一次新闻专业主义的洗礼,也实现了自我的新闻职业理想。

通过这次采访,我更加深刻认识到现实中国社会的复杂性。矿难发生后,政府监管部门关闭了当地所有的非法金矿,上千名民工被遣返回家。记得当时他们对我说:"今年下半年很难再找到工作了,家里老人孩子还等着钱呢,死几个人却让我们几千人失业。"总之,中国区域发展的巨大鸿沟、转型期社会的阵痛、历史面前个人的渺小,这些东西更为深刻地影响着我。

作为一个时代的瞭望者,新闻记者不能只看到单纬度的真相,更要全面、客观地观察社会,将碎片信息组织起来,尽全力展现给公众一个全面、不偏颇的真相。在中国做新闻记者,尤其是新闻摄影记者,某种意义上来说是最幸运的,中国每天都在发生着剧烈的变化,"历史每天都在你眼前发生",这是时代给予我们中国记者、摄影记者最宝贵的财富!

我长期在这个行业里发现的痛点

宋靖:后来是什么机缘巧合让你从图片编辑变成了图片库经营者?

柴继军:我在《中国青年报》做编辑时,每天的工作其实也非常枯燥,早上大概8、9点钟要去收一次邮箱,把信封拆开一个一个看稿子,适合的就留下来,不合适的就销毁。因为《中国青年报》的影响力,当年几乎所有中国摄影师都愿意投稿,希望自己的照片能发表在《中国青年报》上。但是《中国青年报》每天也就八到十几个版,每天的版面容量有限,在各种各样的原因影响下,即使有些稿子不错最后也没能刊登。所以每天都有大量照片落选,很浪费,而且当时好多媒体其实是很缺照片的。当时很多没有丰富图片稿源的图片编辑甚至会每周到我们报社来选稿。

这就是我当时工作发现的一个供需不平衡——提供照片的人很多，需要照片的人也很多，但是他们互相找不到对方，信息不对称。

1999年，中国开始慢慢进入互联网时代。有朋友给我介绍说，在国外有图片交易这样的网站，问我愿不愿意加入。我一看就颇受触动。其模式就是让摄影师注册后上传照片，然后照片就可以被放到互联网上让那些需要照片的人购买。我当时觉得，这是一个非常好的解决办法。所以我就想，那我们是不是可以在国内建一个这样的图片库，能够让摄影师们的照片不至于浪费、不至于被扔掉。摄影师只要上传一次就行了，大家合力形成一个交易市场，让有需要的媒体直接购买。所以，我在那个时候其实就已经有了这个想法，琢磨了一段时间后，我们几个合作伙伴在2000年5月把网站（时名"Photocome"，意思是"图片来了"，2005年Photocome更名为"汉华易美"，即今天的"视觉中国"——编者注）建起来了，6月就开始正式运营。当时我们需要资金，也找了天使投资人，就是我现在的合伙人，有了资金投入就为公司的发展奠定了基础。

从那时开始，我就在做这个交易平台。所以说，这个契机其实也是我长期在这个行业里发现的痛点，正是因为我自己能够感受到这个痛点，才能把握住这个机会。我当时就是觉得自己还年轻，也没什么包袱，想做就做，失败就失败，没想太多的东西，就直接做了，没有给自己设定太多条条框框。现在看，我的选择正好顺应了大趋势。随着技术的发展，大家变革观念，慢慢接受了照片在互联网上形成流通和交易。所以说，我算是赶上了一个好的时代，把握住了一个好的机缘，我是顺势而为，把这个事情做起来了。

数字创新使得艺术更加"平易近人"

宋靖：所以你做图片库并非在外边找机会，而是在工作中发现了这样的一个痛点，想解决它，才抓住了机会。还有一个问题我想问一下，视觉中国最近正在涉足NFT（全称为Non-Fungible Token，指非同质化通证，实质是区块链网络里具有唯一性特点的可信数字权益凭证，是一种可在区块链上记录和处理多维、复杂属性的数据对象——编者注），能否介绍一下基本情况？

柴继军：微信、抖音、微博等数字媒体现在已经是我们日常生活中不可或缺的一部分。曾经的Web2.0时代背景下，数字媒体有诸多痛点，例如不可溯源、无法检验、易侵权、恶意篡改等。同时，传统的实体艺术作品销售流通依赖于经纪人、画廊、拍卖行等专业人士与机构，例如，艺术作品的真伪鉴定，摄影、版画的签名和限量编号，这些都依赖于专业机构中心化的信任机制。加上传统艺术作品的保存与展示对物理空间的要求，这些都大大抑制了艺术品的流通，无法"海纳百川"。进入Web3.0时代，通过区块链的共识机制、分布式记账和密码学等技术，"数字作品"可以成为"数字资产"，数字资产在链上的交易被赋予唯一性和不可篡改性，这将解决虚拟世界交易的信用问题。随着数字经济的到来，艺术作品也从传统的实体时代进入数字时代，数字作品可以通过区块链智能合约技术进行创建、维护、执行非同质化数字资产通证，这种独一无二、不可篡改、不可复制的"编号"将使数字作品更具有收藏价值，艺术作品的交易流通将进入价值互联网时代，这将大大提升数字艺术品的传播与交易效率，数字创新使得艺术更加"平易近人"。

视觉中国依托20多年在数字版权领域积累的全球创作者生态、优质内容、平台交易、技术创新优势，在符合法律法规和相关监管规则的前提下，启动"区块链+"战略，发挥区块链的存证、共享、协作、信任的优势，为数字内容的生产、管理、保护、交易全流程赋能。2021年12月26日，视觉中国推出数字艺术交易平台——"元视觉"艺术网，通过区块链技术帮助艺术家把"数字作品"转化为"数字资产"，生成唯一数字凭证，帮助艺术家创作的特定数字艺术作品实现不可分拆、不可复制、不可篡改，并在保护其艺术作品数字版权的基础上，实现真实可信的数字与实体艺术品的发行、收藏和使用，将数字艺术与实体艺术相互补充融合，让文化艺术活起来。总之，

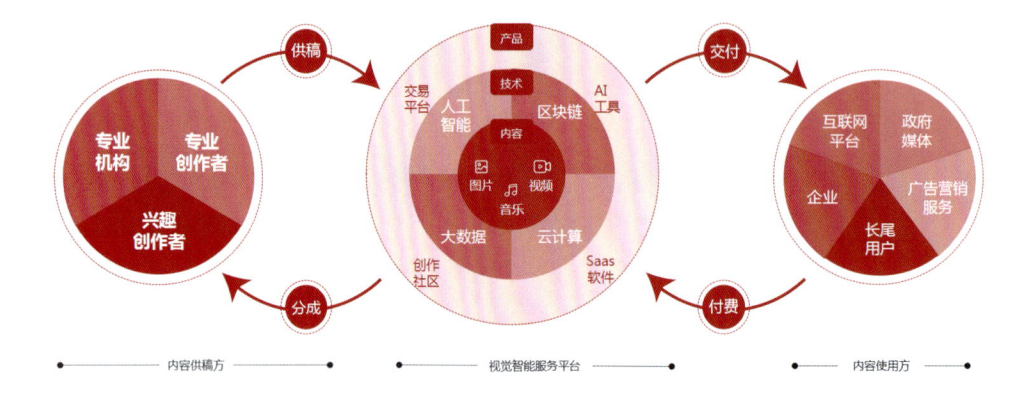

通过赋能实体经济，实现数字创新，NFT为实现数字版权、文化创意产业高质量发展注入了新动能。

视觉中国2023年3月份发布的供稿&分成及交付&付费模式。视觉中国供图

宋靖：对视觉中国的签约摄影师来说，元视觉是否意味着多了一个变现的渠道？

柴继军：是的，视觉中国拥有两大交易平台，一个是针对媒体企业等机构客户的To B数字版权交易平台，一个是针对消费者的To C数字艺术交易平台。对签约摄影师而言，两大平台为其提供了两次变现的机会，即数字版权（To B授权）+数字艺术（To C销售）。我们与上游创作者采取分成合作模式，签署授权协议后，取得授权或销售收入后按约定分成比例支付给创作者。

宋靖：目前这两个平台的经营情况如何？元视觉刚刚起步，市场如何？

柴继军：视觉中国（000681.SZ）是深圳主板上市企业，根据2021年年报，2021年，视觉中国营业收入6.5亿元，较2020年同比增长15.22%，自2014年上市以来，"数字版权交易平台"收入超过50亿元，服务的B端客户包括党政媒体、互联网平台、广告营销服务、品牌企业等两万余家，累计向全球创作者支付版权服务费超过15亿元。元视觉运营6个月就与40多位艺术家和版权机构合作，实现了销售数字藏品收入近2000万元，初步得到了市场的认可。

1996年4月23日，北京站，来自安徽省金寨县桃岭乡农村的小姑娘苏明娟（左）成为新闻媒体的热点。1991年，摄影家解海龙（中）拍摄下苏明娟渴望读书的大眼睛，这幅照片后来成为希望工程的标志，打动了成千上万善良人的心。苏明娟也因此而家喻户晓。苏明娟这次进京，是应《中国青年报》之邀参加该报45周年报庆"我们共有一个生日"活动。柴继军摄

宋靖：元视觉的第一个数字藏品《我要上学（大眼睛姑娘）》的销售情况如何？

柴继军：元视觉与著名摄影家解海龙合作发行首个数字艺术作品《我要上学（大眼睛姑娘）》，发行价格199元，限量发行10000份，10多分钟即售罄，可以说销售情况还是很好的。而且创作者与元视觉将全部发行收入捐给了安徽希望工程苏明娟助学基金，这也取得了良好的社会效益。

宋靖：那么摄影师又是如何与视觉中国和元视觉合作的？

柴继军：我们拥有两大创作者社区——全球领先的摄影师社区500px与国内领先的设计师社区爱视觉（ishijue.com），覆盖195个国家，注册用户超过2000万，有50万签约创作者。公司依托500px摄影社区、爱视觉设计师社区，扩大个人签约创作者的数量和质量，通过To B数字版权交易与To C的数字艺术交易两大平台为各类创作者提供版权变现服务。大家可以通过500px了解我们与签约摄影师签约的流程与条件。

宋靖：你分析过用户画像吗？

柴继军：一是年轻人；二是具有投资需求的人；三是喜欢数字艺术作品的人。目前看，男性用户居多，18—35 岁的用户占近 60%。

宋靖：视觉中国会在海外布局 NFT 吗？

柴继军：会的。2022 年 5 月 28 日，视觉中国在 500px 国际版建设 NFT 交易平台"Valut by 500px"，打造为全球创作者服务的社区与交易平台，实现数字艺术品全球化可信流转，同时向全球传播中国优秀文化，促进国际文化交流。

宋靖：你对现在的年轻人有什么寄语吗？

柴继军：要专注，尤其专注自己感兴趣的东西。只有这样，你才可能特别认真地去做这件事情。如果你本身都不感兴趣，也不去投入，好多事情就变成一个工作，而不是事业，这一点我感受比较深。尤其年轻人，可能没那么多条条框框。如果我当年瞻前顾后，可能就错失了机会。所以我觉得，年轻人试错

1999 年 11 月 1 日，在澳门回归倒计时 50 天的庆祝仪式上，澳门首任特首何厚铧坚定自信、满面春风，和参加活动的葡萄牙官员谦恭的神态形成鲜明对照。柴继军摄

成本比较低，就算错了也没什么。

宋靖：是的，希望学生们能从你的成长过程中得到启发，根据自己的热爱往前走，在工作中发现需求，把握机会，除了想法还得有行动力，这都是成功者必须要具备的几个要素。

柴继军：对。如果自己真正喜欢做一件事情，就能做到极致。发现问题你就会执着地想办法去解决。你解决的问题越多，你的积累和收获越多，你自身的价值肯定就会越高，这一点放在任何领域、任何人身上都是通用的。我相信机会总是给有准备的人的。

陈 杰

《新京报》首席记者，资深报道摄影师。

1974年出生于安徽省石台县。

1991年12月从家乡石台县入伍，在火箭军某部当兵5年，其间荣立二等功1次，三等功2次。1997年退伍，在驻军当地媒体任摄影记者。2003年9月北上，加盟由《光明日报》和《南方日报》在北京共同创办的《新京报》，且参与创刊筹备工作。2003年11月11日，《新京报》创刊，即任摄影记者。2005年5月，任《新京报》摄影部副主编。2009年5月，任《新京报》摄影部主编。2014年5月，主动辞去主编职务，回归一线，任《新京报》首席记者。2014年8月，奔赴腾格里沙漠，并发出系列报道"沙漠之殇"，得到了中央领导高度重视，从而触发中国环保风暴。

从事媒体摄影工作25年，足迹遍布全国所有省市区，报道过汶川地震、北京奥运会、两次大阅兵、天津大爆炸等，参与10余次全国两会报道。此外，报道过缅甸飓风、日本"3·11"地震海啸及核危机、日本核危机5年、尼泊尔大地震等重大国际事件，是四川凉山悬崖村的发现者和报道者之一。

曾获得荷赛、华赛（中国国际新闻摄影比赛）、中国新闻奖、《人民摄影》报"金镜头"、中国摄影金像奖等国际国内各类权威新闻摄影奖和业内荣誉奖上百项，两次获得"金镜头"年度杰出记者大奖。

陈杰：恰逢其时的影响力

做记者的时间越久，应该越谦逊

宋靖：我写这本书的目的是让学生们能够更多地了解中国的摄影师，了解你们从青年到后来是怎样成为一个顶天立地的摄影师，为这个国家做了哪些有意义的事情。比如你的专题深度报道比国际上很多耳熟能详的摄影师还要好，但我们的学生对国外摄影师如数家珍，对自己身边的像你这样优秀的摄影师则知之甚少。我觉得，这是我们的教育出了问题。我相信你们的成长经历实际上是有启发性和可参照价值的。成就就不多谈了，就从你的摄影经历说起吧。

陈杰：宋老师，你的评价，我受之有愧。其实我不太愿意讲个人所谓的成就，我从事这份职业是基于它基本的行为规范和职业精神。

比如记者有很多职业优势，我只是按照自己对记者的认识和理解去做自己的事情。过去我一直在反思，我一开始做记者的时候无非是觉得记者比较受人推崇，是大家口中的"无冕之王"。实际上这是一种很功利的判断，包括所谓的"铁肩担道义，妙手著文章"等，如今看来，我对这些说法并不认同，因为在这个行业，并非所有的记者都是本着真正职业精神去行事的。

我们从一个"菜鸟"入行，自命清高，自以为是，把记者这个职业作为能够实现个人某些功利的一种工具来使用，所以往往自视甚高。实际上真正实践以后，我们会发现，并非如此。

所以我认为，第一，做记者的时间越久，应该越谦逊，只有谦虚，人才能够自由，要给自己留余地；第二，在谦逊的时候，你才能够更多地去辨识真相，或者说更接近真实，只有这样，才能够更好地传递事实本身的力量。

我一向认为，并不是记者本身的力量有多大，他挖掘事实本身的能力才是其真正的力量。我做了25年记者，虽然获得过这样那样的奖，但于我而言，这些给我留下的更多是反思，包括对我过去作品的一些不足的反思，只有这样，我才能真正不断增益认知。

我为什么走向记者这个行业，其实也算因缘际会。我最开始是到部队当兵的，当时摄影跟我并没有关系。虽然我父亲是照相馆的，但他一直反对我拿相机，他觉得这是非常没有出息的，认为孩子只有上大学，才是有出息的。我是蛮叛逆的，到部队时我就带了一台海鸥相机，有时拿出来给战友们拍合影，有时用来拍摄战友们的训练。有一次打靶，我拍了一个同年新兵用5发子弹打出了50环满分的照片，然后投稿出去，不想很快就在我们部队所在兵种的报纸上发表了出来，这提升了我的摄影信心。

我当兵的时候，部队拍新闻流行摆拍，意义不大。那时，我就比较反感摆拍，尤其是反感完全无中生有的摆拍新闻，于是我开始学习一些抓拍的照片，比如说学习《中国青年报》等媒体刊发的前辈们的抓拍风格影像。在部队挽留下超期服役两年后，我退伍离开部队到驻地市级地方报社做了摄影记者。

2003年11月，《新京报》在北京创刊，我通过面试加盟《新京报》。报社当时一视同仁，接纳了国内的一批优秀摄影师。进入《新京报》这个团队后，我才发现新闻摄影有更开阔的表达空间。

到《新京报》以后，我能够更多地去拍我想拍的题材，或者说拍很多媒体不能够触碰的题材，毕竟题材是关键。以至于我在《新京报》工作的时候，几乎就没有在北京待过，全年大部分时间都是在全国各地跑那些重大突发事件，比如说矿难、沉船、空难等，也包括一些国内国外的自然灾害，比如缅甸飓风、尼泊尔地震等。不过，由于个人视野局限，对社会认知不足，虽然经历了一系列重大事件，那些年我所获得的经验都是比较碎片化的。

究其原因，主要是过去专业训练不够系统，即使到《新京报》后我接受的训练一开始也并不够系统，更多是基于摄影技术的提升。那时国内很多报社的摄影部更多是一个技术工种部门，或者

《天津大爆炸》
2015年8月12日，天津市东疆保税港区瑞海国际物流有限公司所属危险品仓库发生爆炸，导致173人死亡，1.7万户居民房屋受损，8000多辆车被焚毁，并造成严重的环境污染。图为2015年8月15日，大爆炸后留下的巨坑和废墟。陈杰摄

说我们很多摄影记者会自以为是地认为自己是个艺术家，但实际上我们对社会的理解尚浅薄。当时国内整个新闻摄影体系都存在这个问题，因为摄影是一个稀缺工种，以至于我们自命清高，而摄影记者自身实际上的专业能力不足和视野狭隘被掩盖了。

在《新京报》工作几年后，我逐渐从最初的技术思考转向事实判断，尤其是面临一些异地采访时，我逼着自己去独立判断，发现了自己的很多不足。当时我更多是跟同行学习，比如说和一些调查记者深入交流，跟他们在一个团队完成一个重大报道。在这个过程中，我逐渐学会了自己去判断一些重大的事件，以及怎么以文字思维和摄影思维去切入报道。这时，相机只是我的一个表达手段，适合用文字还是适合用相机，我可以做出独立的判断和选择。这样实际上我颠覆了过去的单一影像思维出发点，而是从事件本身的可表达空间来进行记录和传播。

我认为，作为记者，无论是摄影记者还是文字记者，首先得是个记者，你要对事件本身有充分认知，而且要尽可能深入挖掘，然后才能用你对事件的理解去判断，去采访，去拍摄，或者去写作和传播，最终呈现出来的是尽可能逼近事实的作品。这是我对摄影的重新认识和理解。

我追求摄影技术上的精进，同时在对事件本身的理解上也有更多主动的专业积累。后来我做了《新京报》摄影部副主编，在处理一些必要的行政事务同时，在征得报社同意的情况下，我也一直坚持跑一线。

后来我升任摄影部主编，繁重的岗位职责使我不得不基本上固定在办公室。虽然一年也会参与一两次重大的事件报道，但大部分时间都是坐定在办公室协调很多烦琐的人事和日常采访安排。当然，这其中的一些工作帮助提升了我的个人能力，比如，一旦出现重大事件或者操作重要专题时，作为摄影部的主管，我要协调各个部门的资源。这时所有部门要协同作战，我们摄影部要有独立的判断去安排摄影记者跟进，保证报道图文的呈现是高质量和全方位的。这个过程增强了我对一些重大事件的判断能力。

但是，于摄影这个行业而言，如果长期待在办公室脱离一线的话，会因逐渐疏离而降低对不断变化的新闻摄影的一些判断力。2010年以后，尤其是互联网快速发展后，新闻摄影迭代突飞猛进，如果还是以过去传统的思维模式判断和传播信息，

《空降兵冒死救出69名被困群众》

2008年5月17日11时，空降部队某部尖刀连26名官兵，历经11小时，从塌方的山体冒死徒步行进40公里，挺进四川省绵竹市金华镇三江村，营救被困的69名群众。陈杰摄

很快就会落伍。所以2012年我向报社提出辞去主编到一线做首席记者的要求。这个过程折腾了两年，到2014年报社才同意。我当时对摄影这个行业其实是蛮悲观的，我觉得报纸摄影师一直没有主动寻找未来发展的突破口。在互联网的冲击下，报纸摄影师专业能力不进则退，而且大家对社会的认知不太求上进，这是我个人当时的焦虑。

所以离开之后，我首先跟报社提了一个要求，即我不接受报社任何的工作派遣，我想完全独立选题，独立操作，独立去完成。在这样一个前提达成的情况下，我离开了主编的岗位。我当时跟自己说了一句话——我要么成为笑话，要么成为"传奇"。当然，传奇是打引号的，没有什么传奇，但实际情况至少让我觉得不那么糟糕，能够让我在行业上实现自己的一些想法。

我对中国环境问题的认识，在这个实践过程中得到了提升

2014年我开始系统地关注中国西南及西部地区的环境问题。这个最初的积累也是碎片化的，当时我关于环境的专业知识和信息积累都是不足的，通过做出的一些有重大影响力的报道，我才逐步进入国内环保行业或领域，才得以与更多专业人士进行深入交流，获得更多的信息。

我的第一篇环境报道是关于青海省环境问题的报道。我记得那是8月底的一天，当时时间接近凌晨，上面一纸禁令让这篇已经准备签版的两个版的图文稿被"枪毙"了，这让我很沮丧。因为这是我独立操作完成的第一篇稿子，而且这篇稿子非常扎实。我的第二篇环境报道是关于内蒙古和宁夏两地接壤的腾格里沙漠污染的报道，这个报道也是费尽周折，好在发表以后影响比较大。最初地方反弹比较激烈，指责我的报道是对地方进行污名化。在不断的博弈过程中，新华社发布了中央领导对腾格里沙漠污染事件的批示，由此引发了中国的环保风暴。在腾格里沙漠之后，我又做了一系列环境问题的报道，都产生了不同程度的社会反响，由此我在环保领域迅速被熟知。在我的视野里面开始有很多涉及环境、公益的律师，还有一些环境问题

《俯瞰污染的大地：废弃矿山常年毒害村庄》

2019年9月7日，广西壮族自治区百色市德保县，一处废弃的矿山常年流淌的强酸及含有重金属的有毒废水，对当地村庄造成严重的环境污染。陈杰摄

《埋在沙漠里的污染》

2015年10月29日，内蒙古自治区阿拉善左旗腾格里沙漠腹地，中科院和绿发会工作人员在一处当地化工企业通过埋在沙漠里的管道向沙漠直排污染并用黄沙覆盖的区域，挖出被污染的沙子，为环境公益诉讼收集证据。陈杰摄

专家，包括一些学者和社会组织都主动跟我联系，于是我的朋友圈不断扩大。

在跟这些专业人士接触过程中，我发现过往自己对很多东西都只有很浅层次的认知，现在这些都需要去慢慢消化，比如说中国西部和西南的环境问题。应该说，一开始我的环境报道虽然是调查报道，但顶多是点对点报道，缺乏整体的认知。在与专业人士接触、交流和消化这样一个前提下，我先后又做了十几篇重大环境问题的报道，大部分得到了党和国家高层的批示，所报道的相关重大环境问题事件被国务院挂牌督办。

从第一篇到第二篇，到第三篇，越到后面我会越系统地关注这个领域的一些专业知识去提升自己的认知，也对中国整个的环境问题有了较为全面的了解。从产业结构到历史、科技、经济能力和环境立法等，我发现这里面有很多复杂的社会问题。在这个过程中，我逐步学会了从总体上观察这些事件，进而产出更多扎实的环境报道，来助推环境公益诉讼以实现环境问题的解决。如果我做环境报道，仅仅解决一个个案的话，意义有限，而如果我能够深挖环境问题存在的根源，在普及常识的同时，也能够推动环境制度的改革，才能实现标本兼治。比如说腾格里沙漠污染事件的发现和持续追踪报道，先后两次被写进政府工作报告，并成为最高人民检察院的一个判例。比如我们在甘肃做的关于某铝业集团危险废弃物的非法处置报道，它推动了中国关于电解铝行业危险废弃物处理的力度和改革。尤其是腾格里沙漠环境诉讼事件，对于中国的环境公益诉讼可以说是个分水岭，从过去的难有胜诉，到现在胜诉率能达到50%以上。

那么，这个分水岭借的是什么机会呢？是国家的发展大势。当时党和国家越发重视环境问题，于2015年1月1日开始实施新的环保法，并就环境保护做出各方面宣传引导。这一系列的动作，从顶层设计到公众的意识，到企业的责任，还有媒体的监督，推进了中国整个环境问题的改变。我对中国环境问题的认识，在这个实践过程中得到了提升。

之后，在拍摄涉及环境问题的专题时，我都会有目的地去对一些环境问题进行考察，比如对长江流域环境问题的科学考察，我先后三次在长江上游沿江往上走去拍摄，记录了大量涉及环境、人文包括乡村现状的文字和影像。

2019年我获得侯登科纪实摄影奖的两组作品，其中之一就是关于环保的专题，题目叫《俯瞰污染的大地》，包括30多张照片，涉及20多个事件。这些照片所涉地点有我国的西南地区，有在内蒙古自治区的腾格里沙漠和毛乌素沙漠，有黄河流域的沿岸，有青藏高原的三江源，等等。这些都是环境非常脆弱的区域，有国家级自然保护区，有中国重要的水源地，也有中国重要的工业命脉区域，对它们我都做了系统的拍摄和观察。这些区域的考察和拍摄，也成为我从2014年至今一直在做的一件事情。即使离开现场，我对这些地方问题的研究和观察也一直没有停滞，会不断酝酿新的视角去介入。我现在对中国环境问题发展的研究方法已经跳出过往单纯的摄影报道思维，改为摄影+视频+文本。这赋予我更丰富的视角，让我的考察拍摄兼具存史和环境社科研究的样本积累意义。

"悬崖村安全是最大的民生"

我更愿意通过以上方法来观察中国经济问题的病灶所在，这是我对个人认知的一个要求。另外，我也在系统关注中国乡村的问题，因为中国未来的发展、中国源源不断的生产力和社会收入很大程度上来自农村。无论是特大型城市的发展，还是中型城市的发展，包括县级城市的发展和城镇化建设等，乡村都付出了巨大的努力和牺牲。那么农村发展到底怎么样，尤其在精准扶贫和乡村振兴政策实施的背景下中国的农村会发生什么样的变化，带来什么样复杂的东西，这些都是我想观察的。

比如，我为什么持续报道四川大凉山彝族群体的生存现状？第一，早年我读过作家刘绍华的《我的凉山兄弟》，认为凉山是个很神秘的地方，是值得用影像方法深入观察的区域；第二，它可能是中国最落后的地方，其落后的根源是什么，我迫切想调查清楚。

对整个金沙江也就是长江上游的考察，所涉区域中四川大凉山是绕不开的。我的朋友杨勇是地质学家，2016年初我们在考察金沙江时他跟我讲，凉山彝族自治州的昭觉县有个悬崖村。他虽然一直没去过，但听很多人讲过这个事，他对凉山很熟，但对这一带知之甚少。当时因为地方发展的需要，县里一个领导委托他去做一些旅游考察。凉山这个地方地少人多、地理条件复杂、自然资源匮乏，不过杨勇认为这里的旅游资源非常丰富，峡谷、高山等地质地貌富集。他是一个对凉山有深厚感情的人，他想给凉山带来一些有用的信息，想让更多的人知道这里，想推动国家或者决策部门对凉山贫困问题的关注。

于是，2016年5月，我和妻子刘旻随杨勇一起去考察。刘旻是文字记者，她对旅游、地理和人文都非常熟悉，而且她的文笔非常好。我们一起去做这个事情是想从两个维度来报道凉山，一是凉山的现状，二是它的自然资源和旅游资源。我们也想助力杨勇，助力凉山，把凉山的现状通过详尽的报道推送到公众面前，寄希望能够推动这里的改变。

我们的考察从2016年5月初开始。最初的一周多，我们对悬崖村周边的地理环境进行了考察，然后，5月12日抵达悬崖村。当时去往悬崖村，我们走的是一条废弃的道路，不是有藤梯的那条路。这条路已经废弃多年，更为危险，我们走了六个多小时才到达悬崖村。考察结束后，悬崖村给我最大的冲击是它的出行道路太令人震惊了，而不是贫困。我当时在报道中写下了一句话："悬崖村安全是最大的民生。"

当时我跟随记录了一次悬崖村的孩子们放学。那次有18个孩子要从山下的学校爬藤梯回到山上的家里。我是从一条废弃的道路进入悬崖村的，而孩子们上学放学是通过另一个方向的一条藤梯路。下山时，我跟着学生和家长走才第一次见到藤梯路。我虽然攀登能力很强，但第一次走这样的路，我必须要有人辅助着才能够安全下到山下，待放学后再随着孩子们上山。这种体验让我非常震撼。我用照片和视频记录了整个过程。采访结束后次日，我在我的社交媒体上发了一张无人机拍摄的孩子们在巨大的悬崖上通过藤梯向上攀爬的照片，并配上了一句话："我希望用我惊心动魄的诉说最终能推动改变。"

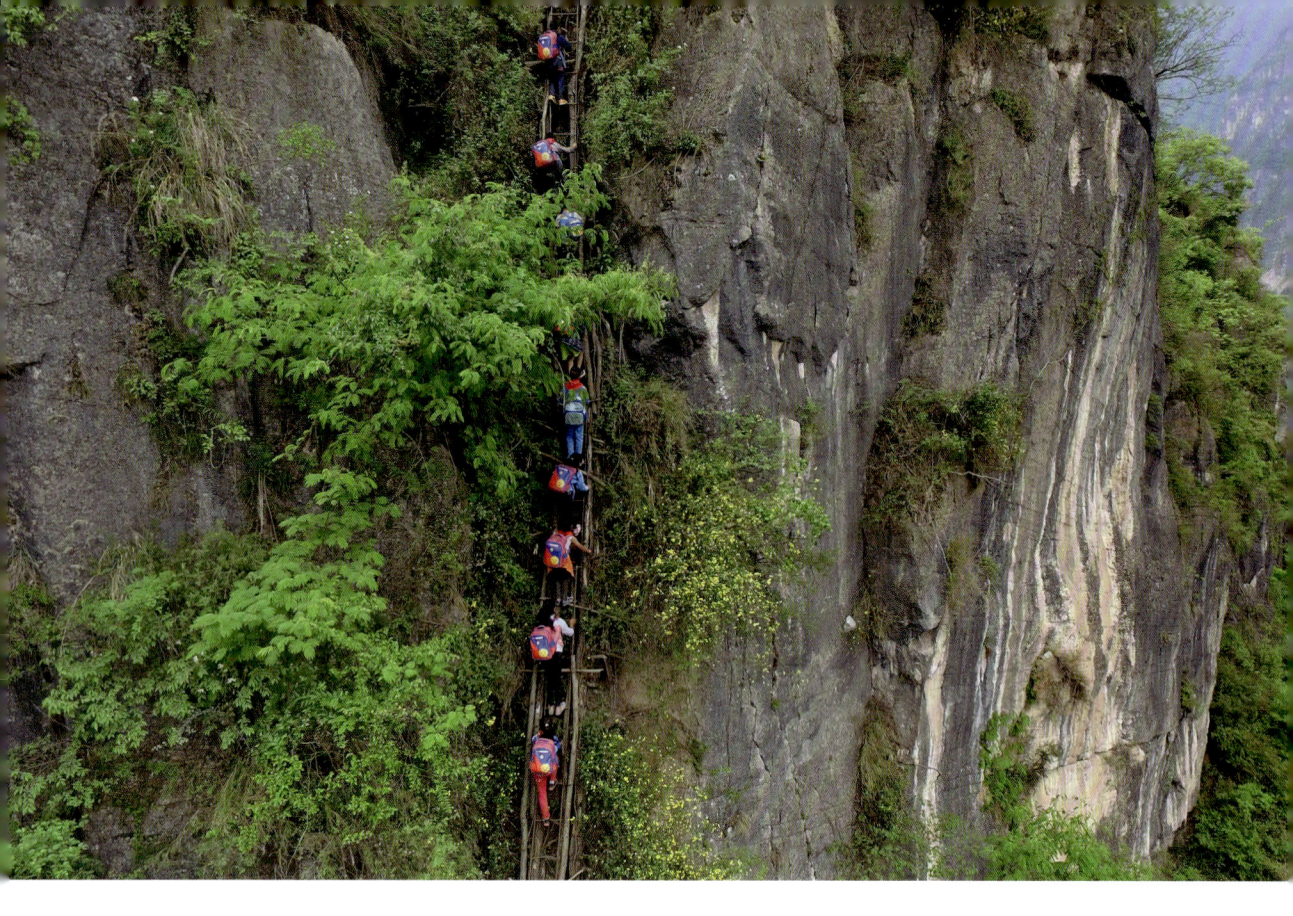

这篇报道出来后，国务院和党中央先后过问了凉山的情况。当天凉山州就派出工作组来到悬崖村进行考察。当时是凉山州副州长带队，包括规划、教育、地勘等部门，紧接着这个地方就发生了一系列变化。

　　中央对凉山州的精准扶贫政策进行了重新调整，仅从资金上就增加了5倍以上。

　　从2016年到2021年，5年里，我先后十多次到访悬崖村，上下攀梯二十多次，持续记载了悬崖村从无人知晓到整体搬迁至县城的易地扶贫安置点。

　　如今，我仍在持续关注悬崖村，有发展，有反思：在宏大的精准扶贫政策推进下，悬崖村的细微变化、悬崖村人的变化、悬崖村环境的变化和悬崖村人目前存在的困境，以及举全国之力和中央一系列惠民政策落地这个地方后还会存在什么样的问题等，我更多是从这个视角去观看。

　　关注悬崖村的同时，2016年下半年，我又开始对中国的类似极贫之地，比如说贵州的毕节山区、甘肃的定西黄土高坡、云南的会泽泥石流高发区等我都去做了考察。当时我为这个考察行动起了一个名称"影像扶贫"。我觉得如果一篇报道能呈现出这个地方的现状、能够撬动更多的社会资源，进而有可能

《悬崖村的变迁》
2016年5月14日，四川凉山彝族自治州昭觉县阿土列尔村（悬崖村），在三名家长的保护下，15个孩子从山下的勒尔小学出发，走崖壁，爬藤梯，踏上回家的路。当年11月，藤梯便改造为了倾斜在60°左右的铁梯，行走方便很多，也安全多了。
陈杰摄

推动它改变，未尝不是一件好事。所以我就把视野放得更宽广，主要是进入一些村落，对村里的留守儿童、自然条件以及不利于人类生存的环境进行调研和报道。每关注一个事件，针对事件里具体困难处境的人，我会联合中国社会福利基金会、中国扶贫基金会，还有腾讯公益慈善基金会等一起发起具体的助学、助残、助困项目。比如2018年、2019年、2020年这三年的时间，我联合各国字头的大基金会，通过平台筹款大约2000多万元，并由这些基金会监督相关执行机构直接对接到地方政府，落实帮扶项目。这种具体而微的改变，实际上是对每个具体的人的生存困境的改变，是对每个具体的人的一生的改变。尤其像这两年，我开始更多地关注影像调查＋公益，我能够把公益的故事用融合报道的形式呈现出来，同时也借助一些有影响力的平台和国字头基金会对一些具体的群体实施帮助，起到了很好的作用。后来在公益圈里我拿了很多奖，各种基金会也给我发了很多奖。当然，我在报道和实现改变的同时，也会对事件背后的深层次问题进行探究。

关注环境问题，我希望在整个持续关注的过程中得到一个根本的解决

宋靖：你讲了一个特别关键的问题，就是纪实摄影的社会功能。你现在做纪实摄影报道是否有阻力？

陈杰：环境问题报道一直有很大阻力，直面贫困问题时也会有很大阻力。对我来讲，在阻力面前我不会说就不干了，或者说还是守着过去的那种方法非要跟地方去硬碰硬。

对于舆论监督报道我现在有自己的策略——公开报道是一回事，而问题解决才是终极目标。那么无论最终调查能否见诸报端，我都会在力所能及的范围内完成自己对问题监督的闭环。这个"闭环"是什么概念？也就是即使报道不能公开，也要用持续的关注来推动地方政府对问题的重视和整改。我姑且将这叫作"温和的干预"。

比如2019年在宁夏中卫，我和刘旻调研后做了深度报道《腾

格里再现污染》。当时，前期我们做了详尽的调查，拿到铁证之后并没有急于把它传播出去，而是跟当地的政府进一步沟通对这个事情的掌握情况和解决方法。我们觉得这些问题是历史遗留问题，如果把这个问题直接呈现出来，可能结果就是上级直接把板子打到本届职能部门身上。在与中卫市委书记沟通后，他当面把各个职能部门召集在一起，成立了一个调查组，开始着手解决问题。

中卫先是请来专家对问题进行调查和评估，拿出解决方案后递交给生态环境部通过，然后开始进行处置，这时我们才发出报道，把问题的发生、地方政府的科学决策，以及最后花费了上亿资金把历史遗留问题解决等情况，并地方政府如何以此为契机，举一反三，把一些其他环境问题提上议事日程逐一解决，等等，都报道了出来。这个报道带来的不仅是地方政府对具体问题的解决，也是对生态环境意识提升的一次大考的呈现。

如果当时我直接发出这个报道，面对的阻力一定非常大。一方面如果我直接发稿，会有来自地方政府与我所在媒体上级部门的压力；另一方面，我发出去后会给地方带来爆炸性影响，担责的人很可能会扩大化。这时，我会参考一些客观因素，如果对方很诚恳地去解决问题，而且愿意了解问题的深入情况，那么这时是可以通过协商来进行处理的。

还有一些报道由于方方面面的原因可能会被要求暂缓或者不要报道，这时，我的个人监督也不会停止，我会持续关注事件本身。我经常会跟我的采访对象讲，今天报道出不来，以后也会出来，如果这个问题不解决，它就永远存在于这个地方，只会越来越糟糕，你只有解决这个问题，才能够彻底去根治。在这种情况下，很多地方就会行动起来去解决一些问题，这就是我说的一个"闭环"。当然，这个闭环要基于地方政府非常了解我的报道曾经产生的影响力，也基于他们对于环境问题意识的不断改变。

关注环境问题，我希望在整个持续关注的过程中得到一个根本的解决，这是我的目标，也是我对其他涉及舆论监督问题的一个基本原则。

宋靖：有形成闭环的标准吗？

陈杰：有。第一，这个事件必须涉及公众利益，肯定不是从个人私利出发，或者从地方某个群体的利益出发；第二，我们要去回顾问题的历史，这个过程是有价值的，掌握了来龙去脉我才能去系统帮助。

关于贫困问题，最近我出版了一本画册，叫作《遥远的村庄》。书中我整理了我和刘旻这5年来的乡村调研影像和文本，择其中具有代表性的事件和地区进行集中汇总展示。这是一本280页的画册，包括160多张照片，文字不是特别多，有几万字，但每篇文章都详细记述了我们为什么关注这个地方以及这个地方的过去和现在的发展过程。这是一个可参考的史料，在各方面努力之下，这些乡村的问题已不复存在或正在解决。

另外我们还有一本纪实文学书《走出悬崖村》，是我对过去5年乡村精准扶贫的一个回顾和思考。我们对这些村落和区域的研究并没有局限于影像，而是用图片、视频或文本把它更完整和系统地记录下来。

不过，我所记录的很多东西并没有思考成熟，尤其在中国巨大的发展变化过程中，我还需要进一步沉淀和积累。有了这些丰富的影像和文本，相信随着我认知能力的进一步提高和调研的继续深入，我的考察会更加成熟，然后我也会慢慢把这些内容通过更有价值的形式呈现出来。

实际上对我而言，在海量信息中我既是一个信息的接收者、传递者，也是信息的分析者，更是信息的转译者。我把这些繁杂的信息通过个人的一些认知梳理出来，重新把它转译出去，这就是我所做的事情。

总之，就像我不断关注的环境问题、贫困问题，以及现在关注的教育问题、就业问题等，所有这些都要从最基础的调研和有价值的样本入手。比如过去对农村的关注，实际上一个小乡村就像一只麻雀一样五脏俱全，然后你可以通过它再观察整个社会的各种复杂问题，这些基本的东西都在起作用，这就是我想要的思考路径和工作方法。

换言之，在记者这个行业里，我要去完成记者本身的职业要求，尽可能客观地传播一些东西，由此来推动一些事情；同时我又要从史学意义来考量判断我记录的这些东西的未来价值和意义。当然，我也在不断向自己发问：我关注并系统地记录这些，对我自身来讲有什么意义？未来再去回顾这些或者待未来我的能力有所提升时再去回顾这些，它们于我的价值何在？

其实，我们每个人在进入社会、入行以后，特别是到了一定的年龄、有了一定的积累后，我们对社会的认知都会有自我的要求。比如我自己，在进入新闻领域时，我对社会的认知实际上非常浅薄，后来因为工作原因我去了很多地方，接触了很多事情，能够观察到很多人，进而能够把很多不同历史阶段的碎片整合起来去观察，实际上这都是我社会认知不断解构和重构的过程，也是我个人对自身成长的诉求。在这个过程中，我希望自己更有智慧，对社会有更清晰的认知，对自身有更高的要求。

这种推动是大家推动，我只是一个忠实的观察者

宋靖：以上类似的深度报道现在感觉更多是独立摄影师在做，鲜有像你这样同时供职于媒体的。

陈杰：是的，我服务于媒体，还是有一个身份的。

宋靖：所以你去做这些事儿的时候，他们问你是干什么的，你还得说你是个记者？

陈杰：现在到很多地方，大家就自动给我贴标签了，或者说我根本就不需要去声明我是记者，除非我去做舆论监督报道。更多时候，比如说我去做公益行为的时候，大家会认为我是来关注他们或者帮助他们的人。

宋靖：所以刚刚你说的那个闭环非常好，你不仅是监督和反映，重要的是促使他们尽力从根本上解决问题。

陈杰：一些发展的问题和现实的困境，在本质上你会觉得它很难从根本上解决，但有问题我们一定要去看，如果一味地头痛医头，脚痛医脚，问题最终永远都没办法解决。

所以再去做舆论监督时，我会越来越谨慎，越来越慎重。去做舆论监督不是为了扔一个"炸弹"，产生轰动的效果，更多的是要从专业上去做分析，不管是环境、历史、人文，还是就业的问题，我都把它作为一个科学的问题去分析。所谓科学的问题，就是我要从更多的层面和不同的视角上去观察事件，然后得出一个相对符合当下的客观推论。很多东西在报道里是无法呈现的，如果只追求影响力，报道就被功利绑架了。我不是想让它闹得越大越好，点击量越高越好，而是把它当成一个科学理性的问题去解决。这样的话，才能回归到理性的层面去观察一个事件。

我现在跟地方接触也是这样的，我会尽量理解他们的立场，并用相对温和的话语去表达。就像悬崖村一样，去报道之前，地方希望我报道出来，但报道出来后，他们又觉得这个舆情给他们的压力太大。不过最终地方的反馈是说，幸好这个报道捅破了窗户纸。对于这整个的转变过程我都进行了反思，在对悬崖村的后续报道过程中，我也是非常理性地去观察一些事情。我不会说悬崖村修路、搬迁都是媒体的功劳，因为在这个过程中，是所有人的合力最终促成了悬崖村的改变，媒体只不过做了它应该做的事情而已。我觉得还是要客观地去看这个问题，如此对媒体的自身定位和认知才能够更清晰。

现在于我而言：第一，我对过去的很多东西并不满意；第二，我的很多东西做出来之后产生了较大的影响力，只是恰逢其时。

现在，很多人说新闻空间越来越小，很多东西没法做、没法拍、没法写。我经常这样告诉自己，我有拍不完的东西。这是拾阶而上的过程，积累得越多，你会发现可观察的东西就越多。当然，我也会出现功利的想法，觉得一定要拍一个很好的纪录片，一举成名，后来想想，还是要慢慢沉淀。因为所谓功利的东西，最终给你带来的往往只是一个负担，使得前行变得沉重和偏离方向。我更在乎的是我对这个世界的重新认识。在现在这个时代，在复杂的变化过程中，需要冷静厘清自己的认知，然后才能更清晰地去观察这个社会，并尽可能把所认知的东西留下来，记录下来，然后跟大家分享，这才是关键。

当下的时代永远是最好的时代，可拍的东西非常多。变化、矛盾、复杂、纠结、焦虑、喜悦、发展、不断地重新回归理性和反思……这些都值得我们去记录。还有，我们现在要抛开过去对摄影或者对新闻传播的狭隘理解。现在社会分层越来越细化，人们的社会认知要求越来越高，因此我们无论是摄影师还是纪录片导演，都要重新定义自己对社会和传播的理解或者说对影像记录和表达方法的理解。也就是说，我们应该用更多的方法论把这些东西呈现出来或者记录下来、转译出来。现在更多情况是，我们的自身能力与社会的蓬勃发展需求是不匹配的，我们个人的很多能力出现了不足，这个时候，我们就需要去反思，然后更新我们的方法来解决我们自身的问题，这样才能把我们所知的东西更好地传递出去。我觉得这才是关键。

宋靖：你现在拍这些题材恰逢其时，顺应了国家和社会发展大势，可谓天时地利。就像说环保问题，20 年前拍，很多人的观念意识还不到位，很难传播好。现在时代不同了，从官方到民间越来越意识到环保的重要性。还有乡村振兴和教育救助，早年有希望工程的铺垫，今天又有一个你这样的记者这么敏感且充满责任心与善意地去坚守、去做事情，多好！而且你今天说到的科学理性，我特别赞同，一个有责任心的记者，他不是要夺人眼球，不是要出爆炸性的东西，而是要循循善诱地去帮助解决具体问题。

陈杰：我现在做事情算是比较低调了，比如说回北京了，我会变得比较宅，不太愿意去参加各种应酬。因为即使我做了一些东西，很多局限性的事自己还是很难解决的。唯有谦逊才有自由，人还是要谦逊的。所有的问题可能我们只看到了一个表象，或者只看到某一个层面，或者说在当下这个时候我们认为它是对的，那么在若干年以后它是不是会重新定义，这都需要时间和历史去检验。就像我现在观察农村的很多问题，他们会说我做的事情有推动作用，但我知道今天有的推动未来也有可能会带来负面的效果。而且，这些东西不是我推动的，这种推动是大家在推动，我只是一个忠实的观察者。

我们现在年复一年做这些事情，每件事情看着都一样，但我从来没有觉得是重复。我觉得，我每次做调研拍摄，都有新提高。我们经常讲一个词，叫"见识"，所谓见面的见，识别的识。从事这个行业，我能够见到很多人，很多有意思的人、丰富的人，我通过这些人看见世界的丰富性、复杂性和多样性，这些东西在时间的不断更替中是不会被忘却的。

宋靖：赞同。看得越多，了解得越多，可能就越觉得自己离刚才你说的那个词"见识"还有距离。

陈杰：我其实经常跟学生说，不要轻易选择这个职业，如果选了，即使你在学校里学了很多，到一个地方的时候，你会发现你还是要脚踏实地一个字一个字地写，一张照片一张照片地拍，一个错误一个错误地犯，没有可复制的东西，只有自己经历的东西，这才是关键。

兰红光

新华社摄影部原副主任、新华社中央新闻采访中心原副主任、中国新闻摄影学会会长、中国文联第十一届全国委员会委员、国务院政府特殊津贴享受者。

1963年生于黑龙江省。

1985年南开大学外文系日本语言文学专业毕业后进入新华社摄影部，开始摄影记者生涯。曾两次出任新华社驻东京分社摄影记者，曾在西藏拉萨工作一年。

参加过第14—19届中国共产党全国代表大会、第7—13届全国"两会"，香港、澳门回归，新中国成立50、60、70周年庆典活动，中国人民抗日战争暨世界反法西斯战争胜利70周年庆典活动，中国共产党建党100周年庆典活动等重大事件的采访拍摄。

参加过悉尼、雅典、北京、东京夏季奥运会，长野、索契、平昌、北京冬季奥运会，福冈、北京、成都夏季世界大学生运动会，札幌、哈尔滨冬季世界大学生运动会，广岛、曼谷、雅加达、杭州夏季亚运会，札幌、长春冬季亚运会，北京、上海、广州、天津、西安夏季全运会等体育赛事的拍摄。

曾跟随党和国家领导人出访过100多个国家，多次参加APEC领导人峰会、G20领导人峰会、金砖国家领导人峰会、上合组织领导人峰会、中欧领导人峰会、中美元首会晤、中俄元首会晤等重大国际事件的采访拍摄。

出版有《世界儿童》摄影集，曾获得新华社"社长－总编辑"奖，中国摄影金像奖，4次中国新闻奖，《人民摄影》报"金镜头"年度大奖及金、银、铜奖，中国新闻摄影记者"金眼奖"，全国人大、政协好新闻评选金、银、铜奖，第7届全国优秀体育摄影作品评选金奖，《人民日报》"看世界"摄影评选一等奖等奖项。

兰红光：摄影就是我的"天职"

要做到我一再强调的"严谨"和"细致"

宋靖：在多年来的教学生涯中我发现一个问题，那就是当代学摄影的大学生们有些"崇洋媚外"，不管在考试还是论文答辩时，他们举例的大多数是外国摄影师，对中国摄影师的了解少之又少。虽说摄影术是西方舶来品，但学摄影的孩子们既然生长在中国这块土地上，也就意味着他们毕业后若想以摄影谋生，就需要有理论结合实践的能力，需要接地气。因此，我希望能把更多优秀的中国摄影师介绍给现在的学生，告诉他们学习外国的理论和了解海外的摄影家没有问题，但重要的是也要了解中国摄影师是如何一步一步在这块土地上成长起来的，这也正是这本书的初衷所在。

你记录了中国很多重大的事件，2022年也成为记录北京"双奥"的摄影师，不仅自己拍摄还要管理团队，并与国外的机构进行沟通、交流和协调。从结果来看，你圆满完成了你的责任和使命。据我了解，你最开始是学外语的，那么是如何转向摄影的？

兰红光：我是1985年从南开大学外文系日本语言文学专业毕业的。当时大学生毕业都是国家分配工作，我们日语毕业班被分配给了20家单位，其中一个就是新华社。那时我对新华社还不是特别了解，只知道它是一个新闻机构，我恰好对做新闻很感兴趣，于是就报了这个单位。到了新华社，人事部门跟我说我被分配去了摄影部。当时我觉得很奇怪，一直以来我与摄影没有任何关联，我还以为我会从事文字方面的工作，怎么就到了摄影部了呢！到了摄影部后，领导跟我说，自国家改革开放以来，新闻摄影逐渐受到重视，包括老社长穆青也非常重视新闻摄影这项工作。而且，新华社正在向世界性通讯社进军，这也就意味着新闻摄影要具备世界性通讯社的水准，所以新华社需要培养一些有知识、有文化、懂外语的大学生做摄影记者，将来他们或许还可以驻外到自己所学外语的国家去当摄影记者。因为我在大学就入了党，政治上可靠，领导就先让我到摄影部的中央新闻采访组工作。这是一件非常光荣的事，当时中央组的主要任务是给中央领导同志拍照片，为活动、会议做报道、记录等。从此，我正式走上了摄影记者的岗位，开始了新闻摄影记者的生涯。1988年年初，新华社派我到东京去做新华社驻东京分社摄影记者，我开始走向国际新闻摄影报道。那时日本新闻行业较中国来说更发达，得益于新华社的外派，我开

《祈祷和平》
1995年8月，日本著名演员、曾在电影《追捕》中扮演女主角"真由美"的中野良子在东京接受新华社独家专访时说，自己一直为世界和平而祈祷。兰红光摄

《动作相同心各异》
2014年8月,在上海西郊宾馆采访的记者们或利用笔记本电脑,或利用手机快速向自己工作所属的媒体传送稿件。兰红光摄

阔了眼界,更早见识到了国际上真正的新闻摄影都是怎么做的。同时,驻外也让我意识到了自己的短板,促使我在摄影技术上下苦功夫。

这么多年来,我曾根据个人经历分析回顾了自己的性格:我可以说是一个完美主义者,做什么事情都很认真,自己喜欢做的事情更是下功夫。虽然我最开始对新闻摄影没有太多了解,但走上这条路后,我发现这个职业很有意思,也愈发觉得这是一项非常有意义的工作。既然选择了走这条路,那就一定要走好。后来,我工作上比较努力,在新华社的同龄人中也算比较拔尖的,于是受到了组织的赏识与提拔,也获得了很多承担重要采访工作的机会。这么多年一步一步走来,我接触摄影的经历大概是这样的。

宋靖:你认为作为一名时政记者,应该有怎样的素质?你如何让领导放心把任务交给你,并将这件事情做好?我们也有想做新闻记者的学生。我希望你的经历可以对他们有所启发。

兰红光:和普通的社会新闻不同,时政新闻是很严肃、很严谨的,其重要性不言而喻。作为时政记者,不管是摄影还是文字方面,第一要忠诚,第二要细致,第三要严谨。所谓严谨,就是必须要严格按照要求进行自己的工作,在拍摄前应对所有的程序和安排都了然于胸。并且在严格要求的基

础之上，再视情况考虑自己是否能发挥，对发挥的这个"度"也一定要严格把握，不能盲目追求创新或者我行我素地发扬自己独特的风格，不能不顾客观事实，不然很可能会出现严重的问题，这都是补救不了的。体育比赛会很激烈、很精彩，甚至很惊险，但它终归还是有一个时间段的，如果你错过这一环节，接下来可能还会有其他机会可以补救。可是时政拍摄不一样，你拍的照片永远没有彩排，一旦出现问题，是无法补救的。做到细致和严谨这两点，也许你不会出彩，但是至少保证你不会出问题。

《中华人民共和国成立70周年阅兵式》
2019年10月1日，庆祝中华人民共和国成立70周年大会在北京天安门广场隆重举行。这是中国人民解放军三军仪仗队接受检阅。兰红光摄

宋靖：对大通讯社而言，"稳"好像比"彩"重要。

兰红光：是的。但"稳"不等于"凑合""差不多"，而是确保能用，拿出来依旧是一张合规、优秀的照片。若想达到这个标准，就要做到我一再强调的"严谨"和"细致"。严谨和细致要从准备阶段就开始，不是你到了现场拍摄才开始严谨、细致。你明天要去拍什么，是拍欢迎仪式还是拍会谈或签字仪式，针对不同场合你该准备什么样的镜头，带几台机身，电池

2014年11月11日，美国总统奥巴马在北京出席APEC领导人会议时，俯身捡拾自己掉在地上的钢笔。兰红光摄

是否都充满了电，存储卡带没带齐，是否要带闪光灯，哪些情况下用闪光灯，哪些情况下不用闪光灯等，这些都要在前期做好充足的准备，要对各种情况了然于胸。

再者，作为时政摄影记者一定不能抢镜，不能成为焦点，这是最大的忌讳。越是大型的拍摄，摄影记者在现场越是应该没有存在感，这才是达到了最高境界。

宋靖：你认为这种能力是先天的还是后天习得的？

兰红光：有先天的成分存在，但要真正做好这一份工作就应该时刻把握好自己的心态和状态。当然，除了细致、严谨、低调外，最重要的还是要拿作品说话，这中间不可或缺的就是自身的修养和摄影技术。

宋靖：时政记者也很讲政治纪律，你之所以走这么远，飞这么高，这也是一个很重要的素养。

兰红光：是的，因为别人也在关注你的一言一行。讲政治，守纪律，这是对时政记者最起码的要求。

43

体育摄影是我的"知己"

宋靖：分享一下你拍摄北京"双奥"的经历吧。2008年北京奥运会时，新华社是不是时政记者或者其他岗位的摄影记者，都去参与拍摄了？

兰红光：实际上，我们专职体育的摄影记者真正形成规模是在2000年以后，因为那时中国刚刚申奥成功，业内要为北京2008年奥运会培养大批体育摄影人才。在那之前，优秀的体育摄影记者比较稀缺，所以不管原先是拍体育的还是拍时政的，只要各个方面比较优秀的人都可以来参加做体育的摄影记者。现在情况基本上也是这样，今天新华社已经是国际奥林匹克摄影队（IOPP，2020年东京奥运会上新华社摄影记者第一次以国际奥委会认可的合作伙伴即IOPP身份参与奥运会的现场拍摄——编者注）成员。在奥运会这样的大型国际赛事上，国际奥委会给新华社的名额比较多，在这种情况下光靠专职的体育记者，人数是不够的。

《国际奥林匹克摄影队》

2022年2月20日，北京冬奥会闭幕式会场"鸟巢"的摄影记者工作间内，闭幕式摄影运行管理团队经理（左一）在为国际奥林匹克摄影队（IOPP）担任内场拍摄工作的摄影记者们讲解拍摄规程。右一为新华社担任内场拍摄工作的摄影记者。兰红光摄

宋靖：你感觉2022年冬奥会与2008年奥运会有什么不同？

兰红光：有很大不同。对我个人来说，2008年我只负责开闭幕式主席台上党和国家领导人的拍摄，没有其他任务，虽然这个任务也很艰巨，但相对来说比较单一。

宋靖：新华社的IOPP身份是国际奥委会认证的，这是一件具有划时代意义的大事。作为2022年冬奥摄影队一号袖标的持有者，具体聊聊这次冬奥会拍摄吧。

兰红光：这次总体来说比较平稳，但也承受了很大的压力。首先，冬奥会在中国举办，我们作为东道主，新华社不仅承担着国家通讯社的责任，还要承担IOPP和东道主摄影队（NOPP）双项任务，同时还承担IOPP协调员的责任。这也就要求我们必须把照片拍好，宣传报道好，不能漏掉任何细节。其次，既然我们与IOPP成员享有同等权利，那我们的拍摄一定不能比别人差。但是，目前我们国家的冬季项目相对来讲是比较落后的，甚至有很多项目我们在此之前从未见过，更不要说摄影记者有拍摄的经验了。

宋靖：那这次就很考验你的排兵布阵了。

兰红光：正是因为在拍摄上有一定的压力，所以针对一个项目我们会安排好几个人跟拍，这也是怕在哪个环节上出现纰漏。我们承担的NOPP的任务是保证所有参赛的中国选手有竞技照片，获得前三名的要有颁奖照片；IOPP的任务是确保所有项目进入半决赛至决赛的个人项目每个选手都要有竞技照片，集体项目各队要有竞技照片，所有获奖选手都要有颁奖照片。

宋靖：一名记者能在一次活动中拍出一张让大家都能够铭记在心的照片很不容易，这有时候不是能力问题，而可能是关注点和个人想法上的问题。有些摄影师拍摄体育照片会结合摄影技术技巧，比如说慢门，结果虽然画面中跑步者变形了，但可以拍出意象的感觉，会更吸引观众的注意。在整个拍摄过程中，你对摄影记者们提出过什么样的具体技巧或

者风格要求吗?

兰红光:体育摄影没有一个完整的定义,一千个观众就有一千个哈姆雷特。我是通讯社成长起来的,也有国外工作的经历,观察过其他几大通讯社体育摄影的风格,发现大致而言是差不多的。通讯社体育拍摄的风格是记录整个领域或其中发生的新闻,而不仅仅是竞技本身。所以,我认为在体育摄影领域,拍出几个精彩瞬间是对通讯社体育摄影记者的最低要求,而不是最高要求。当然,竞技本身和它的输赢就是新闻,其中也包括获胜者的激动和失败者的沮丧。所以我一再跟新华社年轻的体育摄影记者讲,一定要保证拍到赛事中发生的新闻,如果其中还有故事,能拍到更好。过去我的前辈教我的时候,只要求记录精彩的瞬间,现在国内观念逐渐改变,尤其是年轻一些的摄影记者,他们开始更重视赛场内外发生的新闻,甚至花絮一类。像体育图片社、体育杂志,他们追求的是美的瞬间。对于荷赛而言也是一样,新奇的照片相对而言更容易获奖。但是通讯社还是要有通讯社的风格,那就是首先要拿到新闻,而不是首先

《小鹏展翅》
2004年8月14日,中国选手李小鹏在雅典奥运会男子体操吊环比赛中。兰红光摄

《冰上女飞人》
2007年1月30日，中国选手王濛在长春亚冬会短道速滑女子500米决赛中夺冠。兰红光摄

追求花里胡哨。因为你并不是为你自己拍照片，这个概念一定要搞清楚。在这种重大体育赛事上，新华社一定要做最大的保障。我认为，如果体育新闻摄影记者仅仅把目光定格在赛场上的那点儿精彩瞬间，那你永远参悟不到体育新闻摄影的真谛。传输、遥控等数码技术的迭代，已给体育摄影报道带来全新挑战，现在新华社在奥运会上的摄影角度几乎是全方位覆盖，年轻人对技术要很快掌握。但需要知道，技术只是手段，不能代替思考，依靠相机后面的"头"和深邃的思想才能拍出好作品。

另外，要关注运动员的喜怒哀乐，关注他们的内心世界，绝不能把运动员仅仅作为一个运动的、没有思想和情感的物体，作为你照片构图里的贴图来对待，要把他们作为有血有肉、有思想、有灵魂、有温度、有感情的"人""生命"来对待。

宋靖：确实如此！你退休以后打算做什么呢？

兰红光：尽管离退休不远了，但我还没想那么远。原来拍

《空中飞鱼》
2021年7月31日,新西兰选手施密特在东京奥运会男子蹦床决赛中获得第三名。兰红光摄

《天外来客》
2022年2月15日,在北京冬奥会单板滑雪男子大跳台比赛中,中国选手苏翊鸣夺冠。兰红光摄

摄的大量资料需要整理一下，看看有没有能力办影展和出画册，暂时没有明确的计划。只能说，拍摄是不会停止的。

日语里面有一个词，用汉字来写就是"天职"，但跟汉语的意思不同，意思是"上天赐予我做的这份工作"，用梨园行或相声界的行话就是"老天爷赏饭吃"。我也是这样认为的，摄影就是我的"天职"。

宋靖：你从一个"外行"，转变到对摄影如此热爱，这很难得。我在访谈罗更前（新华社摄影部原主任，中国摄影家协会第 7 届、第 8 届副主席，擅长体育摄影，详见本书罗更前访谈——编者注）老师时，他也说他这一生最幸福的事情就是爱好也是职业。

兰红光：我也是非常热爱体育的。其实我小时候的梦想是成为专业运动员，无奈我的先天条件不具备。现在做了体育摄影记者，感觉真的是非常幸福。我的同事曾这样评价我，他说时政摄影是我的"爱人"，体育摄影是我的"知己"。

不付出的话是没有回报的

宋靖：时政摄影需要认真去做，体育摄影对你来说则是一件很快乐放松的事。

兰红光：是的。不管哪种摄影，一定要认真对待每一次拍摄，每一次拍摄都是让自己再进步一点的机会，但有些年轻的同事不理解这一点。

宋靖：一个人的成长就是不断付出、不断进步，一步一步成全自己。

兰红光：是的，不付出的话是没有回报的。外行的人会觉得摄影非常简单，拿照相机或者手机一按不就行了吗，但实际上不是这样，我们干这一行的才知道想把照片拍好要付出多大努力。作为业内人士，要是也把摄影理解得这么简单，那就不可救药了。其实，就时政摄影而言，我也是一步一步脚踏实地走过来的。我常跟年轻的同事说，我在人民大会堂采访，也是从三楼开始一步步下到二楼、一楼，再走上主席台拍摄的，我也不是从开始就站在这个平台的顶端。

宋靖：对，还要一直保有热情，这不是一般的素质。当然，新华社的平台给了你很高的起点。

兰红光：虽然起点高，但我对自己和部下有严格要求，绝不能因为起点高就飘飘然了。第一，并非做了摄影记者，背着相机去了，就能拍出来好照片；第二，并非因为你是新华社摄影记者，你就能拍出好照片；第三，并非因为你是IOPP的记者，你有特权，你有好的角度和位置，你就能拍出好照片。这些都没有内在逻辑的必然联系，都是不成立的。唯有不断努力，不忘初心，方得始终。

宋靖：确实，我想新华社的很多年轻记者听了你这话会想：我拥有这么多好的资源，若还是拍不出好照片，那就真的无地自容了。

兰红光：当然，好的机会、好的条件都给你了，如果你不具备这个能力、不具备这个本领，那不就是浪费吗！与其滥竽充数，不如自己找地儿凉快更舒服。

宋靖：你的终极追求是什么？

兰红光：摄影是形象的，我的终极追求是用摄影来解读或说明抽象的逻辑和哲理。当然，这不是每一张照片都能做到的。让照片悦目是我最低的追求；让照片震撼心灵，能让读者发出灵魂之问，才是我的最高梦想。流光溢彩、花团锦簇当然也需要，但那不是通讯社的"主菜"和"硬菜"。

宋靖：现在很多年轻人迫切想成功，都想走所谓的捷径，你对这种现象怎么看？对这些年轻人有什么建议？

兰红光：如果说人生有捷径的话，掌握一门有价值的手艺，成为这一门里的"高手"，其实就是捷径。

我认为，彰显个性前要先把心态放稳，脚步走扎实，没有脚踏实地，仰望星空时是会摔跟头的，要耐得住寂寞。最重要的是要看彰显的个性和自己的团队利益是否相一致，如果不相一致，甚至是矛盾的、冲突的，那我觉得还是收敛为好。为了自己的"芝麻"丢掉团队的"西瓜"，在我看来这毫无可取之处。当然，受不了团队的约束，可以另择明主，另谋高就。领导和同事之所以信赖我，我分析还是我能让他们放心，重要的任务交给我，首先我能拿回来符合新华社发稿标准的照片，其次在此基础上，我还偶尔能给他们带来惊喜，拍摄出有所创新的照片。我想，当领导和编辑在等我的照片时，他们想的肯定是发稿标准的照片及在这个基础上的更精彩的照片，他们绝对不会想兰红光这次的照片能否得大奖。

李 刚

中国摄影家协会理事，中国艺术摄影学会理事，中国马业协会摄影家分会会长，河南省艺术摄影学会名誉主席。

1972 年开始接触摄影，使用国产"海鸥"牌胶片相机拍摄。

1982 年毕业于合肥工业大学。

2003 年进行摄影创作，陆续出版作品集《山水有约》《马》《雪原·马》《轮回》，法文版的 PARADIS BLANC（《白色天堂》）和《相与抽象》《一群马 满天星》。

2009 年获第 8 届中国摄影金像奖。

"雪原·马"系列曾在 2011 年首尔中日韩第 3 届当代摄影展，2016 年英国"中国—英国摄影艺术交流展"，2017 年法国普罗旺斯国际摄影节中展出，并于 2014 年在中国美术馆、中国摄影展览馆以个展形式展出。

"轮回"系列曾在 2016 年中国国际摄影艺术展览、加拿大多伦多"触点"当代摄影艺术节中展出。2017 年摄影集《轮回》获第 68 届美国印制大奖班尼金奖。

"相与抽象"系列曾在 2018 年郑州第 17 届中国国际摄影艺术展览上与法国艺术院院士雅安·阿瑟斯·伯特兰联展，并于 2019 年在中国艺术研究院以个展形式展出。摄影集《相与抽象》获评为"2020 中国最美的书"。

作品被中国美术馆、中国艺术研究院、法国 Akg-images 图片社等机构和国内外个人收藏。

2022 年摄影集《一群马 满天星》获评为"2022 中国最美的书"。

李刚：意境表现源自雪原马

从写实，到写意，再到抽象

宋靖：我记得之前和你说过我为什么要写这本书，因为我想让学生们了解、记住和学习咱们中国的摄影师，而不是只认得外国的摄影师。像你只拍"马"这一个专题，且能把马拍得这么深入、把马的文化挖掘得如此深刻的摄影师在全世界也并不多见。一个摄影师一辈子只拍一个主题，还能将它与中国的精神和中国人的生存状态结合起来，让它变得非常厚重和有价值，这非常需要学生们去了解。那么你的摄影之路究竟是怎样的？

李刚：我年轻的时候学习过一段时间的绘画，对视觉艺术，尤其是中国画，很有兴趣。后来，我所在的学校买了一台"海鸥"牌的照相机，我用它拍摄了一些集体活动，那是我对摄影比较早的涉及。退休后，我就又开始拿起照相机。我身边的画家朋友不少，他们建议我继续绘画。但在我看来，绘画需要年轻时的功底，需要造型能力、笔头功夫，我觉得我已很难用绘画表现我的感觉，所以选择了摄影，就这样我走上了摄影之路。

宋靖：你是什么时候开始选择拍"马"这个主题？最后又怎样将它升华，与中国文化和中国精神结合在一起的？

李刚：年轻的时候，我对徐悲鸿画的写意马有很浓厚的兴趣。他用笔和墨画在宣纸上，寥寥几笔就把马的神态、气势画出来了。我尤其佩服他一笔下去，连结构和质感都能表现出来，真的很佩服很欣赏。后来在我开始拍马的时候，我又看了陈宝生先生拍摄的马。陈宝生当时是陕西省摄影家协会主席，他是用胶片拍了以后在暗房进行拼贴遮挡，他镜头下的马也很有气势。徐悲鸿画的马多是单匹或者是几匹的，陈宝生的马则是一群一群的，再加上环境，整体显得很有气势，正好能反映中国

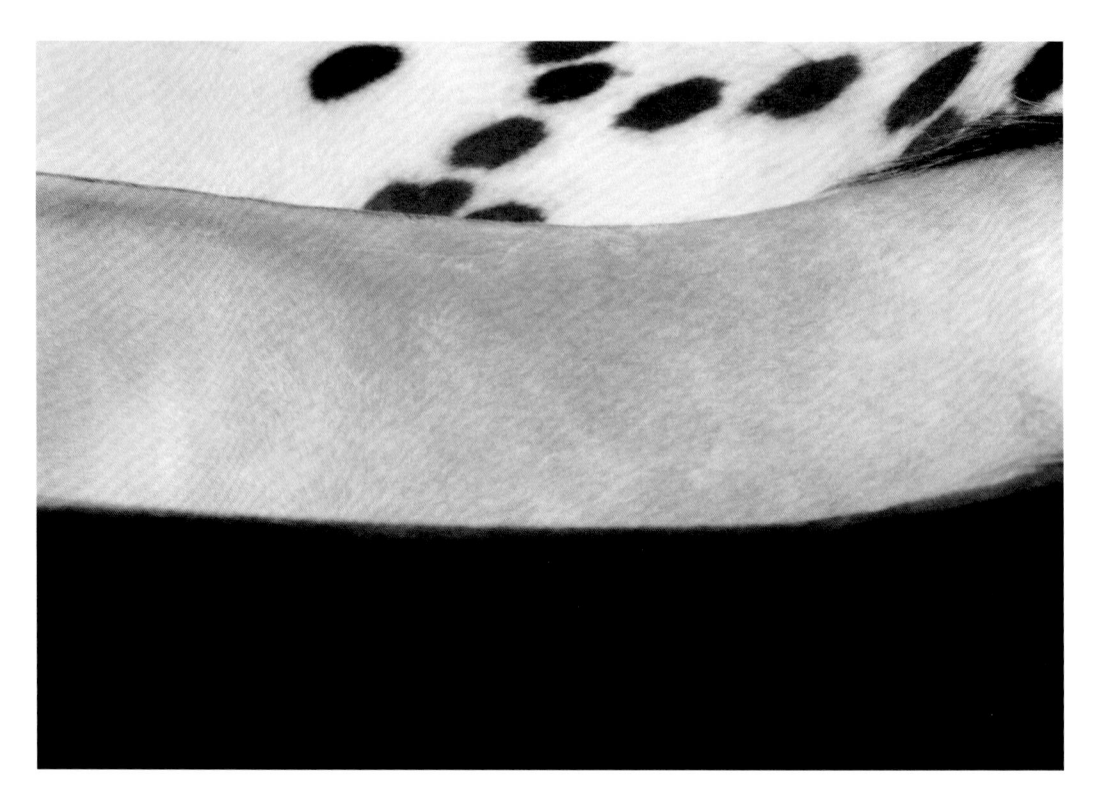

人坚韧不拔、一往无前的精神。所以我就产生了拍马的念头，这就是我走上拍马之路的开始。

内蒙古西乌旗，2019年7月。李刚摄(选自《相与抽象》)

宋靖：你觉得你镜头下的马跟别的摄影师的有什么不同？

李刚：有人把我这十几年的拍马作品分成三个阶段：从写实，到写意，再到抽象。暂且不论这种分法儿准确不准确，但有一点是实在的，那就是我一直想突破已有的模式，想用一种新的语言、新的视觉形式去表现马。在早期，我写实拍的多一些，因为马动起来以后的姿势是很感人的，所以我经常拍马奔腾欢跃的场景。但这种简单记录很容易重复，传达出来的思想也单一，后来我就尝试用意境去表现，再之后，我开始抽象地表达。2019年，我在中国艺术研究院展出了一组抽象的马，反响还不错。最近我的新书《一群马 满天星》显示我又进入了另外一个境界。我把马当成一个普通的生命来对待，但它又是一个特殊的物种，有着和人一样的丰厚复杂的感情，喜怒哀乐、爱恨情仇。从这些生活画面中，你能感觉出一些其他东西。我试图通过书

新疆巴音布鲁克，2017年4月。李刚摄（选自《一群马 满天星》）

中的这些画面，透露出中国传统文化的一些痕迹脉络。这可能是我和别人拍马不同的地方。一般人拍马都喜欢记录马动起来的气势，实际上马静下来以后也很美，它还能传达另外一种感觉、一些情感。有些人把我拍的马说成是静态马，也有些道理。

宋靖：我们从你的作品中能够感受到中国传统艺术的意境和氛围，你是怎样做到的？

李刚：中国的艺术语言特点与西方不同。中国的思维和艺术语言是综合的、含蓄的、模糊的，讲究总体把握，不讲透视，不讲焦点，也不强调清晰，主要是要创造一种意境，表达一种感受、感觉。而西方艺术语言的形式，尤其是之前的语言，它多是逼真的、有焦点的、透视的。所以在我的理解里，中国的思维方式与艺术语言的表达形式和西方是有很大差别的。我的意境表现是从拍雪原马开始的。我很喜欢冬天去拍马，就是为了营造一种意境。因为冬天下雪以后，雪原上白茫茫一片，就像一张白纸，十分有利于表达一种意境和情感，甚至一匹马、

内蒙古坝上，2010年1月。李刚摄（选自《雪原·马》）

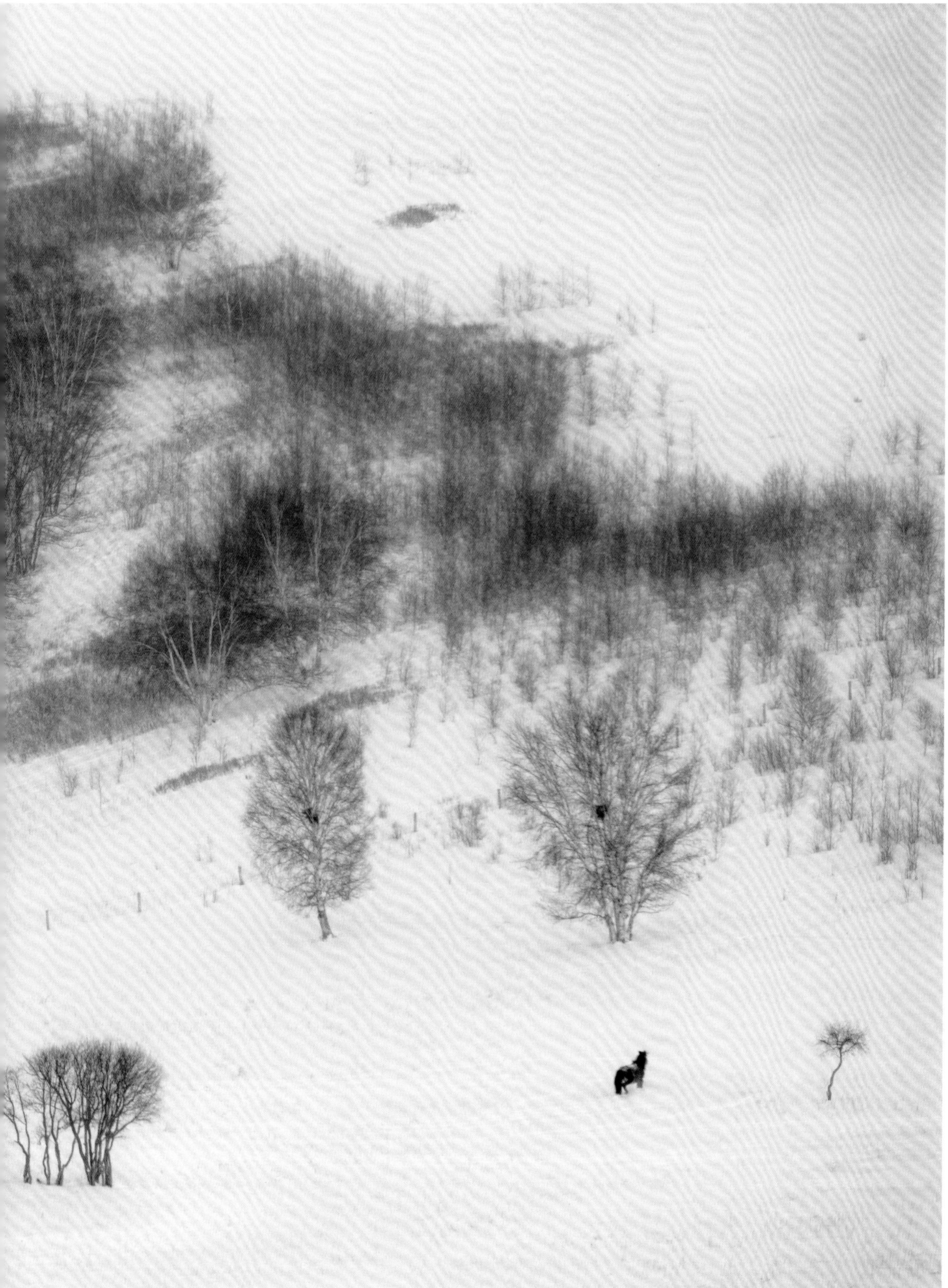

一棵树都能有一种意象。我在中国艺术研究院的展览中有一张照片展示的是在朦胧的天地之间有一匹黑色的马伫立在雪地之上，展览时我把它放大成一面墙那么大，大家看了都说这张中国意境很浓。我的《雪原·马》出来以后，在国内外反响都不错。当年有位法国艺术家叫邦古，当时已经70多岁了，他非常欣赏东方的意境表达。在北京看了我的两幅雪原马照片后，他就专门从北京到郑州找我，把我的雪原马作品都看了一遍，也给我提了很多很好的建议。之后他还把我的作品介绍到法国，介绍到一家爱科技（Akg-images）图片社。图片社又把我的作品介绍给西方的一些媒体，比如说《费加罗》杂志、《泰晤士报》等。后来这些媒体报道被一位叫雅安·阿瑟斯·伯特兰的法国艺术院院士看到。当时他们想拍一个纪录片，中间有一部分是蒙古马。所以他在2014年时邀请我去法国，想与我商量一些马的拍摄问题。再之后，爱科技图片社的社长托马斯从我的"雪原·马"中选了100多张在法国出版了一本法文版的画册，书名叫 PARADIS BLANC（《白色天堂》），在法国反响也不错。

新疆昭苏县，2013年8月。李刚摄（选自《一群马 满天星》）

东西方拍马的差异性很大，2018年我和雅安先生在郑州国际摄影艺术节有一个联展《马与马》，我发现他拍马的方式与中国人就不一样。他把马当成演员，当成一个女明星拍了。

你需要对题材进行有深度的挖掘

宋靖：在你长期拍马的过程中，有没有什么难忘的事？是什么让你一直坚持拍下去？

李刚：很多，不少是低温严寒或者摔伤等危险事故。但因为我真的热爱拍马，加上大众的认可和喜欢，这些都是我继续拍摄的动力。我认为一个人感到最快乐的事，就是你做的事得到了圈内的、业界的和大众的喜欢、认可，这是继续创作下去的动力。

宋靖：现在很多年轻人都觉得找选题很困难，你在长期拍马过程中有没有什么经验可以分享？

李刚：很多摄影人都在迷茫，不知道到底拍啥题材好。我的感觉是，题材没有大小，什么都可以拍，什么都可以拍出成果来。现在摄影新人很多，可以说我们生活中常见的、不常见的题材都有人在拍，都有人在研究。那么如何才能从中脱颖而出？我认为，你需要对题材进行有深度的挖掘，这样才有价值。而且要学会总结改进，只有一边拍摄一边反思不足不断改进，才能够在比较窄的领域实现突破。

再一个，组照若想统一主题比较考验摄影师。拍照片具有偶然性，若想拍到一张具有视觉冲击力的单张照片比较容易，你只要能碰见具有视觉冲击力的场景，拍摄角度再稀奇、罕见一点，一张优秀的单张照片就可以得到。但如果想拍一组出来，而且每一张都要求比较吸引人、有特殊意境就比较难了。尤其这组照片组合起来最后还需要有一个明确的主题思想，最终要指向一个意象、一个主题，就更难了。举一个例子，元代马致远的《天净沙·秋思》："枯藤老树昏鸦，小桥流水人家。古道西风瘦马，夕阳西下，断肠人在天涯。"这首词一共28个字，

却包含了几种相近的意象,是一个意象群,一组流动的画面,都聚焦在游子思念家乡的这一点上了。与之类比,最终照片组合起来能形成一个主题是难度比较大的,这是我的体会。

内蒙古西乌旗,2018年1月。李刚摄(选自《相与抽象》)

题材决定器材

宋靖:你认为摄影师应如何提升水平?

李刚:我会经常欣赏国内外其他摄影师的各类创作,同时也会看一些文学作品,尤其一些诗歌。当代的诗、古代的诗、国外的诗我都读。在我看来,摄影不光是按快门,最主要是你的眼界和认识都要上去。

宋靖:很多人是"器材党",听别人说哪款相机好就去买哪款,在你看来器材的角色重要吗?

李刚:器材很重要,但有人跟我讲过一句话很有道理——题材决定器材。先确定你要拍什么样的题材,再去买相应的器材,而不是大家都盲目用相同的相机。例如,对我而言,我的拍摄对象是马，它是运动的动物，所以我常用的是尼康相机，现在用的是D850，也用索尼微单。我曾经也试图用胶片去拍马，试过两次，很不成功。因为你还没换好胶卷，那一群马早跑得没影了。我拍摄这个题材要靠抓拍，哪怕是静态的马，也有决定性瞬间。我最近出的《一群马 满天星》大部分都是马平时的生活场景，它的一个眼神、一个扭头也有决定性瞬间，哪怕过零点几秒都不行。准确的抓拍对我而言比较重要，所以器材还是要依据自己的情况而定，不要盲目跟风。

宋靖：你半路出家，现在已经变成了一位具有思想性、艺术性和商业性的专业拍马摄影师，看得出你的拍摄不仅感动了别人，也感动了你自己，要不然你也坚持不了这么多年。

李刚：摄影还是要受正规训练，如此基础才更扎实一些，你们学院编撰的摄影教材我都学习过。

另外，学摄影一定要走出去，除了和大自然交流以外，还要和其他人进行交流，不能封闭自己。和社会交流，和自然交流，实际上就是一个开放的态度。再一个，要善于向别人学习，应该用开放的心态互相学习。

李树峰

中国艺术研究院副院长兼研究生院院长、研究员，摄影与数字艺术研究所负责人，中国文艺评论家协会副主席，中国艺术摄影学会主席，中国摄影家协会第8届、第10届副主席。

1966年生于河北省沽源县。

1985年开始学习摄影。

1992年购买第一部相机。

1991年毕业于北京师范大学中文系，获文艺学硕士学位。

1991—1995年在国家教委基础教育课程教材研究中心工作，助理研究员。

1995年11月调中国文联组联部工作，先后在产业文化处、出版管理处工作。

2000年由中国文联调中国摄影家协会理论研究部任副主任、主任。

2001年在《中国摄影报》发表摄影理论文章《摄影的"三个依赖"》。

2002年加入中国摄影家协会。

2006年加入中国艺术摄影学会。

2009年调任中国艺术研究院摄影艺术研究所（现名"摄影与数字艺术研究所"）所长兼《中国摄影家》杂志主编。

2014年任中国艺术研究院院长助理兼文化发展战略研究中心主任、摄影所所长。

2015年任中国艺术研究院党委副书记兼纪委书记、摄影所所长。

出版有《看与见——摄影小札》《摄影艺术概论》《摄影式观看》《澳门摄影》《看法》等专著。

曾荣获中国摄影金像奖（理论评论）、中国文联文艺评论一等奖，获得文化部优秀专家、全国新闻出版行业领军人物、文艺名家暨"四个一批"人才称号。

作品展《观·在》在2021北京国际摄影周期间展出。

李树峰：我对理论研究还很有激情

从社会需求看，摄影肩负的重大任务就是记录历史

宋靖：我一直想推动中国摄影家和摄影评论家、理论家在专业和大众层面的影响力，以弥补业界乃至大众动辄了解的只是海外摄影名家的缺憾。你的从业经历很具有代表性，需要让更多青年学子了解你代表的中国摄影界在研究和创作方面具体都做了什么。

李树峰：我从小喜欢摄影，但小时候家里穷，爱摄影我也就只能到学校图书馆看看《中国摄影》《摄影世界》和《大众摄影》等刊物过瘾。后来慢慢攒了点儿钱开始订阅杂志。有一次搬家，我发现当年剪下来的好多摄影作品还放在一个夹子里，内容不少是坝上风光，也就是我家乡的景色。我就出生在那里，从小放马、放羊、放牛，随流云在山坡上晃荡，风霜雨雪，在野外顶着，也看着，记忆很深。我对摄影的喜爱是与生俱来的，但直到上大学，我才从生活费中挤出100多块钱买了台相机，开始给家人、村里人拍些照片，现在看起来还有点意思。后来，由于工作的关系，我调到中国摄影家协会任理论研究部的副主任、主任，直接进到了专业摄影领域。在这个阶段，一方面我想办法把自己文艺学专业所学的理论运用到摄影实践中去；另一方面，自己平时也拍。我从来不把自己当摄影家，但是我喜欢拍。无论走到哪里，回老家、出差或是搞摄影活动，都会拍一些东西，这些年也攒了不少。上次中国艺术摄影学会搞展览时，他们也鼓励我拿几张照片出来。

宋靖：你那几张拍得确实不错。

李树峰：朱宪民（著名摄影家，曾任中国摄影家协会第6届、第7届副主席，中国艺术摄影学会副主席，被业界很多人称为"朱公"——编者注）老师反复鼓励我拿几张出来跟大家做交流，朱洪宇（北京国际摄影周原艺术总监，中国艺术摄影学会副主席，详见本书相关访谈）也鼓励我。后来，我就选了几张拿出来展示，得到大家的鼓励我也挺高兴的。在中国摄影家协会的时候，我和吴鹏、解海龙三个人做了一个关于摄影分类的事。当时吴鹏是协会展览部主任，我是理论部主任，解海龙是组联部主任。按照当时协会分党组的调研和方案要求，我们把全国影展（即全国摄影艺术展览，以下简称"全国影展"）的历届征稿启事做了梳理。我们发现历届全国影展征稿要求和入选作品都呈现出一种时代性。"文化大革命"前的十来届是按题材和内容分，比如工业题材、农业题材、科技题材、外交题材、军事题材、文化题材。当时因为是计划经济，全国一盘棋，摄影的内容自然会被划分为计划经济框架下的各条"战线"。"文化大革命"期间的全国影展办公室时期，也是基本上延续了这个分类。到了改革开放之后，有了一定的改变，开始遵循中国摄影实践自然生成的样貌和种类来分，比如分成风光、静物、肖像、花鸟之类。这样的分类有一个好处，就是遵从了业态自然生成的实际。大的门类里最突出的，一个是自然风光类，还有一类是新闻纪实类，剩下的是静物、人物肖像、花鸟等。这种方法延续了7—8届。我们这次分类赶上的是第20届全国影展。当时经过各种调研讨论，最后决定进行大类的区分，即分成纪录类和艺术类两大类，还有一个商业类。为什么这么分？就是想给摄影打开通向社会纪实方向的门，让大家从一切摄影皆首先是艺术的窠臼里解放出来。

我们当时梳理发现，第20届之前的全国影展作品征集和评选越来越"沙龙化"，不管什么照片都追求唯美的效果。这样越来越行业化、圈子化的走向，对社会生活的变迁和对现实生活视而不见、反映不够，导致摄影在国家文化建设里越来越被忽略和忘记。我们当时就觉得要站在社会大文化角度去给摄影分类，而不是站在艺术界里。我们的摄影作品最终应该是作用于社会、作用于整个国家各方面的历史记录，而不应该就艺术谈艺术，为艺术而艺术，进而把大家摄影创作的价值和触角都给限制住了。有这种限制，就导致了越来越唯美，越来越讲光影形式，那记录历史的责任该怎么完成就成了一个很大的问题。

当时，吴鹏组织了不少学者一起来参与讨论，最后商定了纪录类和艺术类两大类这样一种分类方式。这个分类方式参照了石少华（老一辈革命摄影家，新中国成立后曾任新华通讯社副社长兼新闻摄影编辑部主任，中国摄影家协会第1届、第2届、第4届主席——编者注）当主席时写的关于摄影分类的文章。他的文章就把摄影分成了新闻摄影和艺术摄影两大类。这次分类调整也参考了郑景康（老一辈革命摄影家，新中国成立后历任中央人民政府新闻总署新闻摄影局研究室主任，新华通讯社人像室主任、摄影部研究员、中国摄影学会常务理事等职——编者注）20世纪60年代关于摄影分类的一些想法。再往前追，这种分类跟20世纪20年代知名文论《半农谈影》里刘半农的"写真"与"写意"的分法也有相通之处。这个分类定下来后，当时协会又在通辽开了一次全国摄影理论研讨会，由我主持承办并起草了主题报告，讲了这样的分类，也讲到了纪录类的艺术性和实拍艺术类作品的记录性是可以分辨的。大家对此也进行了一些讨论，对艺术摄影包揽太多的问题和新闻摄影、纪实摄影的区别和差异在哪里等问题也展开了继续争论。争论是好事，但是这个大框架基本上就立起来了，且一直延续到现在。摄协工作根据这种分类，还设立了专门的专业委员会。后来中国摄影家协会的另外两大品牌活动中国摄影金像奖的评选和国际影展（即中国国际摄影艺术展览，以下简称"国际影展"）的评选也受了这种影响，工作架构和工作机构也都随之发生了改变。

后来也有同志找到我聊是不是要适应新的变化调整一下摄影分类，我觉得可以探讨，但不要回到只追求唯美效果的老路上去，要沿着面向广阔的社会生活、面向现实、面向历史的方向做出我们的回答。只要不走老路，科学分类，当然可以探索往前走。其实从第20届之后的全国影展作品来看，就因为这样一种分类，纪录类的来稿确实翻了好多倍，而且这些照片里确实有很多触及了社会生活深处的现实和细节，有很多是能够说明历史事件，也就是当年的焦点热点问题的。有不少作品记录了历史走过而留下的耐人寻味的脚印，这是一个很好的成果。抛开艺术界的观看视角，如果你站在社会公众和国家历史角度去考虑，摄影肩负的重大的任务就是记录历史。现在每次看见好的纪实摄影作品，我都感觉每张照片就像一枚一枚的钉子，把时光飞逝中值得我们看、值得留住的场景和细节钉在了那个时空位置上。这对于历史学和社会学是有价值的，对于文化建设的作用不可小觑。

我们现在讲影像，电影的故事片也好，或者是虚拟出来的其他"造像"也好，跟咱们说的社会纪实影像不是一回事。这是在直接面对社会现实，通过光的作用刻印下来的，与现实有直接关联性、原发性和客观性。虽然有人说，摄影没有真实性可言，都是主观选择和编辑创造的结果，但是摄影的这种创作方式本身面对着现实世界，通过光的反射进入光电耦合或者进入胶片发生化学反应，都使它产生了一定的客观属性。这种内容的客观性是不以我们意志为转移的，是自然界或者社会按它自己的规律而自然发生的。它不是编了一个故事，用烟火、道具弄出来的，那是实实在在并且自主发生的事情，所以性质是不一样的。这类照片有它自己独到的、不可替代的价值，谁都不能否认。它虽然不等于事实本身，但它是事实的引语。作为摄影实践工作者，我们要建立与现实的直接关联性，把这一块做大、做到位；而从理论工作者的角度来说，我们则要充分肯定和发挥它的价值。拿这些年的展览来说，我们国家不停地在搞历史回顾，比如说建党100周年、新中国成立70周年、改革开放40周年，这些回顾和展览离开这些影像是不可想象的。就拿嘴说吗？用文字来描述吗？那没多少人看，也没多少人记得住。可是展览中影像也在场的时候，看的人就多了，而且看的效果也好，过目不忘，能唤醒观众记忆中的好多东西。总而言之，社会纪实影像的价值和作用非常大，而且随着历史的发展它会越来越凸显不可替代的价值。有人说，社会纪实摄影过时了。我认为，作为一种新媒介的先锋意义，它确实过时了，但它所承载的内容，仍然可以往深处走，作用依然可以发挥。

2021年一个很热的概念是"元宇宙"。这个概念出来后，有些人又在说纪录类的影像作品没有价值了。我还是不能接受，我认为虚拟的就是虚拟的，造像还不是照相，因为人类永远无法摆脱心、精神和大脑之外的现实世界。这个现实世界不以我们的意志为转移，而且现实世界是诞生了我们人类的宇宙、银河系、太阳系、地球，而不是因我们人类才诞生了这些体系。如果我们认同这种基本的事实，那么纪录类摄影诞生的事实记录和细节挖掘就显得非常重要，其价值不会消灭，也不会被遮蔽，它有自己坚不可摧的内核。

真正有效的理论，是从实践中生长出来的

宋靖：国人似乎习惯了有新东西就老想着代替过去的老东西。拿视觉中国的NFT销售来说，我觉得只是用了一个概念和形式，是从商业的角度做，可以理解。元宇宙也是如此，人还是要生活在现实的，因此它就必须与现实社会发生关系，而且元宇宙这个空间还是需要人类去搭建。

李树峰：对，元宇宙也得遵循物理规律去做，它形成的东西仍然是现实世界的一个组成部分，它不可能是另外的逃离了现在的东西。以历史学来说，想象空间特别大的历史文本，如果有更多的影像历史记录佐证，那么历史学的客观性会增强。与文字相比较，影像化的历史想象空间还存在，但是形象化的信息不以摄影者的主观意志为转移。一张历史照片就是一个时间的遗址，抹不掉，而且后世往往会发现很多当时摄影人忽略的细节。历史学的核心部分，就是要搞清史实。史实是认识历史生成的基础，影像的介入和作为基础的媒介，对史实来说有很大作用，这是一个非常好的发展走向。你觉得呢？

宋靖：我很认同，我也不认为自己是个摄影家，但我爱拍，而且什么都爱拍，什么都拍，不固定。你觉得这是不是这个职业决定的？

李树峰：对。凡是值得看的、值得留住的，我们摄影人都

"观·在"系列（本页及对页）

　　有一种观看是面对存在的发现，面对发现的联想，面对联想的沉思。现实总在流变，有我不动，彼动；有彼不动，我动。因动而有视觉构成，因动而有出人意料的新意义。这组作品都是这样瞬间生成的，调式虽冷，内心却热。

八仙过海基隆屿，2012年。　李树峰摄

明代屯兵堡遗存，2015年。　李树峰摄

鲁迅的面对，2010年。
李树峰摄

会去看和留住。最遗憾的事莫过于有一个特别值得拍下来的东西或事儿没拍下来。

摄影人拿着相机往外一走，心里头所纠结的东西，好多不搞摄影的不理解。其实从记录生活的角度来说，摄影有很多复杂的内容，比如先是发现，接着是观察，观察的重点是什么，重点中的细节有什么，这里边包含的内容很多：一是场景的典型性、人物的代表性；二是瞬间的细节，人和周边比如动物、房子或劳动工具之间的关系；三还要抓住决定性瞬间，要考虑很多技术性效果最大化的问题。这其实是非常忙乱的，是需要全身心投入和脑力、体力一起上的一个过程，摄影人自己有体会。可是到了观众那里，因为对影像生成环节的不了解，他就会疑惑，甚至看见我们大包小包拎着，会觉得这些人是不是有点儿神经质。其实摄影行当里的人彼此理解，我们不但要发现、留住，还要以最佳的摄影效果、技术、能力来留住最值得留住的最精粹、最典型、最饱满的瞬间。这个瞬间里包括各个方面的典型性、代表性，还有可以深入琢磨和品味的细节。只是因为生成和传播环节的脱节，很多民众甚至我们摄影界一些学术能力很强的学者看了也不理解，他们不是都能够知道我们内心最着急的事是什么。所以关于摄影的阐释和论证最好还是得又实践又懂理论的人去替大家说，这样才能更好地说到点子上。

宋靖：尤其是摄影理论，现在业界不乏满嘴跑火车的所谓摄影理论家。

李树峰：是，文艺界有一些人就是比较喜欢用国外的新理论、新概念来套咱们的事件，不管对不对，符不符合，反正只要能把自己的话说得八九不离十，就硬干，就这么一种做法，永远追着新概念走。

我觉得，真正有效的理论，是从实践中生长出来的，而不是从外面硬加进来的，所以摄影界对这样的做法有时感觉是隔靴搔痒或生搬硬套。

宋靖：对，没有一点真诚。

李树峰：那些真正从实践中生长出来的问题，并且对这些问题进行了符合摄影属性和规律的分析和解剖，才能让我们心服口服，不管它是哪国的理论。可是这样的理论我们还需要一点一滴地往前推着做。

宋靖：对。后辈中，我们电影学院的学生普遍对理论缺乏兴趣，倒是艺术研究院可能有搞理论的根基。

李树峰：艺术研究院以科研为主，这是我们的主责主业，我们就应该去物色人研究理论。电影学院在咱们国家电影行业上的贡献很大，在摄影行业人才培养上也是领头的。我们以后可以加强合作，把实践和理论紧密结合起来。

宋靖：我本人是这样，喜欢实践，理论总结不够，教学中也是指导实践很有办法，但指导理论会觉得力不从心。所以我写学院的十三五规划、十四五规划时都强调了加强院系的理论建设。

李树峰：搞实践的人是越做实践，越想做实践，这是大家的一种普遍心理状态。我有这个体会，拍特别高兴，拍到了以后特别兴奋，而且做成了会有一种幸福感。而做理论本身就很枯燥，逻辑思维、皓首穷经的状态容易让人想逃离。所以说生活是常青的，理论是灰色的。我本人就是这样，一段时间跟人出去拍片，特别想拍，就不想写字了。

但是，因为我一直是学理论的，我对理论研究还很有激情。我坐到自己的书桌面前，面对着理论书的时候，我又能回到原来的理论状态。我比较好的一点是，要创作的时候，能投入进去，还能回归到本位，我也能站在理论的角度去回味我拍的过程，这有利于我分析创作中遇到的问题。

宋靖：读你的文章确实有一种在实践中升华出来的感觉。说起来，我想到一个问题，电影理论为什么可以作为一个专门的职业，是因为电影作品体量大，搞文艺理论的人根本就不可能去实践，难以实现。

李树峰：我也考虑过这个问题，无论你是做电影、美术或者是文学创作，为什么搞创作的人就不去搞理论呢？因为他们每做一件作品，投入的时间、精力，已经耗尽，不可能再有余力延伸出他自己的理论，两者都有的人极少。摄影理论为什么难？一方面，就是我们刚才说的得有创作中的切实感受才能把问题说得准，而就目前专门搞理论的人来说，他们要花大量的时间和精力去建立自己的知识谱系，也就是文艺理论、美学、哲学、史论体系等，他没有太多时间和精力去实践。另一方面，摄影不像文学、电影或者美术作品那样边缘清晰，摄影作品无论是单幅还是组照，都有碎、散、无边无际的感觉，所以研究起来困难。概括事物的共同规律，概括它的内在属性时，如果没有清晰的边界，就会担心逻辑上不周延。所以，我特别佩服苏珊·桑塔格（知名学者，关于摄影的著名文论有《论摄影》《关于他人的痛苦》等——编者注），能总结出那么多东西来。

宋靖：外国人在理论研究上面确实不错，值得我们学习。

李树峰：摄影毕竟还是他们那边先形成体系的。他们探索的路径和角度不停地有创新，能够把影像跟各个学科进行一种深度结合。中国摄影家尤其纪实摄影家的成就在世界上的知名度不高，这我完全同意。因为西方对我们国家的认知差距太大了，中国人的英语学习和对于西方知识学习的诚意让我们对欧美好多事情的了解程度甚至超过了其本地民众。中国的摄影家需要我们自己去给他们一种阐释和定位，进而慢慢地在世界上取得更平等的话语权。这不是我们一两代人能完成的，但是我们不能放弃，它是逐步渗透和被人们认知的过程。

不管科学研究，还是艺术创作，都要建立自信

宋靖：在文艺理论方面你觉得有弯道超车的可能吗？尤其是在今天的互联网时代，我们其实不乏这方面颇具潜力的新秀。

李树峰：也不是没有可能，但这需要中国摄影实践有一个突飞猛进的提升。在这种情况下，实践走到前头了，理论也会走到前头。像你说的，现在国内"80后"的青年学者成长还是比较快的。

宋靖：这是我们的幸事，行业建设有人才就不怕不成事。

李树峰：现在的不少青年学者有海外求学经历，他们通晓国内外的研究情况，因而能够站在更高的高度实现双向沟通，这对于中国艺术在世界上被认可和话语权提高都特别有帮助。

宋靖：完全同意，但是过于崇拜西方的学生也大有人在，所以我们的教育还有待改进。

李树峰：各方面原因吧，甚至有的还有逆反心理。

宋靖：过往我觉得还是文化自卑在作祟。

李树峰：是，应该说现在我们国家科技上有被卡脖子的问题，艺术上实际也有被卡脖子的问题。

作为一个中国人，基因就是中华民族的基因，能换得了吗？我们也许在某些方面有很多地方需要学习西方，但这种学习是为了我们主体的成长，而不是为了匍匐在地。科学是用理性去研究世界，利用客观规律去创造美好生活；艺术是从我们的内心出发，以情感方式去做有利于生活幸福的事，它作用于人的感性。不管科学研究，还是艺术创作，都要建立自信。在日常的感觉中建立不起来自信是很要命的。

宋靖：我们能做的就是鼓与呼，从摄影出发，让学生们知道关乎他们的成长，让他们看到中国摄影的来路，毕竟他们要在中国成长。

李树峰：这是我们的责任，我们的总结体会于他们有益。

李晓英

湖南省株洲市文联名誉主席，株洲市摄影家协会终身名誉主席，株洲市艺术摄影家协会主席，中国艺术摄影学会弱光艺术专业委员会主任。

1953年出生于湖南衡阳。

曾于湖南省株洲市文工团任演员，1978年调入株洲市群众艺术馆任摄影干部。1982年作品《野渡》《淘金》入选第1届中南五省大江南北摄影展。1987年考入武汉大学新闻系艺术摄影专业学习。1991年出版武陵源摄影专著《秀峰天下甲》。1995年当选湖南省"摄影十杰"。1997年应邀参加中国艺术摄影学会代表团访问美国，并在洛杉矶举办展览，作品《湘西的心灵》等10幅作品参展。2000年在北京中国美术馆举办"湘西的心灵——李晓英摄影作品展"，同名摄影作品集出版发行，先后在美国、英国、澳大利亚等地举办影展。2000—2004年先后获"中国群众文化（摄影）研究馆员"职称、湖南省"劳动模范"称号，享受国务院特殊津贴。2002年作品《岁月如歌》获第20届全国影展银奖，《苗女》获第12届"群星奖"银奖，《湘西的心灵》获台湾第4届郎静山纪念摄影金奖。2003年作品《古宅余韵》获第10届国际影展铜奖。2006年作品《红色印象》获"纪念红军长征胜利70周年——聚焦长征路"大型摄影展览金奖。2008年曾多次深入湖南冰灾和"5·12"汶川地震抗灾第一线，拍摄了万余张照片，部分作品被中国档案馆收藏。2009年获第8届中国摄影金像奖创作奖（艺术类）。2012年获湖南省第1届文学艺术奖。

现为北京摄影函授学院教授，曾任两届中国摄影家协会理事、两届中国女摄影家协会副主席、两届湖南省艺术摄影学会会长。先后获得株洲市"劳动模范"、湖南省"先进工作者"、中国摄影家协会"德艺双馨优秀会员"、中国摄影家协会"突出贡献摄影工作者"、中国摄影家协会"抗震救灾优秀摄影家"、湖南省摄影家协会"湖南突出贡献摄影家"等荣誉称号。

李晓英：弱光摄影是大家的

我很注意这种基础的学习

宋靖：你从前是演员，后来爱上了摄影，在摄影方面又做了很多探索，积累了很多经验。无论是创作理念的形成，还是各种展览的举办，以及带领你们株洲的摄影团队往前走，你都做了很多有意义的事情，这是有口皆碑的。还是先说说你的成长经历吧。

李晓英：我1971年到株洲市文工团京剧团工作。那时练功，当演员，出演了很多角色，像当时风靡一时的《园丁之歌》我就演了一两百场。但1976年我到农村工作了一年，练功就间断了。再加上我的嗓子不是很好，所以当时对是否还要继续从事演员工作有些动摇。后来工作调动，我到了我们那里的文化局工作。在文化局当团总支书记时，听说群艺馆有一个摄影岗位空缺，我就赶紧找到局长，表示希望能够转去当摄影员。局长听了之后很惊讶，问我："你竟然不愿意在文化局里工作，反而要到一个群艺馆里面去当摄影员？"我说："是的。"因为我个性很要强，小的时候外婆就跟我说，一个人一定要学一门本事，这样的话你在什么时候都会有口饭吃。再加上我女儿的爷爷一直爱好摄影，他原来就在照相馆当学徒，对我有潜移默化的影响，所以我决定开始学习摄影。

当时群艺馆只有5个在职的工作人员，我是其中最年轻的。我工作很努力，什么都干，连保管员也干，还开始学习怎么拍照。我们那个年代还没有数码相机，用的器材都是胶片相机，单位只有一台发霉的海鸥4D照相机，对焦已经不准，勉强凑合用。后来我自己花钱买了一台，每天早、中、晚的空余时间在同一位置对着单位附近公园的亭子拍。早晨是正面光，中午是侧光，下午就是逆光……就是靠着这样的练习，我学会了曝光，学会了掌控光圈和快门。

宋靖：你这种学习方法跟电影学院的训练方法是一样的，电影学院让学生们认识光也是用这样的方法，对着一个建筑一直拍，直到让他认识到光线是怎么来、怎么去的。

李晓英：当时不像现在数码相机能够全自动调配光圈和快门，过去我们拍胶片全都是手动来调节光圈和快门速度，所以我很注意这种基础的学习。每次拍摄，我都会要求自己记住此时此刻的光圈、速度、构图、光线来源。我认为，学摄影入门最重要的，就是仔仔细细把基础打好。

在训练构图方面，最开始我会主动找很多不协调的东西来训练，后来我就找到了技巧，摸清了门道。摄影有很多构图方式，如框式构图、三角形构图……但是在构图基础上，你一定要让一切看着舒服。比如说南方和北方，怎样来体现它的特色？南方橘子多，北方没有橘子，于是我就把橘子作为我一些南方题材作品的前景，这就很体现构图的技巧。同理，北方有苹果，南方没有苹果，你一看，前面是苹果，后面是山，就该知道是哪儿的。所以我认为，拍照片一定要注意这种环境，不管是拍风光，还是拍室内人像，抑或是室内场景，都要带上它的"个性"，带上地域特色。

同样，在训练影调、色彩和色温方面，我也会想着法儿去练习。在万绿丛中找到一朵红花，那么就把这朵红花当作主体。摄影人都知道，早上日出时刻和晚上日落时分室外自然光色温偏暖，中午和雨天的色温偏冷。咱们的灯光、蜡烛光、钨丝灯泡的手电筒也都是暖色调。在熟知色温、掌握好平衡后，我就开始有信心地去拍摄了。

之所以拍弱光，与湘西这个地方有很大的关系

宋靖：那你为什么把你创作的主要方向放在弱光摄影和湘西的题材上？

李晓英：之所以拍弱光，与湘西这个地方有很大的关系。我小时候就特别爱看湘西的文学作品，特别是沈从文的小说、散文。潜移默化中，我也对湘西有了一份独特的热爱。这里有

苗族、土家族、侗族等少数民族，给人一种厚重感和神秘感。我做摄影后，就把创作的点定在了湘西。从20世纪80年代初，我就开始拍湘西的风光。当时，湖南省文联组织了一批艺术家去往现在的张家界、索溪峪、天子山、武陵源地区创作，准备做一套丛书出来。我担任了其中武陵源《秀峰天下甲》的主编，为此在那里待了一二十天。在这段时间里，我几乎拍遍了整个武陵源，记录了那里的雨天、云海、日出日落。这本书出版后我就在想，湘西不只有风景，还有很多沈从文笔下的湘西民风民俗，这些都值得去挖掘。当时恰好有个契机，湖南省摄影家协会的时任秘书长程默问我："李晓英，你有没有时间，能不能陪澳门摄影学会的老师去湘西拍拍那里的赶集？"其实在此之前，我没有涉及过这类创作，但我还是答应了下来，说："只要是与摄影有关的事，我都可以。"那次拍摄活动，澳门摄影学会大概来了十几个摄影师，当时我陪他们把湘西赶集的各个地方都跑遍了，看着他们拍赶集，我也学着拍了一些。自此，我与湘西彻底结下不解之缘。

后来我想，风景拍了，赶集也拍了，我为什么不走到农家去看看湘西的吊脚楼、石板房里的情况，我应该去记录他们的生活，把这些非物质文化遗产传承下来。于是我就下定决心要去拍摄。那是1990年夏天，我从株洲坐绿皮火车到湘西土家族苗族自治州首府吉首，转汽车去芙蓉镇采风。当时面对着千年古镇渡口的滔滔江水，我竟一时彷徨不知道怎么拍出古镇古韵，心境很像李清照笔下的"落日熔金，暮云合璧，人在何处"，没了方向感。记得当晚我辗转难眠，干脆站在古镇星空下禅思，仿佛听到屈子行吟《离骚》穿空而来，胸中顿生艺术报国情怀。确实，世界四大文明古国中，两河流域古巴比伦文明、尼罗河流域古埃及文明、恒河流域古印度文明，均已于千年前烟消云散，唯有黄河、长江流域的华夏文明流淌至今。作为华夏文明一个分支的湖湘文化，远有贾谊、王夫之、李东阳、魏源，人才辈出，近有沈从文、黄永玉等顶级艺术巨匠，正如岳麓书院所书的"惟楚有才，于斯为盛"。

对于那一晚，我至今记忆犹新，当时脑海一直在倒放"蒙太奇胶片"。拍出古镇古韵也许很难，却很有价值。大文豪沈从文白话一般的散文《湘西往事》《我的湘西》，黄永玉笔下千姿百态的荷花，都是湘西土地上再平凡不过的所见，但作品所表达的内涵，区别于任何一位大家，风格自成一体，成为源远流长的湖湘文化的两座新高峰。

回到住所内我仍然思绪难平，继续着蒙太奇式的"头脑风暴"。我想起《文汇报》1978年11月发表的那篇描写知青的短篇小说《伤痕》一石激起千层浪，以此为代表的"伤痕美术""伤痕文学"，一时间"燃爆"在20世纪80年代初期。碍于作品与改革开放大潮背道而驰，不久后这股风就过去了。我想，这固然与当时文学艺术的整体式微有关，更与艺术家文化视野、才情识见的局限相关。鉴于此，再加上伤痕文化所固有的狭隘与浅表性，人们更欢迎气势磅礴、震撼时代，像沈从文、黄永玉那样高文本辨识度的大作。想到这里，我露出了收获的微笑，满意入梦。

第二天早晨，我推窗眺望湘西古镇王村的壮观瀑布群，对着土司王都古建筑遐想。也许第一个到达这里定居的先民，原本无心，却给了后世子民无尽的福荫。到了秦汉，这里成了土司王都。20世纪80年代，著名导演谢晋用他卓绝的奇才将世外桃源般的废都，拍出了轰动一时、获得中国电影金鸡奖的影片《芙蓉镇》，千年王村也由此改名"芙蓉镇"。想到此，我心中勾画出一个圆——从影片中"沧桑的芙蓉镇"到眼前"活力的芙蓉镇"，再由眼前"活力的芙蓉镇"到"历史芙蓉镇"，最后由"历史芙蓉镇"回到"湖湘文化芙蓉镇"。

在思绪的循环往复中，我推敲发现，艺术作品其实是多线并行的，一条是沈从文大师书写的静谧、美丽的人文湘西，一条是伤痕文学笔下纠缠不清的历史沧桑，这两条线索一明一暗，互为表里，赋予艺术作品不同思想深度和文化信息含量。能不能有第三条艺术发展线路？我想，应该是有的。

面对眼前充满活力的芙蓉镇，我清晰地记得，1978年我入职株洲市群艺馆工作时被派往上海展览馆参观法国油画展的情景。当时法国艺术家笔下暖暖的光线色彩、绚丽多姿的艺术细节表现力，令人叹为观止，给我留下了深刻记忆。身在芙蓉镇时，离我的那次上海参观已经过去12年了，但记忆如同昨天。"暖色"，这两个字电光石火般跃入我的脑海。暖色，任何场景的晨光、暮色，那一缕缕光线，不都是暖色吗！暖色，中国史无前例、波澜壮阔的改革开放，眼前活力的芙蓉镇，不都是在奔向暖色的光明吗！东方喷薄而出的旭日，照耀的瑰丽河山，不是诗情画意般的暖色吗！当时恍然大悟的我，只记得脸颊有一些发热。

挎着相机走在历史印记充盈的芙蓉镇，我发现凹凸不平的五里石板街难掩历史沧桑，亦难掩两千多年前作为秦汉土司王都的繁华，以及千百年来当地百姓对于土司王宫的保护与利用。

整个白天，我用思考的脚步丈量着芙蓉镇，在民居弄堂、天井里进进出出，拍了一些照片，但总觉没有很大的突破。晚上，在旅馆里我又对光线内涵表达进行了深入思考：何为明？何为暗？何为暖色？如果说沈从文塑造的人物形象与伤痕艺术塑造的人物形象在时间维度上形成了对立的话，那么暖色光线对历史、对人物是否可以从空间维度上突破这一定律？

回想自己过往看到的众多摄影者镜头下或飘逸、或沉郁、或肤浅的湘西，我能不能深层次突破？想到这里，我打开旅馆窗户，街巷灯火扑面而来。看着万家灯火，我突然悟到：暖色光线能不能整合自然与"人"、历史与"人"的关系？能不能用暖色弱光独一无二的表现力拍摄出全新作品？有了对历史文明碎片的深入思考，我想这样的弱光作品应该能够表现出深层次的内涵，或许会格外厚重。

所谓"磨刀不误砍柴工"，有了创作前的思考，我在芙蓉镇的拍摄变得事半功倍。我的目的是，通过弱光艺术挖掘表达场景瞬间里蕴含的精神信息，传承灿烂的湘西苗族、土家族文化。想到这里，我加快脚步，更加坚定地穿街走巷搞起了弱光艺术创作。

我把镜头对准苗族、土家族民居，对准被烟火熏黑的几百年木板墙壁，对准西水河畔一排排苗族、土家族居民吊脚

《生命之源》李晓英摄

楼，努力表现人文之美、时代之变，着力突出文化内涵。民居那些被灶火熏黑的古旧木板墙壁，锅灶，墙上的渔具、柴刀、犁耙农具等，简直是弱光摄影非遗保护的资源宝库！经过几日胸有成竹的拍摄，我心满意足地返回了株洲，并于当天连夜到冲扩店将胶卷冲了出来。深思熟虑之后的拍摄结果显示，我的芙蓉镇民居各种元素运用较以前有明显提升，构图简洁别致，所有作品人物个性鲜明，这让我明确感觉到，弱光摄影大有可为。

此后，我又多次重返古老神奇的湘西采风，探索暖色弱光摄影的升级版。表现湘西水文化的弱光摄影作品《生命之源》是1995年我在湘西腊尔山苗寨用F5.6光圈、1秒的快门速度拍摄的。画面中，弱光为室内水缸、水壶镀上了金黄的轮廓，宛如仙境一般。画面安排器物所处的位置、大面积的留白，都颇具视觉冲击力，赋予作品别样的美感。揭下水缸盖的古旧陶水缸，缸旁木桌上的水壶，在暖色弱光里静美、祥和、圣洁，其视觉效果犹如法国卢浮宫陈列的经典油画。水缸上的清晰陶艺花纹，给人一种龙之故乡的感觉。画面元素隐含象征、暗示、比喻等视觉应用效果，使作品在主题和意境方面具有更多、更深刻的表现，很容易让人遥想湘西先民非常懂得"上善若水"的内涵，懂得生命的质量，懂得水的保护和使用。只不过随着时代进步，今天自来水代替了山泉井水，玻璃杯、电热壶代替了老茶壶，但人们依然可以通过暖色弱光作品，体悟醇美、隽永的千年水文化。

那段时间，每到周五晚上我就坐上绿皮火车去往吉首，然后再转坐长途汽车去往湘西各地。就这样，我一个人一次次长途跋涉，走几十里山路跑到苗族、土家族的寨子里拍摄。最开始村民们不太理解我，觉得一个陌生女人跑到他们家里来干吗。而且我也听不太懂他们的方言，跟他们难以交流，碰了很多次壁。后来我发现湘西那边的男人多抽旱烟，所以为了跟他们拉近关系，之后再去拍摄，我都会随身带一些烟、小丝巾和糖果。遇到男人，我就递一根烟；遇到妇女，我就送一条丝巾；遇到小孩，我就给几块糖。湘西人非常淳朴，只要你对他们很诚挚，他们就会对你很友好。有一次，我因为发高烧没办法回城，就借宿在了一个苗族老乡家里。那家人非常好，他们把家里仅有的床和好一些的被子都让给了我。

弱光摄影的长项，是我慢慢实践才找到的。那个时候用胶片拍摄，既没有测光表，又无法立刻看到成片，拍摄时遇到很多困难。当时偶然的机会我了解到，公安局搞刑侦摄影，拍手指的印子要拍几个小时，这让我一下子犹如醍醐灌顶：其实我也可以拍几个小时。后来，我就选择带着手电筒与蜡烛，利用自然光、手电筒光和蜡烛光来拍摄，如此照片就产生了很强的弱光效果。

对于我这种特意用弱光拍摄的手法，当时很多人不理解，他们说："你为什么不用闪光灯拍？"其实深究下去，这就

《天井》李晓英摄

《原始铸造》李晓英摄

是个人风格和技巧的问题。我用弱光拍，一是想反映湘西的民族艺术是温的，是暖的；二是湘西的环境本来就是温的，人们居住的吊脚楼、石头房都是古铜色的，房子内的蜡烛、手电筒、钨丝灯光也都是暖色调的，再加上烧柴火时那红红的火苗，总体就形成了我弱光作品中的暖色调，故而我称之为"暖色弱光"。

2000年，我在中国美术馆举办的展览在当时可谓轰动。这次展览的成功举办我记得始于中国摄影家协会展览部时任主任给中国美术馆时任馆长的推荐。馆长看到我的150幅弱光作品后，非常惊讶，认为这跟一般的新闻照片、风光照片和用闪光灯拍的照片不同。"这才是艺术！"在他感叹之余，经过美术馆艺委会通过，我的150幅作品全部展出，占据了中国美术馆的三个展厅。后来经过众多媒体报道和各地巡展，我可以说算是一夜成名。

宋靖：这不叫一夜成名，你算是厚积薄发。毕竟你对主题的探索和手法的运用已经锤炼了很多次，这种深入生活、扎根人民的主题创作思想可谓由来已久！你的奋斗历程非常值得学习。而且你作为湖南人，坚持挖掘湖南的创作题材，这是非常聪明的做法。

李晓英：是的，创作一定要熟悉题材，进而才能形成自己的风格，打出自己的品牌。

基层的摄影人，就应该扎根于人民

宋靖：你是本书收录的唯一一位女性摄影师，你让我看到了你的坚守。

李晓英：我曾在北京学习了一年，见了世面，这让我知道了摄影对于国家是多么的重要。而且我觉得，作为基层的摄影人，我们就应该扎根于人民，到最熟悉的地方去，把身边的事和人都反映给大家。

宋靖：2008年你曾多次抵达湖南冰灾现场，还去过"5·12"汶川地震现场，当时也拍摄了很多照片。你那时的经历和感受是怎样的？是什么让你有勇气去进行拍摄？在拍摄过程中有没有过害怕或者是想过退缩？

李晓英：没有想过退缩。我觉得人只要有决心，就没有什么克服不了的困难，这是我一辈子的经验。人，就怕没追求、没目标、没理想，无所事事。我这辈子的目标很明确，那就是为弱光摄影奋斗，我一定要为摄影做贡献，做出成绩，而且我应该在国家需要我的时候冲在前面。

2008年那场冰灾可以说是湖南几十年不遇的大冰灾，整个京广线的列车几乎全部停在那里无法前行。这时，我们摄影人更是不能怕困难。当时我是株洲摄影家协会的主席，那会儿我们株洲共有1000多位会员，我就发动大家都去拍冰灾，能上路的就去路上拍，在厂里的就把厂里的拍好，被困在家的就在家门口拍。

记得那年大年初一，我在单位值班，大概上午11点，朋友打电话来说长沙附近的一条电网线倒塌了，株洲武警部队现在有两三百武警要到龙凤山上去。听到这个消息，顾不得吃中午饭我们就相约出发了。当时一共才20多公里的路我们赶到时已经是下午3点多。到了那里，我发现救灾物资就只有七八十盒方便面和一锅开水，但那天去了两三百名武警。战士们不畏艰苦，奋勇救灾，很多场景我都拍下来了。

5月汶川地震，我经过向市委宣传部长申请，最终以中国红十字会的名义到了汶川。那一路很不容易，去往汶川的路上很多地方都塌方，很多时候我们不得不躲着随时崩塌的碎石一起推着车跑过去。到了那里，我们马不停蹄，一边支援救灾，一边也没忘拍摄地震的灾情和救援场景。

拍摄冰灾和汶川地震让我更加认识到，我们摄影人一定要珍惜现在这个时代，我们应该用更多的时间来为国家服务，让摄影的境界有更高的提升。

还是说回我的弱光摄影，它发源于湘西，能够反映我们湖湘文化的发展和传承，反映厚重的中华五千年文明。这一手法

2008年初抗冰救灾，抗灾官兵们用方便面做午餐。李晓英摄

《山崩地裂历险记》之一 李晓英摄

《红色印象》组照之四老屋下的红军帽。李晓英摄于湖南省郴州市宜章县白石渡镇

在湖湘有得天独厚的运用条件，不仅能够拍摄反映历史的厚重感，也适合拓展表现整个华夏历史文化的沧桑积淀。对于中国共产党波澜壮阔的百年历史而言，这一手法亦特别适于表现党在湖南的浴血奋战史迹，挖掘红色基因的文化资源。我有一组《红色印象》曾获中国文联和中国摄协主办的"纪念红军长征胜利70周年——聚焦长征路"大型摄影展的金奖。当时展览是在人民大会堂举办的，那组照片我都是用弱光摄影形式拍的。

弱光摄影不仅仅是黎明前或者日落后的风景拍摄，还可以是星空摄影、城乡夜景摄影，更可以是室内的烛光或者灯光下摄影。弱光摄影可以很艺术地反映与人们生活息息相关的道具、农具、工具等。这些年，不管是湘西的民宿室内还是山野风光，甚至是工厂，我都尝试用弱光摄影的手法来拍摄，也拍了不少颇具意味的作品。

宋靖：在室外进行弱光摄影一般是在什么时候拍？

李晓英：一般是日出前40分钟和日落后30-40分钟。其

《丰收的喜悦》李晓英摄

实在大太阳下我也用弱光手法拍，别有一番风味。比如我拍过一张"打刀子"，就是在大太阳照射下拍的。如果当时我按照暗部曝光，这张照片就是一种平常的拍摄手法，但我是按照亮部曝光的，把整个光线感减下去，压下来，同时让它保持层次，这张照片就成功了。

宋靖：保持层次是用额外打光吗？

李晓英：没有，我从来不打光。这要综合亮部和暗部，要算它的值。完全按照亮部不行，完全按照暗部也不行，要按照自己形成的一套手法和方法。特别在后期制作方面，还要考虑正、负片宽容度的不同等问题。而且后期制作需要以前期拍摄为基础，你必须在拍的时候就要想到应该让作品出现一个什么样的场景、呈现什么样的影调……我觉得，摄影并不是一件简单的事情。

宋靖：保持一种影调？

李晓英：对。你自己首先要考虑好，把影调等这些东西都想清楚，这样后期时才好加工。弱光摄影不同于一般的侧光或者逆光的风景摄影，你看到的是另外的世界。

这么多年来，我没有别的爱好，就是爱摄影，就是想研究我的弱光摄影。我想弱光摄影应该可以大有作为，甚至可以成为一个门类进入课堂，我可以说，谁学好了弱光，谁就对摄影的一切了如指掌。希望越来越多的人来研究弱光摄影，让它为中国摄影、为世界摄影做出贡献。事实也证明，现在有越来越多的人在尝试弱光摄影，我的弱光摄影讲座在株洲市有13000多人听，在中国摄影家协会摄影函授学院有8000多人当时在场听课，大家对弱光摄影非常感兴趣。

所以我说，弱光摄影是大家的、是咱们全民族的，我们应该好好一起来把它发扬光大。2022年11月中国艺术摄影学会成立了弱光艺术摄影专业委员会，全国及世界将会有更多的人来参与弱光摄影的创作、传承和发展。

李学亮

中国摄影家协会第7届、第8届、第9届副主席，中国摄影家协会艺术摄影委员会原主任，新疆维吾尔自治区文联原副主席，新疆维吾尔自治区摄影家协会原主席，北京电影学院摄影学院客座教授，《中国国家地理》签约摄影师，国家一级摄影师。

李学亮：最大的动力就是大自然给我的回馈

鼓励我坚持下来的，除了热爱摄影就是这些经历，还有祖国的美好山河

宋靖：我这本书的初衷就是让年轻人知道我们中国的摄影家，把你们的作品和摄影理念、思想、情怀以及对祖国山河的一片深情传达给年轻人，让他们的爱国情怀得到更加具体实在的熏陶。你的新疆无人区影像就是最好的案例。我知道你最初是学音乐的，后来为什么会选择摄影来作为你的艺术表达方式？

李学亮：是，我原来的主业是音乐，之前在部队文工队，后来在新疆歌舞团。我是搞器乐的，当演奏员，主要是为作词、作曲等服务。我们就像琴上的琴键一样，自己的思想反映不出来。1984年前后，我遇到了我的摄影启蒙老师——柯尔克孜族女摄影师哈斯亚提。当时她的主要任务是给我们各剧团拍剧照，那会儿我一下就对摄影产生了莫名的兴趣。当时我就创造机会去认识她，爬上爬下帮她做些体力工作。看我实在想学摄影，她给了我一本70年代出的书，我就照着书上买冲印照片的药水、置办有关用具。在洗出第一张照片的时候，我的心情别提多激动了。

从此，我就掉到"坑"里了，就和摄影结下了不解之缘。那时乐队的排练我已经不想参加了，坐在乐队里拿着乐器看着乐谱，脑子里想的还是怎么去弄照片这些事。于是我就跟我们那个摄影师大姐说我想做摄影，问能不能请她帮忙。当时我们是有艺术档案的，经过再三申请，加上我承诺重大演出、重大录音绝不缺席，我才有机会参与摄影。1985年，新疆艺术研究所成立，我如愿调到了艺术研究所。但是那会儿我们的摄影主要是做档案拍摄，就是拍握手、会议等。我感觉我的目的不是这个，我应该展示自己的想法。这时我看到了一些杂志上的内容，我就觉得我可能喜欢户外运动，在外面跑，在外面看。这个想法再一次与研究所的工作发生了冲突。几经周折，我算是停薪留职，开始走上了自由创作的道路。

80年代末的时候，新疆路况各方面还是比较落后的，相对也比较贫穷，但当时的社会环境对我们搞摄影创作很友好。我记得很清楚，当时我向所有认识的人都借过钱，借钱买了一辆三菱车，还有大画幅相机，在新疆拍摄风景这是必备的。我记得当时我借了有30多万，那时候的30万相当于现在的300万了。浙江电视台曾给我拍摄过一个专题片，叫《一个人的风景》。当时家里就我一个人，母亲跟着我妹妹，我离婚后，我女儿一直跟着我母亲。当时我的车就是我的家，吃的、喝的、睡的、盖的车里全都有，我是走哪儿住哪儿，拍哪儿吃哪儿。当时条件比较艰苦，临行前我把身上的全部资金搁到桌子上，开始筹划：这点儿钱是买汽油的，那点儿钱是买胶片、冲胶片的……对自己的吃住就没有太多的打算了。

当时听说新疆有个魔鬼城，地质队拍过图片，我看了以后就一直很想去。不过地质队已经说不太准具体的地点和路途，我只好开车顺着大方向尝试着找。我去的是位于准噶尔盆地西北边缘的乌尔禾魔鬼城，从入口开始，每到一个高地我就在那里插根棍子，绑个布条，在那个地方放两瓶水，完了再往里走。当时主要是害怕车出毛病以后出不来。果不其然，那次真出了问题，刚到魔鬼城车就抛锚了。我把带的器材就地一埋，身上只揣了几个馕，顺着我标记的线路就跑回来了。

还有一次在南疆的安迪尔村区（位于和田地区），听说它在沙漠里面接近沙漠边缘40公里的地方。当时车其实开得不是太远，大概走了几十公里路，突然就一下子歪倒在路边沙子里头了。那时我一个人，没有办法，我把车一收拾，把东西拿下来埋到了距离我的车约100米的地方，然后我就走了，想去叫人帮忙把车拉出去。我走了接近一下午，才碰到一对维吾尔族的父子俩，他们开着手扶拖拉机，路上走了三四个小时才到我陷车的地方帮我把车拉出来。那时我身上就剩了800块钱，我把钱全拿出来给他们。当他们得知这是我仅剩的钱时，就说："你后面还有路要走，咱俩一人400，我拿400，你留400。"当时我很感动。这段经历后来我告诉过我们那里的一位作家，叫周涛，他当时写了一篇文章发表在《读者》上，标题好像叫《新疆有个李学亮》，其中把我这段故事很详细地写了出来。

像这样的事情我还碰到过很多很多。记得我到过一个村子，里头住的都是维吾尔族同胞，他们听不懂普通话，我就在村口搭了一个帐篷，慢慢地他们都聚集到我这儿来了。到了晚上，大家就席地而坐，开始聊天了。我的维语说得还可以，第二天我去村里拍照片，他们有西红柿、黄瓜、甜瓜，摘下来以后就扔到我帐篷里，有时候还扔点馕什么的，这都是很朴实的感情。我在那里住了十来天，等走的时候，他们就围着送我，有的人甚至眼睛都红了，让人就想流泪的感觉。我觉得，鼓励我坚持下来的，除了对摄影的热爱，就是这些经历，还有祖国的美好山河。在这些经历中，我真的被这些朴实的人感动了，所以我就想到我没去过的地方看看。

《三联生活周刊》给我发过约两万字的长文故事，当时那个撰文记者跟了我很长时间，我给他讲了很多这样的故事。我觉得，在新疆会出现很多很多美好的故事。新疆的地域很大，只要你想走想跑，就会有很多意想不到的惊喜出现，不管你是去做什么都能遇上。新疆的风光摄影并不仅仅是大家想象的那么多花儿，那么美丽，我认为新疆的风光应该是很苍茫、很博大的，看了以后会得到一些力量，会觉得自己很渺小。

摄影应该就是摄影

宋靖：我跟你去无人区的那一趟就是这种感觉。你这么多年都坚持使用胶片拍摄，你认为胶片的绝对优势在哪里？

李学亮：胶片和数码各有各的用途，是两条平行线。像风光这种不太讲究瞬间创作的作品，我认为用胶片拍摄比较好，它的底片尺寸大，品质高，这样作品可以放得很大，清晰度很高。我一直使用胶片，已经习惯了，对胶片有一定的情结，我觉得用胶片拍上一张心里会更踏实。

《巍巍昆仑》
　　直升机航拍于昆仑山，巍巍冰山之父——慕士塔格峰。李学亮摄于 2012 年

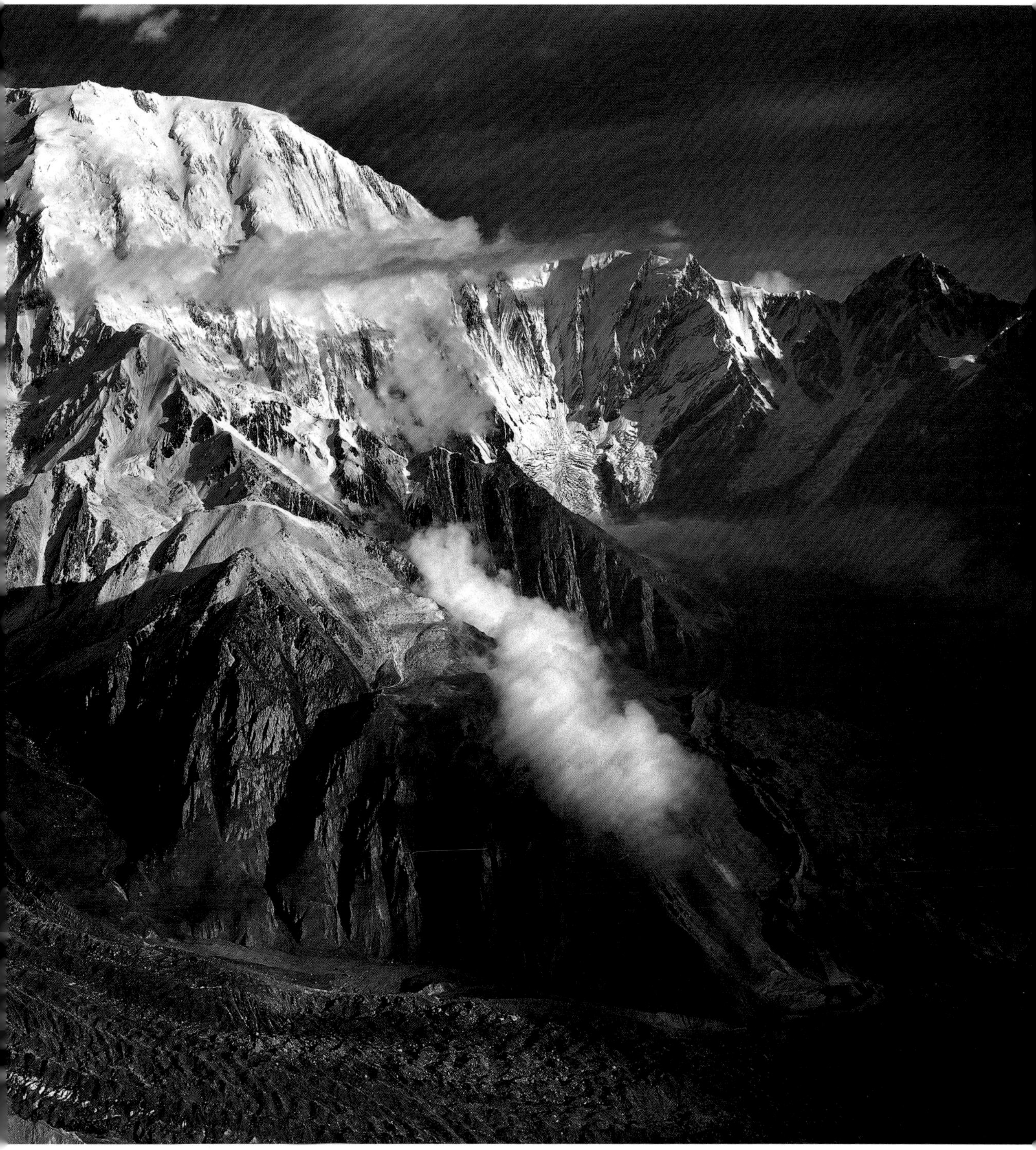

宋靖：你说的我特别能理解。从技术质量上来讲，胶片和数码不相上下，但胶片拍摄的慎重感是数码拍摄比不了的。

李学亮：胶片和数码，各有各的长处，各有各的短处，干什么行当，用什么东西，比如说拍新闻、拍商业广告，肯定是用数码，来得快而且成本低。不可能拿个胶片相机，拍完了再冲洗，冲洗完了再发表，时间上来不及。比如像拍风光的，有时间可以等，不是那么着急的，这时你用胶片拍上一张，对你的自信心会是一种提升。拍完你就会期待着胶片呈现出来的效果，会有各种各样的期待，像一位临产的妈妈期待着自己的孩子，兴奋中带着期待，期待中带着担心，担心里又有期待。等待胶片冲洗的时候就是这种心情。我们拍完了，走了这么多的路，费了这么大的精力拍出来了，心里肯定焦急地想着结果怎么样，有没有达到预期。看到冲出来的胶片达到你的预期后，心里的一块石头就落地了。

《风迹》
狂风过后留下的痕迹犹如向前奔腾的千军万马，势不可挡。李学亮2005年1月拍摄于阿尔金山宋靖：你有没有遇到过拍的时候没有问题，回来冲坏了的情况？

李学亮：有，所以我的胶片从不让别人冲，都是我自己冲，到现在为止还是我自己冲。从拍，到冲，到洗，再到呈现，我都是自己做。这也是一种情结，一种信任，还有就是一种踏实。

宋靖：这么长时间的坚守，你最大的动力是什么？

李学亮：最大的动力就是大自然给我的回馈，让我不断有新的激情行动起来。当大自然给了我更好的景色、想象的时候，当我一个人等了几天时间终于等到期待的景色时，看着那景色会有一种流泪的幸福感，兴奋、激动。音乐是听觉上的旋律和节奏，摄影则是视觉上的旋律和节奏，这两者特别相近。当你眼睛能看到眼前的旋律和节奏变化的时候，你就成熟了。你并不是看到一朵花、一棵树、一条河流，你看到的是一个旋律，一个很大的旋律。大家在其中祈福，看到很多欢呼、呐喊、幸福、痛苦，看到这些都呈现在节奏里面……如果你能体会到这种感觉，你的作品就成熟了。

宋靖：你已经在不经意中把这两种艺术做到浑然一体了。

李学亮：现在还有很多人到处去找，这里花开了、那里下雪了……其实这都是不对的，应该寻找我刚才说的那种东西，那种节奏、韵律才是你最后要达到的目的。

我认为摄影，尤其是现在的风光摄影，实际上是分三步：第一步，纪实性，所见即所拍。第二步，艺术性，给你启发，让你用自己的感觉去拍作品，感受艺术之间感情的传递。艺术性的传递就是把你拉到它的思维里面去，比如音乐可能有美丽的旋律让你流泪，摄影也是这样的。当你自己心情郁闷的时候，你作品的色调也是很低的，有这种心情的人看到这个作品，会认为这是为他拍的，他也可以为之感动到流泪，这就是第二步——艺术性。第三步，观念性。这就更深一步了。观念性多利用自己的感觉，利用环境、地方来反映和表达摄影师对某些事情的观念，这就走得深入了。

现在我们的风光摄影大部分人都停留在第一步上，还没有进入到更深的一步。有很多人感受不到更深的一步，是因为他们本身就不是职业摄影师，人家本身是为了玩、为了快乐、为了锻炼身体才去选择摄影的。这些人并不代表风光摄影家，真正的摄影师是在寻找我说的那种感觉。我认为，在摄影门类中风光门类是最辛苦、最考验人、最锻炼人的，它也最能检验你对艺术的感觉和表达，这是摄影的一块试金石。

宋靖：你的风光摄影让人看到的不仅仅是一个景观，而是一个观念，是你自己的情感。它们不单单是冰冷的风景，而是一个有山、有水、有风、有云集合的能量空间。

李学亮：对于现在的摄影来说，我们用一个瞬间的照片来表达自己的感情跟人家用半个小时的动态摄影来表达这个感觉相比，想要胜出太难了。所以，如果你能用一个瞬间来表达出你的感情是很伟大的。

《帕米尔木吉火山口附近的柯尔克孜族民居》
李学亮 2008 年 9 月拍摄于帕米尔木吉乡

《沙漠月夜》
在死亡之海也有美丽的瞬间。李学亮 2000 年拍摄于塔克拉玛干

宋靖：现在业界的摄影评选经常要求交组照。我认为用一组照片去表现不是图片摄影的魅力，图片摄影最大的魅力是我用一张把你一小时、一年，甚至一辈子要表达的都表现出来，这才是最难得的。

李学亮：现在尤其可笑的是风光摄影也出现了组照。我认为，摄影就应该利用瞬间的一幅作品来呈现你对这个事物的看法。

宋靖：摄影是归纳出来的，高度提炼的。

李学亮：对，摄影有它独特的东西，摄影应该就是摄影，不应该再有很多的东西掺杂到里面去比拼，否则不公平。

充分发挥自己的长处，这很关键

宋靖：我感觉你对山河、对人、对自然怀有特别坚定的信念，这就是大自然给你的能量。同时，你在无意之中也给新疆旅游做了特别大的潜在宣传。现在为什么大家奔着新疆去旅游？都是觉得新疆的风光好。

李学亮：现在的风光摄影很多已经跟旅游宣传挂钩了，好多地方比如喀纳斯就是摄影人宣传出来的。还有像特克斯草原，我第一次去的时候还没有一个人在那里拍照片，现在都要排着队买票才能往里走。摄影宣传对于旅游经济的推动非常明显，新疆现在的主打牌就是旅游。我经常听到一些种葡萄的农民说，靠旅游一年可以挣二三十万元。摄影，尤其是风光摄影在新疆得到大力发展，就是因为它和经济直接挂钩了。这里富的县城一般是旅游做得好的，穷的县则一般是旅游没发展好，现在很多地方是靠旅游来打翻身仗。一些景点就是我们摄影师推出来的，这才有了这个景点，有景点以后才有旅游，有了旅游以后才能造福一方乡土、一方人民。

宋靖：你在这方面功不可没，在推动社会发展上做了特别大的贡献。

李学亮：主要还是因为我对新疆风光的热爱。我一般都在新疆拍摄，我只拍新疆，原因在于，我认为地域很重要，外地人一般拍不过对自身地域熟悉的本地人。

宋靖：这个话题我也跟我的学生强调过，你要扎根在生你、养你的地方，在你熟悉的土地上拍摄。我也访谈过好几个摄影家，他们都是在他们本省的土地上拍摄出了自己独特的东西，最后成名，拍出了自己的风格，成为自己独立的名片。我们就是要告诉学生，要注意脚下，天下是要关注，你可以去学习、去交流、去感受，但你最终还是要落实在脚下，去拍你熟悉的生活、熟悉的人、熟悉的事。

李学亮：对，充分发挥自己的长处，这很关键。在新疆我的长处就是新疆的地方我都很熟悉，包括季节、道路、人文，各方面我都很熟悉。如果不在我熟悉的地方拍照，反而跑到别处去拍，那不是拿自己的短处跟别人的长处比吗！所以要发挥自己的长处。虽然新疆我拍了30年，跑了180多万公里，但我依旧认为我只拍了个皮毛。有时候看了今天拍摄的作品，觉得挺好，过两天就觉得还有进步空间，还可以更好，这样就会让自己往前一步一步走。

宋靖：在摄影上面你以后有什么打算吗？

李学亮：第一个打算就是把我的一些经验和技术尽可能地传授给我的弟子们，他们来自祖国各地，酷爱风光摄影。摄影是艺术，但也与技术相辅相成。第二，我想趁着自己还能跑得动，把我知道还没拍到或者因为季节不对、气候不好以及进不去等原因没拍成的地方再去拍一拍，弥补一下遗憾。这样正好就可以带着自己的徒弟和学生再去把这些地方拍一下，所以现在每天也很忙，都在教徒弟弄这些东西，把我现在的技术经验拿出来手把手教给他们。然后再加上他们自己的经验体会，就能得到更好的东西，更能进步一些。和年轻人交流对我本身也是一个提高，因为他们的思想更加活跃，有很多问题可能我们想了几年没想通，跟他们交流一瞬间就想通了，教学相长，学习和进步都是互相的。

宋靖：以后有机会一定跟着你去拍一拍。我虽然不擅长拍风光，拍不出来这种大片，但是我有感受自然的愿望。

李学亮：就算不拍照片，感受大自然的力量也是很好的。我们常说"接地气"，地气就是大自然给你的力量。当你苦闷、不开心的时候，最好的解决方法就是到大自然中去，马上你就会忘了那些苦闷的事情，心胸变得开阔。当我苦闷、不开心的时候，我就喜欢一个人在屋里支起灯箱和幻灯机，把之前拍的照片拿出来，一张一张仔细地看，看着看着我就感觉好像又回到了那个地方。我还会用放大镜仔细看细节，去回忆当时我是在什么位置，是怎么拍的，怎么决定的曝光，怎么决定它的感觉，夕阳怎么那时候还在……所有这一切的事情我都能体会到。

宋靖：我也有过这种感觉。记得你说过一段故事，是有一年春节你从外边拍完照片回到家里，几个好朋友去看你，他们看到你的生活状况都流泪了，是吗？

李学亮：没有。他们就是很感慨，一个摄影家，家里居然这么穷，连个沙发都没有。三间房子只有两串脚印，一串是通向卫生间的，一串是通向卧室的。当时他们就觉得我的生活太艰苦了，我说关键是这房子住不了几天。我很多时候从南疆到北疆，再从北疆到南疆，中间穿过乌鲁木齐，通常是买点馕、买点咸菜、加点水就走了。所以好多人打电话给我会发现，今天我还在北疆，过两天我又跑到南疆了。他们都不理解，说："你是哄我们的吗？"我回家也是一个人在家，没啥意思，还不如开着车慢慢儿晃悠，新疆很多地方的风景照片都是这样晃悠出来的。其实你对哪个地方都不要太激情，很平淡地去走、去看，就能激发你好多种感情。你开着车，慢慢走在一条路上，听听音乐，看着外面的景物，这也是一种养生，好多痛苦就忘了。人家说的摄影疗法可能就是这样，就是让你用激动、兴奋忘掉痛苦。

宋靖：所有的烦恼和得失都比不上大自然给予的这些馈赠。

李学亮：是，当你接近大自然，躺在一片草原上，侧脑袋一看，小鸟在草丛里窜来窜去。你再往天上一看，云彩好像都覆盖到你的鼻尖上了，过一会儿噼里啪啦就下起了小雨，那种感觉无法形容，这时你就感觉自己是世界上最最幸福的人，这是花多少钱也买不来的感觉。很多人努力都是为了追求幸福，人对于幸福的认知也各有不同，有的人觉得物质上的满足是幸福，有的人像我们一样，亲近大自然、敞开胸怀以后看到了美好觉得很幸福。有一次我上博格达峰，一个哈萨克族小伙子给我牵马，我租了他们家的马，他第一天跟我去到博格达峰就赶上了下雨，我们钻到帐篷里面都冻得不行。他不理解我的行为，觉得我是傻了，从那么远的地方来到这里，花了那么多钱就是为了给一座山照相！我就跟他说，你看这个地方好不好看？这个地方太好看了！我到这儿以后，我的身体有无穷的力量。可是这个地方就你和我看到了，我要把这样的感觉带回到城市里让大家都看到，然后他就理解了，他说原来你是这样的一个人。

宋靖：生活在那儿的人，和你千里迢迢去感受那个地方，是完全不同的。他们或许已经熟视无睹，或者不具备向外传达的思想和能力。

李学亮：一个风光摄影师，有责任、有义务把别人看不到的美丽和感觉带回来，让大家都看到。在摄影这个大家庭里面，各有各的能力，各有各的职责，各有各的任务。在摄影这个大花园里，有各种各样的花在开，没有规矩，也没有预知，大家应该根据自己的感觉去走。当然也要得到大家认可才可以，不是你自己认可就可以。你认为自己长得最漂亮是不行的，你漂亮不漂亮要让大家认可才行，我是这样认为的。

有了这种感觉才有了动力

宋靖：你的作品第一次展示是非常轰动的，让摄影界看到了一颗耀眼的星。当时是在哪里？

李学亮：第一次展示是2000年。我拍了很多照片，但给外人看得不多，我当时就觉得我拍的这些也没人看。那年第6届全国摄影理论研讨会在我们伊犁举行，我没资格参加研讨会，但我想让我的作品被大家了解，于是我就找到与会人员住的桃园酒店。当时保安跟我说，他们每天吃饭都要从大厅穿过到餐厅。于是我就自己装裱了40多幅作品，跟保安说好，晚上就把作品摆到大厅，然后我就在大厅等着。第二天早晨与会人员吃饭的时候才发现，他们当时很惊奇地问是谁摆的。那是我第一次认识高琴和于健，那时于健是中国摄协的分党组书记，高琴还是《大众摄影》的主编。他们看到这是新疆作品感觉惊奇，发现原来还有这样的作品他们都不知道。高琴跟我说想了解更多，于是就把我的作品刊在了《大众摄影》上，连续登了几个专题。高琴当时还写了两篇文章，一篇文章叫作《李学亮，一个正在爆发的火山》，后来的一篇名叫《李学亮，跌跌撞撞入市》。在伊犁展览完，他们就邀我去北京展览。我当时是在北京祥升行做的展览，还开了展览的研讨会。当时我带去的60幅作品后来全部卖给了一个机关，我收入了28000块钱。我跟高琴说

《水墨禾木》
　　大山深处的禾木村，这里犹如一幅水墨画卷。李学亮 2000 年 2 月拍摄于禾木

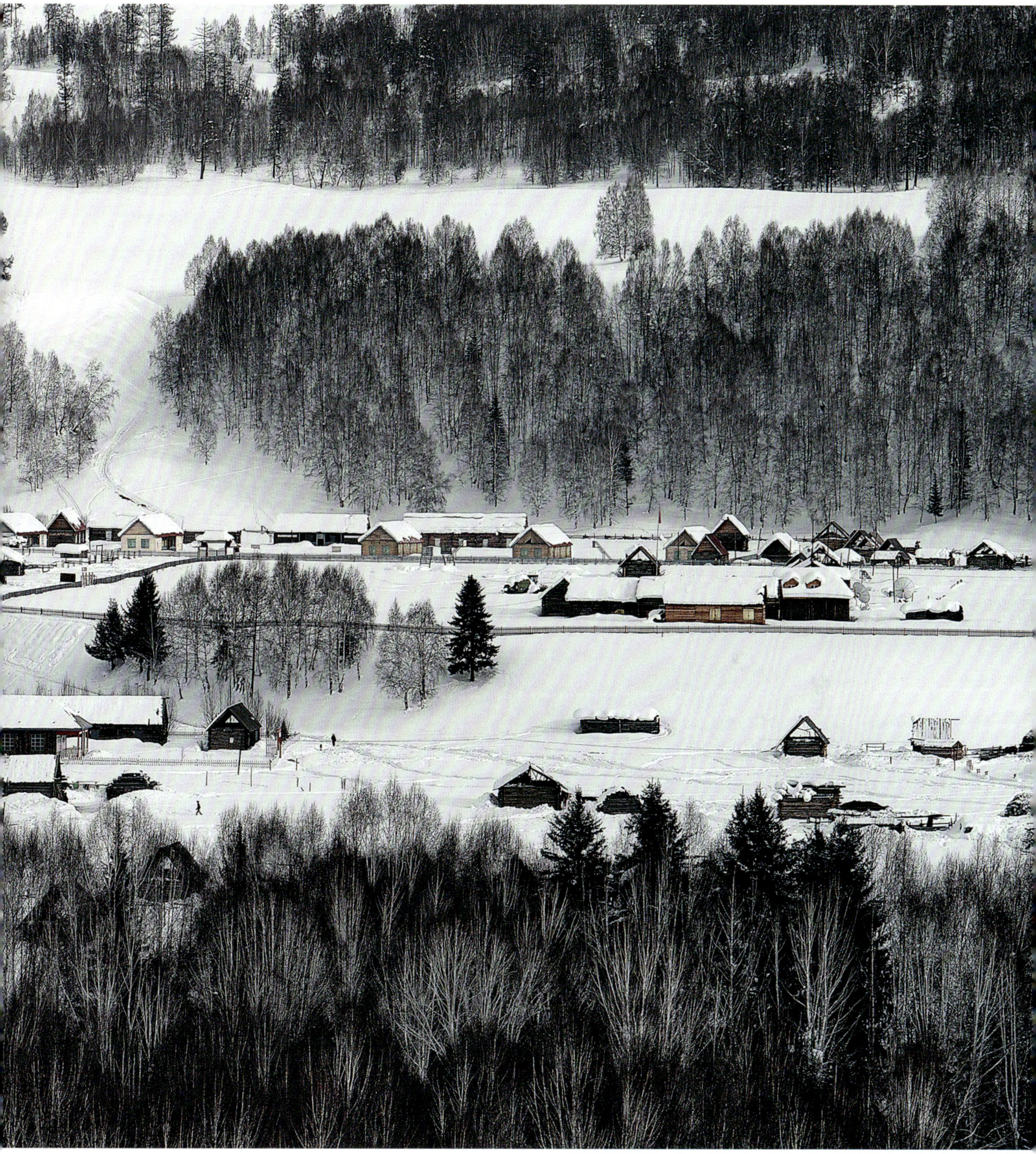

这是我第一次靠摄影挣钱，才知道原来照片还可以挣钱。从那以后，我就开始接触中国摄影界的人，各方面都接触，2001年加入了中国摄协，以后就开始频繁地和他们接触。

宋靖：你的作品看似是一种偶然的爆发，实际上是你在前面的大量积累。而且你从小的音乐素养让你看山不是山，看山已经是旋律，是一种天地融合的态势了。这种东西是一个心底装着酒色财气的人拍不出来的。

李学亮：是，各门类艺术钻研进去以后，你的思想和认知都会有很大的改变。我现在已经不在意艺术了，我单纯地在寻找内心的一种感觉，一种让我能激动起来的心理感觉。有了这种感觉才有了动力，这种感觉到了以后才能追求更高的境界，就这样曲折上升，追求更高的目标。60多年生在新疆，走在新疆，我就觉得，要再给我50年，我会更厉害。但是没办法，生老病死是自然规律。所以我想，在有生之年争取能干多少就干多少。有时候我还会胡思乱想，琢磨如果我的思想能传递就好了，让别人帮我去延续传承该多好。只是现在我还没有达到自己想象的感觉，还得继续再努力。

宋靖：你们每一个人的经历和思考摆在这里，对于后来者、对于学摄影的学生们都会是一种激励和促动。

李学亮：你们摄影教育工作者的工作很伟大，我就不行。我这人脾气有点儿急，我要想做好一件事，就吃饭也想这个事儿，睡觉也想着这个事儿，实在弄不好的情况下就容易着急。我也带徒弟，我经常说："你们别怕我唠叨你们，其实每一句话都很有用处的。"我把他们领上路后，剩下的就看他们自己了。我认为你们学院应该把传统摄影也做起来，现在越来越多的人想要学习传统摄影。

宋靖：电影学院的暗房都还留着，4×5和8×10的机器都有，冲扩照片的水槽也一直都留着。

李学亮：现在4×5和8×10的技术性相机学一学是有好处

的，比较聪明的年轻小伙子有一两个月就可以学得很熟练了，剩下就是他们的创作问题。

  我认为拍风光摄影的人，感情上一定要细腻。很多作品其实难分高下，决定高低的就是细节。我看过几位女士拍的风光，都很有自己独特的想法。看完以后，总觉得从这画面里能嗅到一种清香，感觉就好像喝了一杯很甜的水一样，舒畅极了。

  宋靖：你的表达特别形象，我一定把你的语言总结提炼好。

梁向锋

　　副研究馆员，中国摄影家协会理事，第9届、第10届湖南省文联委员，第11届全国文代会代表，湖南省摄影家协会秘书长。

1976年生于湖南永州。

2000—2002年任《时代消防》杂志社摄影记者、美编。

2002—2005年任湖南经视（湖南经济电视台综合频道）《火线追踪》专栏电视编导。

2005—2013年任湖南日报社摄影记者。

2013—2017年参与创办HPA湖南摄影网，任总编辑。

2015年在《影像时代》杂志发表《以HPA发展看互联网+时代影像产业前景》。

2014—2017年任《影像时代》杂志社副总编辑。

2014—2018年担任第17届、第18届、第19届湖南省摄影艺术展览评委。

2018年担任"星河展"——第8届广东青年摄影家作品展评委。

2018年在《中国摄影报》发表《试论青少年摄影教学与美育教育的关系》。

2020年担任"中国·张家界"首届世界遗产摄影大展（中国摄影家协会主办）评委。

2021年担任"旅游发展促推凤凰扶贫攻坚"全国摄影大展（中国摄影家协会主办）评委。

2007年作品荣获第14届湖南省摄影艺术展览（纪录类）银奖。

2009年在《新闻天地》杂志发表《谁动了我的奶酪——浅析web2.0时代摄影记者的机遇与挑战》。

2009年作品荣获中国新闻奖复评（突发新闻类）银奖。

2010年作品荣获第18届全国省、区、市党报新闻摄影二等奖。

2011年作品荣获第19届全国省、区、市党报新闻摄影一等奖，同年荣获湖南新闻奖一等奖。

2019年作品"静物"系列入选第27届全国影展。除此以外，还创作出了众多颇具影响力的影像作品，1000多幅摄影作品在各媒体发表，2010年被湖南省政府荣记三等功。

2021年入选湖南省文艺人才扶持"三百工程"（中共湖南省委宣传部、湖南省文学艺术界联合会）。

梁向锋：我希望能够有一个正面的动作

静态的摄影和动态的摄像我都经历过

宋靖：一百多年来，摄影在记录中国社会发展方面发挥了重要作用，尤其是改革开放以来，包括数码时代到来以后全民摄影的状态下，摄影在社会生活中发挥了特别大的作用，同时也涌现出众多优秀的摄影家，包括你在内。但是相对于海外的摄影名家而言，我们自己的摄影师在青年学子中的知名度和影响力还很有限。所以策划这个访谈图书的初衷就是让孩子们更多了解我们自己的摄影师，了解我们的成长之路。我们还是从头说起，谈谈你是怎么从事摄影，又是如何在摄影组织工作上面做了很多贡献的。

梁向锋：我的经历比较丰富：入过伍，当过摄影记者，从事过美编；做过电视节目，从摄像做起，做到编导；然后又做了报纸，做过网络……关于摄影方面的静态的摄影和动态的摄像我都经历过了。

我与美术很有缘，高中时就学美术，从小对美的东西非常喜欢。后来到了湘潭消防部队学习了摄影，学完以后也发表了一些作品。当时我们湖南省消防总队有一本《时代消防》杂志，正好需要一名摄影记者。我抓住机会向杂志总编辑写信自荐，可能是鉴于诚意和我过往的摄影情况，最后他们选择了我，我如愿从湘潭调到湖南省消防总队从事美编和摄影的工作。我对当年的情况印象特别深，因为我从原来用的海鸥相机跃升用到了特别高档的，应该是价值几万块钱的设备。我记得自己第一次正式去做摄影记录工作的时候还是挺紧张的，因为一下子从"小米加步枪"进步到用这样一台非常先进的相机，生怕没有用好，压力很大。好在后来我把摄影学得还可以，在杂志社不但尽到了摄影记者的职责，还兼做了杂志社的美编，负责包括杂志的封面和封二、封三、封四设计等工作。就是在这样的一个机缘下，我对摄影进行了深入的学习和锻炼。

在杂志社待了一段时间后，我开始对电视节目感兴趣。那时湖南省消防总队正好跟湖南经视合作一个电视专栏，叫作《火线追踪》，是一个15分钟的电视节目。当时我是担任摄像配合编导进行电视这一块的创作。很多时候我就发现，自己拍了很多挺不错的镜头，编导却没有选用。后面我才知道，原来编导考虑节目播出的时效性，通常快节奏地剪辑视频素材，这样一来后面很多更好的视频素材编导根本没有时间去看，从而导致很多好镜头没有被采用。我当时就很感慨，觉得与其这样，

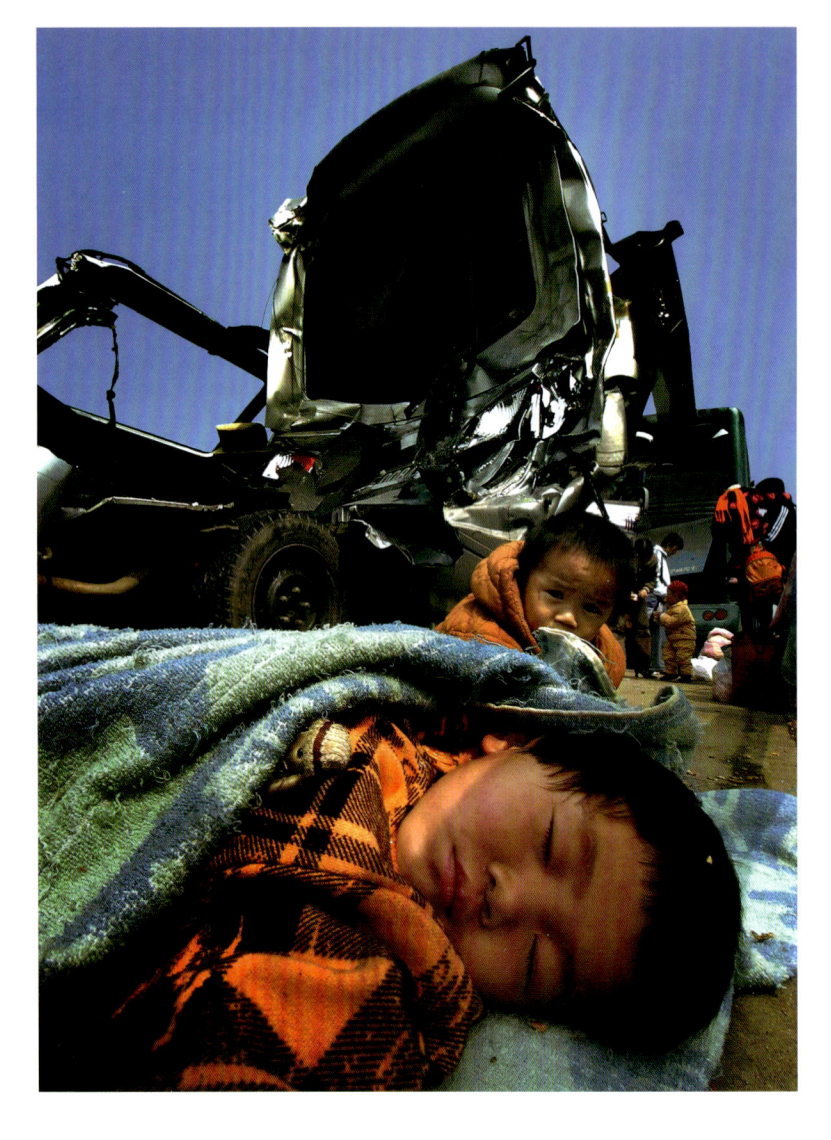

《特大车祸中幸存的孩子》梁向峰摄

还不如自己来做编导。

有了这样的想法，我开始慢慢地学习剪辑、学做编导，后面也顺利地当了编导，至此就能够很好地按照自己的意思编辑镜头了，相当于我们现在做图片编辑一样。换句话说，我不仅是在做摄影记者，同时也在做自己的图片编辑。再到后来，我又遇到了一个机会，正好中共湖南省委机关报《湖南日报》招聘摄影记者，我平时摄影表现还不错，于是顺利地进入《湖南日报》做了摄影记者。我的很大部分获奖作品，包括当初获得中国新闻奖（突发新闻类）的银奖作品，都是在《湖南日报》工作期间拍摄的。在《湖南日报》大概做了七八年摄影记者工作后，我又遇到湖南省摄影家协会需要工作人员的机会，于是我就到了湖南省摄影家协会，担任省摄协的秘书长，直到现在都一直在做摄影的相关组织工作。这就是我摄影方面的经历。

宋靖：可以谈谈你的摄影创作吗？

梁向锋：我原来是做新闻的，严格来说算不上摄影创作，做摄影记者时更多的是一种纯粹的记录，用纯粹的纪实手法来拍摄。我当年拍突发灾难性新闻比较多，包括火灾、车祸、地震等，因为在部队待过，相应的部队题材的也会偏多一些。我当年获得中国新闻奖复评（突发新闻类）银奖的作品《特大车祸中幸存的孩子》就是典型的突发灾难报道，内容是在车祸现场中幸免于难的一个小孩在路边睡着的场景。当时我是希望通过这样的一个瞬间让更多人感受到现场的惨烈，以及这个小孩幸免于难的庆幸，从而引起我们对于交通安全的反思和注意。不过，那个时候我就觉得，我是不是也可以用另外的形式来表达我的想法，而非纯粹的记录。

我觉得，如果想去反映一个故事，静态的图片摄影是拼不过视频的——因为视频不光可以反映画面，还可以记录声音，可以植入更多拍摄者自己想表达的东西，可以全方位地、非常立体地讲述故事。所以我并不赞成纯粹用静态图片去讲故事。当然，你可以用静态图片表达现象性的东西，但不一定要用来表达故事性的。其实我一直在反思：在当今社会、科学、技术都发展如此迅速的基础上，怎样去更好地记录？如何才能更好地发挥静态摄影的长处，体现其优势？

我觉得，这需要摄影思想方面的一些加强，只有思想性提高才能更好地提升记录摄影，使之更具生命力。应该说我入选第27届全国影展的"静物"照片就是在原来纯粹记录基础上更具想法和观念的作品。

至于这种拍摄方法还是不是摄影，或者应该叫什么类型的摄影，并不重要，但这种思考、尝试和观念兼顾了摄影的记录特点，具备它的生命力。在新技术迭代发展的当下，应该鼓励更多的摄影探索和试验。

要多发现我们生活中的美

宋靖：在围绕中心、服务大局上，你们摄协的管理和活动组织是如何推进的？

梁向锋：就摄影组织工作而言，有一点我要特别强调，那就是摄影要从娃娃抓起，这是一个非常重要的工作。我们湖南省摄影家协会有一个"青苗计划"，就是通过不定期开展摄影进校园活动，教孩子们用镜头探寻身边的美，希望可以更好地培养小孩摄影方面的兴趣，为提高他们的鉴赏和实践能力做些基础性的工作，在青少年摄影教育方面产生更好的效果。

摄影，不仅仅是一门技术，还是一门艺术，是一门艺术与科技相结合的产物。现如今，信息化时代的发展，数码技术的流行，引领了一种摄影潮流，许多人开始喜爱摄影，开始用相机、摄影机记录美好的事物。对于喜爱追随潮流的青少年来说，摄影无疑能引起他们的关注，因此很多青少年开始学习摄影。

相对于其他艺术门类，摄影更能凝固美，并通过艺术的方式将其展现，将生活中的美通过艺术的形式展示给大众，以此来消除大众与艺术之间的审美隔阂，增强大众的审美能力，培养大众对于美的追求。因而摄影教学是美育教育推行的有效途径，它能够将生活中的美艺术地表现出来，将青少年对美的感知与生活相联系，拉近青少年与美之间的距离，为青少年提供

一个美的学习环境,培养学生的创造力、独特思维以及对自然社会的美的感知。

所以我给我们负责这个计划的摄影老师专门提了一个要求,就是希望他们开发的课程或者说讲的第一堂课,要能够帮娃娃们对摄影产生强烈的兴趣。我希望在启蒙的时候能有一堂课直接把他们带入摄影的殿堂。未来是属于年轻人的,我们只有把这一块加强起来,摄影事业才更加会有后浪推前浪的良性循环。

第二,是在摄影创作这一块,我们特别强调要有主题性,要组织去拍摄。比如说我们的阳红光老师,他是中国公安摄影家协会副主席、湖南省公安文联副主席、湖南省摄协顾问,担任过湖南省公安厅副厅长和湖南省委政法委副书记。作为一个老公安,他花了几十年时间创作公安题材的专题作品,他的这

"静物"部分作品。
梁向峰摄

种行动是我们非常倡导的。他拍摄的作品已经产生了很大的影响，特别是"共和国不会忘记"系列（该大系列包括"共和国不会忘记——湖南省平江县失散老红军肖像摄影""共和国不会忘记——永恒的瞬间：1978 至 2018 年湖南省公安英雄壮举摄影再现""共和国不会忘记——1949 至 2019 年湖南省长沙市因公牺牲、伤残公安民警纪实摄影""共和国不会忘记——致敬，老警：新中国湖南省第一代公安人肖像摄影"四个系列——编者注），更是得到了一致好评。

第三，不管是摄影教学，还是摄影创作，我们协会都很强调新技术的应用。近年来随着影像科技及网络技术的更新迭代，VR、AR 等新技术在摄影领域获得了越来越多的利用，显示出了令人叹为观止的视觉效果。摄影作为文艺创作的一种形式，在重大事件中必须勇于担当，不能缺位，因此在近年的精准扶贫工作中，我们湖南摄影人运用了 VR 全景拍摄的方式，组织了高水平的摄影师去拍摄湖南省包括十八洞村在内的一些有特色有故事的村庄，将村庄原来的样子和现状相结合，拍摄创作呈现了主题作品"我们的村庄"系列。应该说，针对重大事件，号召和组织广大摄影家进行主题关注和创作，也是我们摄协的重点工作。

宋靖：对于摄协这样的摄影行业组织，这些都应该是关涉长远发展的核心工作，我很认同你的说法。

梁向锋：关于我们的青少年摄影教育，我还有一些想表达的。就像你刚才所说，很多学摄影的孩子知道国外的摄影师多，对国内的摄影师了解甚少，我觉得这很大程度上归因于宣传导向偏颇的问题。所以我认为应该更多地提倡主流摄影价值观，不要偏重以国外评判的标准来评判我们国内的摄影作品，东西方的历史和国情存在差异，过于倚重西方的评判标准，难免产生不良的导向。生在中国，我们需要更多关注一些正能量的东西，从艺术的角度多发现我们生活中的美，包括我们的山河之美、文化之美等。我们应该更多地拍摄这些正能量、主旋律的作品，而不仅仅是批判、另类、光怪陆离的一些东西。

宋靖：对，确实。清清楚楚，就是要表现人民，赞美自己的祖国。当然我们不否认每个社会都会有问题，但当我们提出这些问题的时候，你要想的是去解决它，是建议去解决它，而不仅仅是揭露。我之前采访陈杰（见前文访谈），他的观念和行动就很具有示范效应。

梁向锋：他作为一个记者，希望能够解决那些问题，能够让老百姓生活幸福。

宋靖：对。你既然发现问题就得解决，得提醒相关机构解决这个问题，而不是去专门地打击、讽刺、挖苦。

梁向锋：对，所以他是用记者的思维做自己觉得有意义的事情。我就特别强调，我们如果是作为艺术家或者作为摄影家的话，就要以艺术的方式来更好地做一些事情。

刘鲁豫

河南省文联党组成员、副主席，中国摄影家协会副主席，河南省摄影家协会主席，第6届至第10届全国文代会代表，第17届国际影展、第12届中国摄影金像奖评委。

1988年获第2届上海国际摄影艺术展览铜牌奖。

1999年获中宣部、文化部、财政部、国家计委共同颁发的"辉煌50年成就展"先进个人。

2000年获中国文联颁发的"万里采风"成果奖。

2001年获中国摄影金像奖创作奖。

2006年获中国摄影家协会50年"突出贡献摄影工作者"称号。

2007年摄影作品《大地长天》荣获河南省第4届文学艺术优秀成果奖。

2009年摄影作品《洱海音符》获首届大理国际影会"魅力大理"二级收藏奖。

2009年摄影作品《老家的腊月》入展第13届国际影展。

2010年摄影作品《冬日太行》入选第23届全国影展。

2010年摄影作品《山乡画卷》被徐肖冰侯波纪念馆收藏。

2018年入选人民摄影报社组织评选的第2届"十杰人民摄影家"。

2019年入选全球华人"十大年度摄影人物"。

个人专辑《山思水想》《大地长天》《王屋山猕猴》《景缘心境》《太行的回归》《大相中原》由中国摄影出版社出版。

刘鲁豫：我们有责任把我们河南的好山好水推荐出去

我觉得自己还是很幸运的

宋靖：作为中国优秀的摄影师，你是怎样走上摄影道路的？

刘鲁豫：我能从事摄影是顺其自然。年轻的时候，我就对新鲜事物感到好奇，容易产生兴趣，包括那会儿还属于新鲜事物的摄影，只是当时对摄影的理解还只停留在表面，根本不知道摄影创作是怎么一回事。1977年恢复高考，我是1979年高中毕业，赶上了高考，算是非常幸运的，但是你也知道，那一代人很多都没好好学习，特别是我，成绩差了一些，自然高考分数不高，但好在还是达到了报考志愿的资格。在报考志愿的关键时刻我想到了摄影，于是我就在报考志愿的指南书里仔细找摄影专业，结果还真有。

宋靖：是哪儿？河南那时候有摄影专业吗？

刘鲁豫：不是河南，是哈尔滨冶金测量学校，那里有个航空摄影专业。我当时一点儿都没犹豫，就直接填报了这个志愿。在这个档次里面，我的分数不算低，所以很顺利就被录取了，如愿以偿进入了航空摄影专业。摄影本来对我已经很有吸引力了，航空摄影对我来说就更有诱惑力，能被这个专业录取让我很是高兴了一阵子。但是我也很快就知道了这个专业不是我想象的那种摄影。严格意义上来说，这是科技摄影，就是把一个很大的特殊相机装在飞机肚子上对大地进行航拍，应用于测绘。大概原理是根据地图的比例尺确定一个行高，当飞机进入预定的测区以后便开始启动快门，有固定的间隔时间，每张照片都要有足够的重叠，一般是重叠90%，至少是在70%以上。这种航拍当时使用的是18厘米或者23厘米宽的特制胶片，冲洗出来后放置在不同的航测内业设备里，通过这些仪器在你的眼前就会建立起一个光学模型，然后操作者操作有XYZ坐标的一个很小的光标，在旁边的绘图桌上通过联动的杠杆缩放仪，就可以绘制地形图了。就是那种带等高线的地图，有了这个学习经历，在这种地图上，我一眼就能看出哪是山梁，哪是山谷，哪个地方可以走，哪个地方不可以走，可以比较准确地想象出山的一个形状以及河流、村庄、道路的位置等，所以说它不是搞摄影创作。1981年，我就毕业了，当时学校毕业以后是管分配的。

毕业后我被分配到了河南省有色金属地质勘查局第五地质队工作。那个时候改革开放刚刚开始，整个神州大地一片沸腾，到处都是忙碌的身影，人们都洋溢着干事创业的激情。同时，那个时候人才是很短缺的，各行各业都需要人才。在摄影方面，像我这样虽然不是大人才，也算有一技之长，因为当年学摄影的人很少，不管怎样我也是科班出身，系统学习了摄影基础知识——从相机构造、胶片涂布、成像原理到药水配制、冲洗放大等，当时连彩色照片都是我们自己冲洗。这其中涉及的光学和数学知识也很多，所以我的摄影基础打得还是比较扎实的。在那样的年代里，在当时的环境下，我的心理慢慢发生了变化，最早的向往又被唤醒了。虽然测绘工作我也喜欢，但最渴望的还是能成为一个摄影工作者。因为总是朝着这个方向操着心、使着劲，后来我就真的有机会见到了当时的河南省文联主席和河南日报社老总。当时省文联和《河南日报》两个地方都需要人，而且也都是我非常向往的。经过再三考虑，我最终选择到河南省文联摄影家协会工作。也就是1985年初，我成了河南省摄影家协会的一名专职驻会干部，开启了我崭新的职业生涯。从那时起，我就没有离开过摄影家协会，没有离开过河南省文联。所以，现在每每想起哈尔滨冶金测量学校，想起教过我的老师们，我都充满感激。在省摄协工作了一段时间后，我深感自己知识不够，本领恐慌了，遂决定继续深造，并很快得到了协会老秘书长的支持。1989年，我通过成人高考考入武汉大学新闻系，在摄影班里脱产学习了两年，从武汉大学回来两年后，我担任了河南省摄影家协会副秘书长一职，而且很快就开始主持河南省摄影家协会的工作了。那一年我28岁。

宋靖：真棒，你这绝对是年轻有为。

刘鲁豫：摄影家协会这个平台使我更充分，更有条件接触摄影、接触摄影界。整天想的、说的、做的都是摄影，对一个摄影工作者而言，这个条件已经是很难得了。2001年，我又到南京师范大学美术学院摄影研究生班学习了两年。平时工作上困惑很多、压力很大，我也是急着充电，希望在知识里获得力量。迄今我在省摄协工作了30多年，其间协会也遭遇过一段艰难时光，当时我有机会调换一下工作，但是我没换，一路走来无怨无悔。我觉得这是一份最好的工作，一份我喜欢而且能够实现我的愿望、体现我的价值的工作。在摄影家协会这个平台上，我经历了、见证了中国摄影这几十年来的发展变化，甚至也参与了摄影界的很多大事件，我觉得自己还是很幸运的。随着科技的发展、社会的进步、人民群众生活水平的不断提高，摄影作为最年轻、最有活力、最能与时代同频共振的艺术门类，越来越呈现出它无比广阔的前景。

不管是纪实还是风光摄影，出发点和落脚点都是人

宋靖：你后来拍了很多风光照片，你是怎么理解风光摄影的？

刘鲁豫：摄影作为一个独立的艺术门类，有自身的艺术规律和发展规律。摄影这门艺术很年轻，满打满算也就180多年的历史，比起文学、美术等众多艺术门类是很稚嫩的。但也正因为年轻，所以它充满了活力和创造力。尤其是摄影和高科技连接紧密，更让它插上了翅膀，每一次相关科技的进步都会带来摄影大幅度的跃升。摄影还没有非常成熟、非常完善的理论体系，但就摄影艺术特性而言，它直面社会，直面自然，直面人生，它能更直接、更充分地表达作者对世界的感悟，也更能引发读者的共鸣，触动人们的思考。我认为不管是纪实还是风光摄影，出发点和落脚点都是人、人与社会、人与自然，核心是表达人的情感。风光摄影面对更多的是"景"，这个"景"对摄影而言就是一个载体，通

过它你可以借景抒情，表达内心的情绪，与山对话，与水交流，与自然相拥抱，这也是我们传统文化的美学特征。我们的古典诗词、古典绘画中很多都体现了这种审美取向，这是中国人的审美情趣，符合我们的精神气质。摄影也可以通过这个载体认识世界，关注地质构造，研究地貌特征，观察植被变化，尤其是思考人类和生存环境的关系，让人们从摄影家艺术化了的作品中，产生联想，进而对生命、对社会深层次探究，有时摄影还会影响政府的施政决策。摄影还可以通过"景"这个载体改变世界。中国摄影家协会前几年做过一个很有影响的活动"摄影发现中国"，通过这个活动我们知道了中国有很多家喻户晓的名山大川都是摄影家发现的，也是摄影家用影像打造和推出的。正是这些精美的风光摄影作品，引起了政府和社会的重视，开发出一个又一个供人们休闲游览的景区，提升了人民的生活品质，改变了当地群众的生活环境，增加了他们的经济收入。这些地方的群众因为生活在深山老林，以前的生活大多是非常贫困的，甚至可以夸张地说是与世隔绝的，现在他们得到了脱胎换骨般的改变。虽然这种改变不能完全归功于摄影，但摄影的作用是不能小觑的。这种摄影通过长时间的观察、角度的选取、光影的营造、造型元素的构成，既抓取景观的特点，又满足人们的审美期待，通过摄影家具有专业艺术训练的视角和艺术化的表达，让人们在影像里产生身临其境的感觉，带来精神上的满足和审美上的愉悦。同时，还能潜移默化地影响人们对生态保护的意识、对大自然的热爱。

其实早期我是搞纪实摄影的，从真正意义上讲，当时河南就没有风光摄影，风光摄影是河南摄影的一块短板。当年以王世龙、魏德忠为代表的河南纪实摄影群体，在全国是有一定影响力的。因为河南是农业大省，大家关注的也多是农村题材，所以河南摄影长期被全国摄影界亲切地称为"山药蛋"派。早在1988年，我的纪实摄影作品《饭馆》就获得了第2届上海国际摄影艺术展览的铜牌。在20世纪八九十年代我发表和获奖的作品都是纪实摄影作品，在《大众摄影》《中国摄影》《摄影世界》《现代摄影》等刊物上都发表过。

宋靖：你当时是协会的驻会副主席，组织工作以及谋划对河南摄影事业的发展，应该会占用你大量的时间和精力吧？

刘鲁豫：是的。后来随着岗位的转变，从副秘书长到秘书长，再到进入协会主席团，我越来越意识到自己肩上的责任，考虑的不再仅仅是自己的创作兴趣，组织工作才是我最重要的职责。河南摄影事业搞得好不好，不是我的作品多不多，衡量我工作的标准应该是：河南摄影界是不是坚持了正确的创作方向、坚定的人民立场，创作的作品是不是多，是不是精，是不是有广泛的影响力；河南摄影家、摄影大家是不是多，是不是突出，能不能立得住；河南的摄影队伍是不是足够庞大、足够和谐；作为党领导下的人民团体，河南省摄协怎样和党的中心工作、人民的生产生活结合得再紧密一些，深入得再彻底一些，怎样在大局下思考、在大局下谋划，怎样让自己服务的这个群体更加出彩、更有作为。这是角色自觉，政治清醒，也是使命使然。顺便说一下，作为组织者，作为秘书长，我还在中国文联文艺研修院讲过一课，面对的学员是全国各个艺术门类的省级协会秘书长。我当时受命的题目是《如何实现和各级党委政府以及社会团体组织的有效沟通》，我理解就是让我与大家分享"怎样当好秘书长"。在交流中，我讲得最多的是怎样给摄影人做好服务，怎样做好团结，怎样做好引导，不与摄影人争名夺利，讲大局，讲奉献。这些做到了，我认为就自然做到了有效沟通，协会自然也就能受到各级党委政府和全社会的重视，也就自然实现了"有为才能有位"。所以，我大量的时间都用到了组织工作上。

经过多年的努力，河南应该是赶上了全国风光摄影的进程

宋靖：你刚才提到风光摄影是河南摄影的短板，你是采取什么措施弥补并推动提升河南的风光摄影创作的？

刘鲁豫：风光摄影这块短板大家也都看得清楚，怎么补上它，省摄协主席团也达成了共识。

2001年，时代的车轮已经开进了21世纪，中国的改革开

选自《太行的回归》。
刘鲁豫摄

放进行得如火如荼，生产力极大释放，全国人民干劲冲天，国家也发生了翻天覆地的变化。在这个新纪元、新起点上，河南摄影也要紧随时代步伐，乘势而为。在保持河南纪实摄影优势的前提下，风光摄影要迎头跟上。

　　河南的山水很有特点，形态丰富。我们常说的"三座大山一条大河"，就是我们最引以自豪的自然景观。与中国许多广为人知的山川相比，河南的太行山、伏牛山、大别山各有千秋，特色分明，是中国地理上、生物多样性上的一处高地，这些山脉同生活在这里的河南人一样，宽厚、内敛、静默，却有着让外人出乎意料的景象。八百里太行把最美的一段留给了河南，直面苍崖，壁立千仞，曲流峡谷，大气磅礴，表现出气势恢宏的阳刚品格，也是中华民族的脊梁之山；伏牛山则以浩瀚的遮天蔽日的原始森林彰显了自己的品格，河流纵横，植被葱茏，云蒸霞蔚，层峦叠嶂；留下了众多红色感人故事的大别山是长江和淮河的分水岭，一座山的阴阳两面景色都可以截然不同，是南北生态汇聚的典范。这是上天对河南的眷顾。九曲黄河一路咆哮进入河南后安静下来，在兰考拐了最后一道弯，一马平川汇入大海。黄河是中华民族坚定文化自信的重要基石，黄河文化同样把最厚重最灿烂的一段留给了河南，黄河文化给摄影创作提供了无尽的精神滋养和智慧源泉。我们守着这么得天独厚的摄影资源，风光摄影竟然成了河南摄影的短板，并且短板效应已经显露，极大削弱了河南摄影在全国的影响力，真是心痛！

  我们首先成立了几个专业艺术委员会，第一个就是风光摄影艺术委员会，由我担任艺委会主任。从那以后，河南风光摄影的大幕就拉开了，我带头将镜头直接对准了河南的这片好山好水，同时积极组织大家开展风光摄影创作，有针对性地举办各种风光摄影赛事。河南摄影界非常支持，很多摄影家都加入了这个队伍。一年以后，我发现大家热情高涨，也深受景区的欢迎，风光摄影的力量和价值逐渐显现。这时一个新的想法在我脑中慢慢清晰起来，那就是给大家提供一个交流切磋的阵地，给大家创办一个展示才艺的舞台。当时，我和省摄协时任副主席李刚同志促膝长谈，那天我们硬是谈出了办一本杂志的构想，还起了刊名为《风景线》。说干就干，没有办刊经验，就凭着一股热情和肩上担负的这份责任，李刚主席一马当先，积极筹备创办杂志的一切事务，很快人财物一应俱全。因为李刚主席思路清，办法多，又能够全身心投入，所以我们主席团一商量，风光摄影艺委会主任就交由他担任，《风景线》就是艺委会的机关刊物。说是刊物，其实就是一个内资杂志，省出版局给了我们一个内部交流的刊号。即便如此，我们办得也极其认真，每期出5000册，全部赠送，范围包括各省摄影家协会、河南各地市摄影家协会、河南各地市委宣传部、地市文联、省摄协会员等。杂志深受大家欢迎，好评如潮。有一次，省委领导来省文联调研，竟然开玩笑说文联太小气，不给他寄《风景线》杂志。这件事我很受触动，原本我们认为领导公务繁忙，不敢贸然

选自《太行的回归》。
刘鲁豫摄

邮寄，担心打扰，没想到领导竟然这么关注并喜欢。从那以后我们给省委省政府领导以及各地市领导都寄上一本，效果很好，不断地收到来自各方的表扬和肯定。影响力逐渐扩大，杂志也就源源不断地得到各方的支持，尤其是资金上的帮助，这样就进入了良性循环。继而，杂志和各个地市各个景区联合举办的活动、赛事越来越多，规模越来越大，这样也推动了河南风光摄影的创作，精品力作大量涌现，被广泛认可的风光摄影大家也渐渐崭露头角，以致协会在社会上的影响力、美誉度随之提升。

经过多年的努力，河南应该是赶上了全国风光摄影的进程。

带领整个河南摄影界往前走

宋靖：有了风光摄影的精锐队伍，有了良好的工作局面，你是不是又有新的举措？

刘鲁豫：在其位就得谋其政，我想得最多的就是河南摄影事业的繁荣发展。这不是大话，我就是这么想的。广大摄影人的支持，各级组织的关怀，让我一步一个脚印，走得很坚定，很扎实，我还得到了太多的鼓励和关怀、表彰和荣誉。因为这些，

在工作上我不敢有半点懈怠。

这些年来,河南摄影的发展是健康的,一步一个台阶稳步提升,勇毅前行。河南摄影做到了在大局下思考,在大局下谋划,做到了尊重艺术规律,出了不少人才、不少作品,摄影队伍也迅速壮大起来。

尤其是党的十九大以来,中国特色社会主义进入了新时代,在新的征程上,我能深切感受到以习近平同志为核心的党中央对文化和文艺工作的重视,对文艺事业寄予的厚望。在河南摄影界我能够带头学习贯彻习近平新时代中国特色社会主义思想,尤其是关于文化和文艺工作的一系列重要论述和指示批示精神,带头践行社会主义核心价值观。我能认识到怎样把自己的艺术追求、人生理想融入党和人民的伟大事业,怎样把艺术创造写进民族复兴的历史上,写在人民奋斗的征程中。

河南摄影今天呈现出的繁荣局面来之不易,我们应该倍加珍惜。河南摄影目前的业态比较均衡,纪实摄影依然保持优势,一批摄影骨干能够真正做到深入实践的最深处,与人民群众同呼吸共命运,深情记录百姓的欢乐忧伤。在多次大型摄影活动中,我们都能深深感受到他们是用心、用情、用功去创作的,他们的作

选自《太行的回归》。
刘鲁豫摄

品是有深度、有温度的，是沾着泥土、带着露珠、冒着热气的人民群众喜闻乐见的优秀作品。我作为河南省摄影家协会的主席倍感欣慰。河南的风光摄影现在也势头强劲，从近几届的中国摄影金像奖评选，就很能说明河南风光摄影的成就。我们的风光摄影金像奖得主的作品有些很当代、很抽象，创意性很强，一改我们河南长时间以来给全国摄影界留下的"土"的印象。

  摄影生逢盛世，赶上了好时代。党的十八大以来，我们把生态文明建设作为统筹推进"五位一体"总体布局的重要内容，坚持人与自然和谐共生。总书记更是提出了"绿水青山就是金山银山"的新发展理念。全国各地都在发挥自己本地的自然优势，大力发展旅游经济，这就给风光摄影家提供了广阔的施展才能的舞台。前不久结束的中共河南省委第11届党代会，提出了十大发展战略，其中一条就是文旅融合、文创融合。所以，我敏感地捕捉到了风光摄影的努力方向，正带领大家聚焦河南的好山好水，助

力河南的旅游发展，宣传河南的生态资源，推动河南的文旅融合，在围绕中心、服务大局中展现新担当，实现新作为。同时，我们还在致力于加强理论研究、实践创新，提升河南风光摄影的新境界。

宋静：你还是中国摄影家协会的副主席，考虑工作恐怕不能只立足河南了？

刘鲁豫：是的，压力山大。2017年中国摄影家协会换届，我成为协会主席团成员，我深深感谢组织的重托，感谢广大摄影同仁的信任。同时我也开始了自己的角色转换，我想以实际行动参与到中国摄协的工作中，为中国摄影事业的发展尽一点绵薄之力。在我这一届的任期内，中国摄影艺术节暨中国摄影金像奖颁奖典礼落户河南；中国摄协摄影培训中心落户河南，在全国各省、市、区中，这样的安排是中国摄影家协会的第一个，也是唯一的一个；中国摄协中国摄影艺术馆落户河南，在这个四万平方米的艺术馆里已成功举办数次大型展览；中国摄协还批准三门峡为中国摄影艺术之乡。我本人在促成这些项目的实施上做了一点工作，尽了一点作为中国摄协主席团成员应尽的义务。同时，这些国字头重大项目的落地，有力地推动了河南摄影事业的繁荣与发展，在河南打造全国重要文化高地建设中贡献了摄影的力量。

宋靖：在中国摄影金像奖的评比中，河南的成绩好像一直不错。

刘鲁豫：是的，在历届评选中河南几乎没有空缺。河南摄影家很努力，也很重视这个中国摄影界备受瞩目的最高奖项。省摄协全力支持有申报想法的摄影家们，这是河南摄影界的荣誉，也是河南省摄协的成果。比如，在创作方向上、作品遴选上、作品最后的制作上，协会经常会出面邀请中国摄影界有经验、有眼光的摄影大家，来河南为大家把关定向，协会还会补贴作者的制作费用。其实，每次金像奖的评选，我都为河南的摄影家捏着一把汗，担心河南被"剃了光头"，那该多尴尬。所以，不论从哪个角度讲，我都积极支持河南摄影家冲这个大奖。

宋靖：这个带头人很重要，你很重要。

刘鲁豫：我的功劳很小，主要还是中国文联的正确领导，中国摄影家协会有作为，能做事，能做大事。这几年我有一种特别强烈的感受，就是中国摄影家协会的格局、境界和大手笔，令人感佩。这几年我学习了很多，也找到了差距，以后我会倍加努力。

宋靖：你把一个摄影人的责任和使命都说出来了。你不仅完成了自己的创作，重要的是你带领了整个河南摄影界往前走。

刘鲁豫：这得益于我们有一个非常好的团队，省摄协主席团很给力，有政治站位，有责任担当，和谐团结，有战斗力，有协作精神。我们在谋划河南工作的时候思路还是很清晰的。比如说改革开放40周年、新中国成立70周年、中国共产党建党100周年、脱贫攻坚、乡村振兴等这一系列党和国家的重要时间节点、重大历史事件、重大决策部署，我们没落下一个。我们始终能坚定政治立场，树牢大局意识，还有科学严谨的工作流程。在每一个重要时刻到来之前，我们的工作都是提前谋划。

比如说2020年实现全面脱贫，这是党中央向全国人民、向全世界做出的庄严承诺，这是中国历史上、世界人类发展史上开天辟地、震古烁今的大事件，不用等上级指示，不用等重要通知，我们肯定要提前着手准备。我提前几年就举办了大型的摄影培训班，把河南全省的摄影骨干都请到郑州，专程邀请了中国摄影家协会李舸主席等摄影大家来给我们上课。同时开动员会，给大家布置任务，要求每个摄影家都要跟踪拍摄，用影像见证、记录整个脱贫攻坚的全过程。最后很从容地举办了一个高水平的摄影大展，还邀请了平遥国际摄影大展艺术总监张国田来做主策展人，展出效果可想而知。新中国成立70周年，我们也是提前两三年就开始筹备，展览全是用的航拍作品，从空中看河南70年的变化，非常震撼。为庆祝改革开放40周年，我们还申请到了国家艺术基金，当时这也是全国省级摄协中的国家艺术基金的唯一获得者，得到50万元的拍摄资助，同时河南省艺术基金配套20万元，河南省文联又补贴30万元，甚至省委宣传部承诺兜底。这是省委宣传部的关心和支持，也是对我们项目的认可。

2022年中国共产党第二十次全国代表大会胜利召开，这是我们党和人民政治生活中最大的事情，我们依然是早早做好了准备，展览的名字都起好了，叫"人民风采"。从人民生产生活中的日常小事入手，镜头对准百姓，从百姓的日常变化看党的十八大以来在神州大地上发生的历史性变革、取得的历史性成就，小切口，大叙事。再比如2021年中国共产党百年华诞，这是何等的重要！中国摄协倾全国摄影界之力在王府井举办了"百年·百姓"摄影大展，展览精彩至极，这么多年没见过如此精彩的主题影展。我第一时间就申请了在河南首先巡展，在中国摄协支持下，我完整地复制了这个大展，于同年6月30号在中国摄影艺术馆隆重开幕。在艺术馆我们同时举办了"太行丰碑""民族脊梁""初心百年"三个大展，前两个展览也是提前四年就开始准备了的。"百年·百姓"摄影大展，实在太好了，我还想让更多的人看到。于是我又有了一个大胆的想法，就是配合党史学习教育，在朋友的帮助下，把"百年·百姓"搬到了郑州最好的位置——一处很大的绿地公园，让艺术走进百姓，让百年党史走进百姓，让百姓在休闲娱乐中，感受我们国家从站起来、富起来到强起来的伟大飞跃，感受党领导全国人民进行的波澜壮阔的伟大事业，在润物无声中让百年党史深入人心。这里是在郑州创办的第一个摄影主题公园，产生了很好的社会反响，也是坚持以人民为中心工作导向的一次生动实践。

作为摄影家，一定要铭记你创作的初心是什么

宋靖：做了这么多项目，办了这么多大事，你还有时间搞创作吗？

刘鲁豫：在协会工作是忙，但协会工作毕竟单纯一些，比起千头万绪的政府工作还是轻松不少。再说时间是挤出来的，如果时间稍有允许，我还是会拿起相机，根据时间的多少决定创作的题材。摄影毕竟是我自己的专业，不能丢掉。在协会的30多年，我去过不少地方，尤其是早些年比较热门的新疆、西藏、青海、云南，四川、贵州等地，我都去拍过不少照片，涉及的题材也比较广泛。我也去过不少国家，出版过几本自己的个人专辑，举办过几次个人的专题展览，当然也参加过一些影展影赛。尽管出去很多，但拍得最多的还是河南。

最近这些年，我的创作有所调整，如果没有任务，不想去外地了，就想扎扎实实立足本地，拍一些自己熟悉的题材。河南培养了我，成就了我，我应该为河南做些力所能及的事。2019年在三门峡，我举办了个展"太行的回归"，延请摄影评论家、《大众日报》摄影部主任孙京涛老师策展，效果不错。那次我呈现的是一个黑白的太行，所有作品没有人的影子，但在每幅作品里都能感觉到人的存在，能感觉到太行村民劳动生产的场景，生活留下的痕迹，到处都能寻找到隐隐约约的烟火气，这也是我的风光摄影寻求的一次探索、一种表达。从那时起，我又开始了另一个专题，我想用两年时间拍摄河南的景区，目的是助力河南省的景区发展，展示河南的生态资源，提升河南的旅游品牌。更重要的是助力河南省的乡村振兴，让河南百姓通过我的视角看到我拍出的自己家门口的风景。我想让他们在我艺术化的作品里，找到自豪感、获得感、幸福感，让他们感受到生活的美好，增加对家乡的感情，激发干事创业的激情，更直接的是增加他们的收入。同时，也是用影像推动河南的经济发展、社会进步，践行习近平总书记提出的"绿水青山就是金山银山"的新发展理念。但这个题材对我而言是个挑战，因为景区都是大家熟悉的，景点都是当地摄影家拍了千遍万遍的，若想在这熟悉的场景中拍出陌生感，在这浩如烟海的作品里脱颖而出，是件很不容易的事。并且我计划的是摄影名片创作工程，一个景区就拍一张最有辨识度、最有代表性的照片。何况风光摄影极度依赖天气，一年有春夏秋冬，一季有阴晴雨雪，一天还有日出日落。我意识到会有很多困难等着我，但关键是这个项目被列入了省委宣传部八大文化创作工程，开弓没有回头箭，没有退路，只能义无反顾。这一年多的时间，我要正常上班，还有很多会议，所以只能利用好周末和节假日。没有极特殊的情况，我的周末和节假日几乎都在山里，吃了不少苦，受了不少累，中间还有疫情反复，影响创作，还好终于在2021年4月28日，我的个展"大相中原"在河南省美术馆隆重开幕了。说"隆重"一点都不夸张，开幕式就有约2000人参加，美术馆的人说，开馆以来没有过这阵势，甚至一度担心发生踩踏事件。展览很受欢迎，因为跨五一假期，参观的人络绎不绝，不少人还是携家带口。通过这个没有太多创意、手法也不新奇，却备受大家喜欢的展览，我想了很多。这使我想到习总书记一再强调的社会主义文艺归根结底是人民的文艺，人民是文艺审美的鉴赏家和评判者，人民群众喜欢不喜欢是我们作品优劣的最高标准。群众有自己的审美标准，有自己的价值取向，展览成功证明这个创作路子是对的，是被认可的。作为

摄影家，一定要铭记你创作的初心是什么，知道你的作品是准备给谁看的，你呈现出来想达到什么效果，解决好"我是谁、依靠谁、为了谁"的问题。

选自《太行的回归》。
刘鲁豫摄

宋靖：这绝对是责任、担当和使命。早前大家都认为河南胜在文化、人文，忽略了河南的山水，而你把孕育这些文化人文的河南山水风光告诉了他们，呈现给了他们。说实话，作为河南人，看了你的照片我才知道河南还有这么好的风光。

刘鲁豫：对，你看你是河南人都不知道，外地人就更不知道了。所以我们有责任把我们河南的好山好水推荐出去，让更多的朋友、更多的人了解河南，走进河南，让大家知道，河南不仅有悠久的历史、灿烂的文化、厚重的人文景观，还有壮美的、奇特的自然景观。

宋靖：对！你真的是在提升咱们河南的文化自信。中国要

提升文化自信，从我们个人来讲，我们身在哪个地方，提升这个地方的文化自信，那就是提升中国人民的文化自信。

刘鲁豫：是的。河南人应该对自己的文化和生态有足够的自信和自豪。河南太厚重了，反观以前去过的很多地方，再对比我们河南，我就能精准地找出河南的优势、河南的特点。而且我觉得，当摄影艺术和经济发展、社会进步以及人民群众的审美情趣结合起来的时候，才能体现出它更大的价值。

宋靖：你照片拍得非常好，组织工作做得也非常好，包括培养新人。我看河南摄协换届主席团里有几个年轻人，有传承，有干劲。

刘鲁豫：现在短视频等对传统摄影的冲击愈来愈大，摄协需要吸收年轻人应对新的挑战和机遇。而且现在的年轻人普遍眼界开阔，思维活跃，他们的存在就意味着朝气蓬勃，和摄影这门年轻的艺术门类一样，年轻就意味着无限可能。

柳 军

中国摄影家协会第9届副主席，中国国家艺术基金专家库专家，历任解放军报社《解放军画报》编辑部副主任、副社长、社长。

1961年生于西安市。

1975年开始接触摄影。

1981年在基层部队开始从事军事摄影报道。

1985年加入中国新闻摄影学会，同年作品《如此父母官》获得首都15家中央主流媒体举办的全国首届新闻摄影大赛银牌奖。

1985年12月，随军赴云南老山前线从事战地摄影工作。

1987年在《解放军画报》独立发表《不要忘记他们》等战地摄影作品。

1988年，作品《不要忘记他们》获"艰巨历程"全国摄影公开赛（个人风格）大奖。

1988年，作品《不要忘记他们》在"北京国际新闻摄影周"和"中国现代摄影沙龙88展"上展出，引起业界广泛关注。

1991年加入中国摄影家协会。

1996年作品《雪域亲情》《巡逻吾甫浪》等先后获得中国新闻奖，其中《雪域亲情》同时获得美国《大众摄影》（Popular Photography）杂志摄影年赛一等奖、第10届"尼康杯"全国摄影大赛（专业组）特等奖。

1998年被中国摄影家协会表彰为首届"德艺双馨优秀会员"。

1999年荣获第4届中国摄影金像奖（创作奖）。同年在解放军南京政治学院新闻系举办纪实摄影讲座。

2000年起在中国人民解放军国防大学（军事文化学院）举办纪实摄影讲座。

1994年、2001年、2004年、2007年连续4届获得中国人民解放军摄影艺术大奖。

2015年11月在美国纽约联合国总部参与策展举办"为和平而来"中国军队参加联合国维和行动25周年摄影展览。

2017年当选为中国摄影家协会第9届副主席，同年担任中国摄影家协会第9届艺术摄影委员会主任。

多幅作品被中国国家博物馆、中央档案馆、美国大都会博物馆、中国革命军事博物馆、广东美术馆、中央党校等收藏。

曾担任第8、10、12、14届中国摄影金像奖评委，第24、26、28届全国影展评委，第18、19届国际影展评委，第18、19届中国新闻奖终评评委，第8届华赛评委和中国人民解放军摄影艺术大奖评委，连续7届担任中国人民解放军新闻奖评委。

柳军：我的作品体现了我对当代中国军队的认知和感悟

这些精神和经历都是从小一点一点培养塑造起来的

宋靖：现在很多学生不了解中国摄影师，但他们对外国摄影师却如数家珍，所以我希望能写一本书，让学生能够更多了解咱们中国摄影师的成长经历和摄影理念。首先谈谈你的摄影经历吧，你是怎样走向摄影之路的？

柳军：我中学时受一些高年级的同学影响，对摄影很感兴趣，加上当时家里有台照相机，我就开始发展这个爱好。高中毕业上山下乡，我也把这个爱好带到了插队的农村，当时还拍了不少照片。后来上山下乡运动到了尾声，我就报名参军到了部队，也算是改革开放后的第一批城市兵。到了部队，我依然对摄影很感兴趣，当时也想考军校，让家里给寄了很多复习资料，里面就有关于摄影的书籍。我是1979年当的兵，当时团里的新闻干事叫薛舜尧，他发现团里有一个新战士爱好摄影，还带了一些摄影书籍，就问我会不会摄影。我说会一点儿，会冲洗和简单的拍照。那个时候摄影还是个技术活，会的人不太多，他就让我在连队没事时多看看摄影方面的书籍，不要把摄影爱好荒废了。差不多半年后，薛舜尧到我们连队找到连长和指导员，把我借调到团机关政治处搞摄影报道，我就是因为这样的机缘巧合走上了摄影的道路。

宋靖：你早期的一幅《如此父母官》应该算是你当年影响力最大的一个代表作，当时你拍这张照片背后有怎样的故事？

柳军：《如此父母官》是我1985年5月12号在陕西省华阴县境内拍摄的。这幅作品，可以说是影响我一生，为我今后的摄影创作道路奠定基础的作品。拍这张照片的情形我现在还历历在目。

1985年时我正在师政治部宣传科工作。5月12号早上我去机关办公楼上班，看见师机关办公楼前停了十几辆大卡车准备出发，就去问政治部的秘群科陈科长："这么多车准备出发去干什么？"他当时跟我说了一句："这是去拉移民。"我当时听了"移民"两个字，第一反应这是条重要新闻，于是就向我们科长请了假，搭上他们的车上路驶往陕西华阴县和大荔县交界处。在路上我向带队领导了解了背景情况：20世纪50年代末，陕西大荔县、华阴县及河南三门峡等地被划定为三门峡库区，当地原住民移民异地安置，但苏联专家撤走后库区规模缩小，之前划为库区要被淹掉的陕西大荔县和华阴县部分地区没有成为库区，后来相继组建了几个国营农场，这些农场每年都是大丰收。看到这种情况，之前迁到陕西渭南地区十个县城的其他原住民不满意迁移后的生活，所以每年丰收季他们就回到之前的家园表达诉求，就成了所谓的移民"闹事"。三门峡库区移民"闹事"引起了中央领导的高度关注，中央领导批示后，陕西省成立了省、市（地）、县、乡四级工作组进驻到"闹事"地做移民工作，并请求部队支援，协助运送"闹事"移民的工作。那天我们行驶了将近100公里，快到目的地时，我看见汽车的右前侧一个人正在动手打另外一个人。看到这一幕，我让司机立即停车，说了句："别管我了，我自己想办法回去。"下车后，我背着摄影包就往人群处跑，现场的老乡们给我让出了一条通道，说"记者来了！"

当时很多人围着打人的这个人，我就往人群里挤。那时地方上的干部不允许记者拍照，我一边往人群里挤一边跟他们说："我不是记者，我是部队的，你看我穿的军裤！"这样他们就让开了。我当时带了两台相机，摄影包里有一架120相机，脖子上挂了台135相机。他们问："你拍他干什么？"我说："不干什么，我是来给你们解围的。"当时虽然有人阻止我，但我反应比较快，先是把摄影包里的120相机拿出来快速调焦放在地上拍了一张，然后把它放回摄影包，再用挂在脖子上的135相机拍摄。但刚刚举起135相机，我就被拽走盘问了。我当时也是急中生智，就把脖子上的135相机交给了他们，并说："我把相机交给你们，但这里边有军委领导到我们部队视察的影像资料，你们谁有胆就拉出来曝光，如果曝光了，将来出了问题，你们谁能负得起这个责任？你们领导要给我写一个字据。"

他们一听就怕了，后来妥协说："那这样吧，你回去把胶卷冲完后，这几张底片要剪下来，寄给我们陕西省公安厅或者寄给渭南地区公安处。"我说："这可以！"因为我想等我回到部队冲出来以后，交不交就不是他们的事了，所以我就同意了。后来他们又跟我验明正身，查证我的真实身份，并找了我们师带队的副参谋长问我是不是部队的人，我们师的副参谋长一看就说这是我们师宣传科的干事。这样对峙了两个多小时以后，我才被他们放人。然后我又回到拍摄地，了解了事件经过：当事人是陕西省白水县城郊乡时任副乡长陈春潮，他在解决移民问题时方法简单，态度粗暴，竟动手打人，被打者是60岁的车利洲老汉。当天回到师里后，我连夜冲洗底片。冲出来一看，现场环境人物表情都非常真实，简直入木三分，真实再现了当时的现场景象。我当即就拟定了标题《公仆与百姓》。第二天师里的刘冬冬政委看了我拍的照片后表示非常支持，后来他还帮我改了《如此父母官》这个标题。

1985年，中国新闻摄影学会联合中央电视台、中央人民广播电台、新华社、《人民日报》、《光明日报》、《经济日报》、《解放军报》、《工人日报》、《中国青年报》等首都15家主流媒体搞了一个主题是"中华在改革中腾飞"的首届全国新闻摄影大奖赛，主要是想反映1978年以来国家改革开放所发生的变化。我看到比赛通知后，觉得改革开放除了我们讲的经济改革以外，还有很重要的一面就是政治体制和思想观念上的改革。特别是1985年，中央针对党在群众中的威信有所下降的问题，提出了用三年时间在全党开展整党运动，其中一条就有党在群众中的威信问题。我认为我这张照片非常符合中央精神。当时我们党内确有一些基层党员领导干部因为自己的工作失误，造成了人民群众对党的信任有所下降的情况。其实当时参加这个比赛我也有顾虑，遂专门给我们宣传科肖科长、师政治部徐主任，特别是师部刘冬冬政委分别报告，表达了我怕这张照片会影响到我们师和陕西渭南地区军地关系紧张的疑虑。刘政委说：

《如此父母官》
1985年5月12日，陕西华阴。柳军摄

"不要怕，维护正义的事我支持你！这是我们全党都应该去好好思考的事！"就这样在师领导和机关的全力支持下，我把这张照片投到了《中国青年报》。

大概一个月以后比赛截稿了，又不到一个月的时间结果公布了。《如此父母官》在《中国青年报》第4版刊登，而且图片很大很醒目。我的这幅作品在获奖名单中，被评为银牌奖，这种批评类照片能评上银牌奖是很难得的。当时《中国青年报》也有评论，"1949年10月以来新中国第一张批评照片。照片以摄影方式完成了一次大胆的揭露和批评，体现出摄影作者惩恶扬善、伸张正义的良知和责任心，彰显了作者内心强烈的以摄影直击现实社会的创作思想。"照片发表后，引起了很多读者的关注。当时，《中国青年报》收到了全国的读者来信大概有近千封，后来他们很快就把读者来信转到了事件人物陈春潮所在的陕西省白水县。当时陈春潮是白水县城郊乡的副乡长，这张照片及评论，再加上全国转去的那么多信件，给他造成了极大的舆论压力。迫于这种压力，他就给新华社洋洋洒洒写了一封近万言信。信上说，这张照片是假的，是摄影师现场导演的。他说他没有打人，更没有打那个老汉，甚至找了证人给他作证。新华社很快把这封信转给了我们师。那时已经是1985年年底，我部奉中央军委的命令已奔赴云南老山前线。这封信转给我的时候已经是1986年年初了，此时我已随参战部队到了云南前线。看到转来的信后，我立即把情况向参战所在团的领导做了汇报，团领导对此事非常重视，支持我找证人和对方打官司。而且我相信新华社一定会主持公道，能够真正弄清楚这张照片是否存在虚假的问题。后来在我提供证据的基础上，新华社派人经过半年多的走访调查分析于1986年11月公布了一条简讯，内容是：一年前由中国新闻摄影学会牵头的首都15家新闻单位举办的"中华在改革中腾飞"首届全国新闻摄影大奖赛，获银牌奖的作品《如此父母官》经过新华社记者实地调查了解和证人取证，证明这张照片是现场抓拍的真实照片。

为什么说这幅作品对我影响很大？其中一个很重要的原因是，我认为这件事反映了我们为一些普通的民众主持正义、主持公道在当时还是有一定困难和阻碍的。当年特别是基层各级的领导干部，有的时候做工作的方法简单，态度粗暴，确实影响了党在群众中的威信。在此之前，我搞新闻报道工作已有4年时间，但实话说我真正的摄影方向和定位一直都没有找到，是这幅作品非常明晰地奠定了我今后走什么样的摄影路，那就是关注普通人的生存命运。后来，我的作品包括在老山拍的《不要忘记他们》等一系列作品，以及1996年在青海拍摄的《雪域亲情》作品，都与这幅作品风格接近。

宋靖：就这一个问题，你说了两件事：一个是作为一名摄影工作者的职责和坚守，还有就是如果作品出现什么问题的话应该如何去处理，说得特别好。可能就是因为这张照片，奠定了你对未来拍摄的坚定信心和不屈斗志。

柳军：对，我再跟你讲一下这幅作品后来的结局。这张照片2000年被广东美术馆收藏，该馆是这幅作品的第一家专业收藏机构，当时不仅有证书，还有收藏费。我是1985年拍的这张作品，大概20年后，大约是2005年左右，美国大都会博物馆专门找了一个研究亚洲影像史的专家——一个印度人联系我。那阵子我的电子邮箱里老有英文邮件，我打开一看，发现总是同一个地方发来的，就以为是垃圾邮件，没重视，加上那时工作实在太忙，我又不懂英文，根本没有更多的精力去关注这件事。后来有一天，我找我们单位一位学英语专业的同事，在我空闲时打开邮箱帮忙看看究竟是什么内容。他一看，说这是美国大都会博物馆想收藏我的什么作品，人家给我发了个邀请确认函，他们有人要专程到北京想与我联系，提几个问题。我当时想这事还是慎重一点儿好，因为我是军人，所以我先没回复。琢磨了几天，请示了单位领导同意后，我请这位同事帮忙给对方回复了同意。就这样，这位研究亚洲影像史的专家不久后来京，我们在一个咖啡馆见了面。他第一个问题就问我拍摄这张照片的时代背景；第二个，为什么要拍这张照片；第三，这张照片在中国的传播影响力。三个问题，我一一做了回答。当时，我并没有迫不及待让他收藏我这幅作品，而是说因为我是作者，谈论这些都是很主观的说法，建议他可以到中国的国家图书馆、北京街上报亭等地方再客观了解一些当时的社会背景和时代背景，有助于他们决定收不收藏。我们俩聊了一个下午，之后他又在北京待了两三天，去了我推荐的那些地方，看了很多资料，了解了一些时代背景，之后他跟我打了招呼就回美国去了。大概两个月后，他又给我发了邮件，说回去以后他把了解的情况向大都会博物馆的亚洲影像史专家和基金会做了汇报，最后大都会博物馆决定收藏《如此父母官》，并派人专程到北京收藏了我这幅作品。

还有这么一个情况：2015年纪念世界反法西斯战争胜利70周年，我国有关单位在纽约联合国总部搞了一个"为和平而来——中国军队参加联合国维和行动25周年图片展"，我是执行策展人，于2015年10月底、11月初专程赴美国纽约联合国总部布展及组织相关活动。展览开幕式活动结束后，我专门花了整整一天时间参观了美国大都会博物馆。

宋靖：反映时代的作品永远都不过时，永远都有生命力。军人的经历对你的摄影创作有什么影响吗？你拍过战地摄影，当时是怎样的信念让你拿起相机上战场？

柳军：我父母都是军人，我从小是在军营大院里长大的，从小耳濡目染，对军人有特殊的感情。特别是在我小学三年级的时候，父亲调到新组建的航空兵47师任职，我们家也从西安市搬到了宁夏贺兰山边上的机场。我们到宁夏贺兰山时，那里真的就是不毛之地，贺兰山脚下是一片戈壁滩，自然条件非常恶劣，风吹石头跑，常常遇到沙尘暴，特别是冬天的北风一吹非常寒冷，像刀子划在脸上。那会儿我们上学的条件很差，每天步行从家里到学校往返要走十多里路，每天上、下午两个来回。儿时我喜欢冒险，每逢寒暑假我们总要爬山、探险。记得有一年暑假，我和几个小伙伴一早出去爬贺兰山，走了很远很远，结果天黑后下不了山，回不来了。儿家父母看孩子晚上没回来就报告了师里领导，部队出动了战士上山寻找我们，结果无功而返，最后部队动用飞机起降时用的探照灯照着山上找，才算找到。从小学三年级开始，类似的这些经历影响了我一生。我觉得，军人的种种经历应该是逐步形成的。比如说我，有坚强的意志，有不屈不挠的精神，还有敢于面对困难、敢于战胜困难的勇气，这些品质都是从小一点一点历练培养起来的，并不是与生俱来的。我是15岁就高中毕业了，然后开始下乡当知青，三年后18岁当兵。现在想想，我那个时候的15岁和现在的15岁不是一个概念，我15岁时的智商差不多就是现在10岁小孩的智商，但是我那时的人生阅历、人生经历和胆略远比现在的同龄人丰富多彩。

宋靖：你15岁时跟社会打交道的能力和顽强的精神，估计现在30岁的人也比不了。

柳军：我是家里老大，有个小我一岁的妹妹，父母双军人上班，我就和妹妹把家务活安排得井井有条，做饭、做家务这些我都不在话下，所以下乡时挑水喂牲口这个任务我干起来也非常顺手。

宋靖：你下乡是在宁夏，还是到了哪里？

柳军：宁夏银川市郊区掌政公社春林五队，位于银川市老城正东，大概距离老城有十几公里，距离我们贺兰山机场有四十多公里。我下乡的第一天，生产队队长就给我了一个下马威，让我负责挑水喂牲口。当时需要一天挑18担水，从我们生产队的井边儿到生产队的牲口棚，一次负重距离大概要一里地（500米），但我硬是挺下来了。

父母对我们从小要求就非常严。记得1985年我要去云南老山前线时请假回家给我父亲报告，他很聪明地有意把话岔开，说："前线很近嘛。"其实他说的那个"前线"是一语双关，是陕西乾县，音同字不同。后来我回想，当时我们家就我一个儿子，他们肯定是不想让我去的，但以他对我从小的教育，又不能阻止，只得叮嘱我去前线多注意安全。等我到了前线给他写信，他回信里对我进行的依然是教育和叮嘱：一个是组织上交给你的任务，一定要想方设法克服一切困难完成好，哪怕是流血牺牲；一个是要格外注意安全。是的，作为一名军人，我

《挂在天上的哨所——卓拉》
2019年4月21日，西藏日喀则卓拉。柳军摄

是主动要求去云南老山前线的，而且我是带着照相机去的前线。

得到祖国、人民的理解和支持是对他们最大的安慰

宋靖：在真实的战场上，你对著名战地摄影师卡帕说的"如果你拍得不够好，是因为你离得不够近"这句话有什么更深的体会吗？

柳军：我的体会还是比较深的，我也是从很多层面这么表现的。去前线之前我是听说过卡帕的这句名言的，但当时对他的话没有深刻的理解。到前线以后，随着拔点作战展开，我们充分理解了这一点——要想拍出真实感人的作品，必须往前冲，离敌人越近越好，只有这样，才能拍到一线战士的血火搏杀。为此，我们军某部的摄影报道员袁熙同志在1987年1月7日的拔点战斗中牺牲了。当时跟着袁熙一起录像的战士报道员李斌也一同牺牲了。还有我们军的摄影干事王红，在1986年10月14日我军收复被越军占领的968阵地战斗中，英勇顽强，

《沙场阅兵》
2017年7月30日，内蒙古朱日和。柳军摄

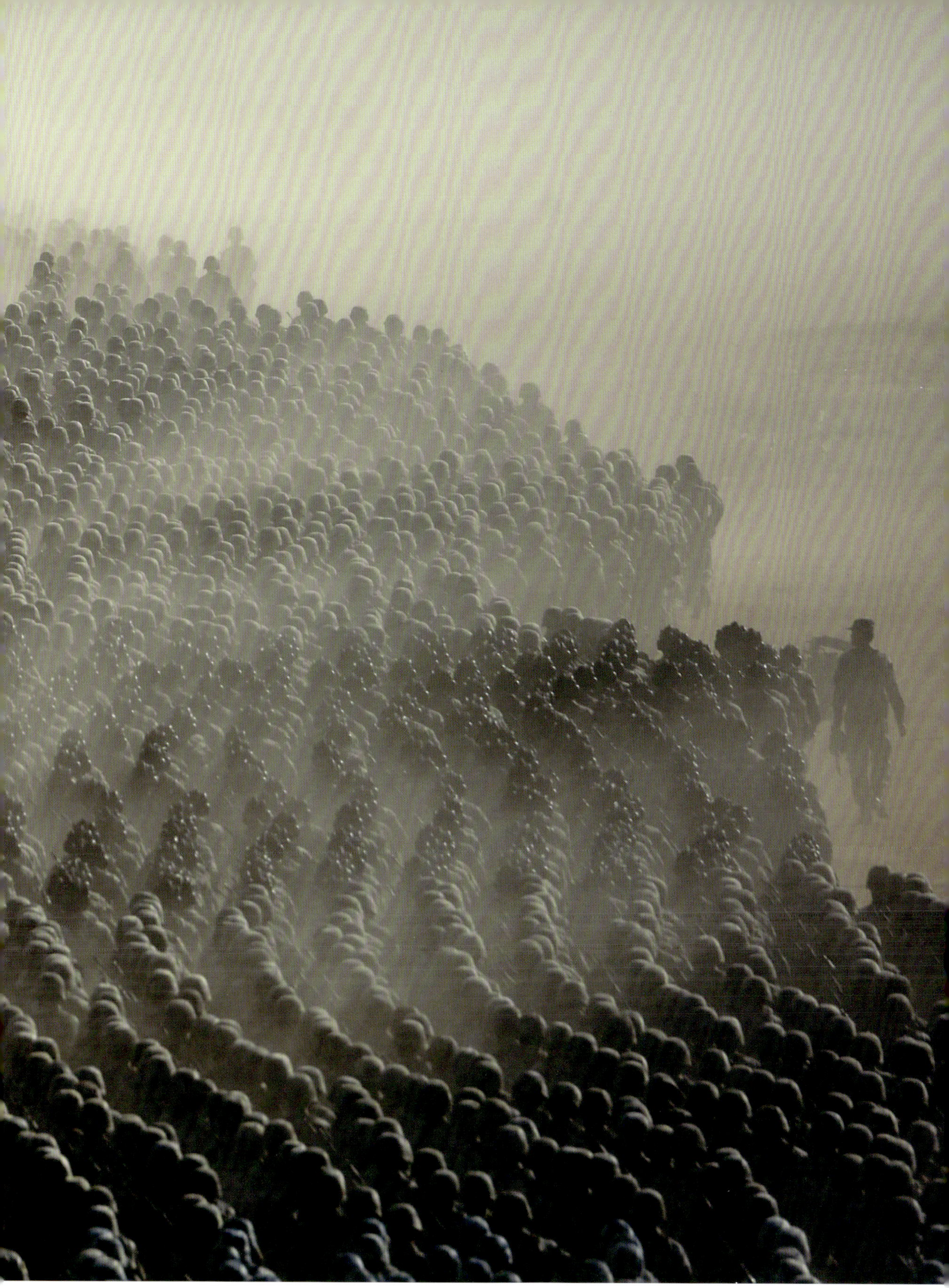

《军旅人生》
2015年3月26日,宁夏平吉堡。柳军摄

《巡逻吾甫浪》
1996年7月25日,新疆塔什库尔干吾甫浪。柳军摄

带头冲锋在一线抢拍，不幸被敌军的炮弹弹片击中，后来脾脏切除。他们都是优秀的战地记者。我有很多战地照片就是跟着第一突击队现场抢拍的，距离炮火最近的就是1987年1月5日参加收复被越军占领的310阵地的"北虎行动"出击拔点作战。

后来有人问我年龄多大，我都说我有两个年龄，一个生理年龄是父母亲给的，一个是重生年龄。1987年1月5日就是我的重生日，现在我只是在重生日时过生日。

在云南老山前线，战士们大多数时间是在二线国境线上看守阵地哨位，在猫耳洞里看书啥的，但是当真正战斗打响或者要收复某一个阵地的时候，你有没有勇气，作为一个军人你能不能真正像战士一样把生命奉献出来，这是要拿出实际行动的。我非常佩服我们集团军的战地摄影群体，他们中不仅有负伤的王红，牺牲的袁熙、李斌，还有梁子、张富汉、马夫、廖野、安晓青、赵旭、吴彬、郭建民等。好的照片，特别是战地照片，许多就是用生命、身躯换来的。参加过那场战斗，能够活着回来已是非常不容易，我也算是一个幸运儿。也正是因为我有过这种经历，所以10年后，我历尽千辛万苦用100天的时间把西北的边防哨所全跑了个遍，光汽车轮胎就爆了50多个。老山前线的惨烈战斗我都经历过，再有什么样的苦、什么样的磨难、什么样的人生坎坷我都不怕。把边防战士们放在心里的最高位置，尊重他们，你就一定会想方设法排除艰难险阻去采访报道他们。有人曾说："这些年轻的高原官兵你又不认识，你年龄比他们两个三个年龄加起来还大，你已功成名就，这个年龄了还有必要上高原哨所吗？"但我要说："我们都是军人，都是兵，他们在雪域高原守防不容易，我们去采访拍摄他们，除了让他们的父母减少担心外，得到祖国、人民的理解和支持是对他们最大的安慰，这也是最好的舆论导向和最有力的思想政治工作。"

宋靖：你身上有一股劲儿，就是看什么都很超然，心里有底的感觉。我觉得，这跟你踏遍千山万水有关系。

柳军：有这么一句话："你如果没有经历过各种艰难困苦，

那你怎么能够感受到灿烂辉煌？"苦和甜是相对的，经历是金钱、财富买不来的。作为军人，我参加突击队的时候就有人说："你是个干部子弟，他们是战士，你又何必呢？"我说："作为人，我们都是一样的，都只有一条生命。不要说这个人是干部那个人是战士，人是平等的，人是互相尊重的。你尊重他，你把他放在你心中最高的位置，战士也会把你放在很高的位置。只不过我们的战斗任务不一样，我是拿着照相机来完成战地的拍摄任务，他们是拿着手中的武器来完成消灭敌人的战斗任务。"

宋靖：你到过人迹罕至的地方，也到过社会关注最焦点的地方，所以你的人生可以用"波澜壮阔"来形容。在和平年代，没有几个像你这样去过战场又走过中国所有边防一线的人，这得是多么大的一笔人生财富！

柳军：中国的陆地边境线有2.28万公里，和14个国家接壤。过去的兰州军区西北边防就和9个国家接壤，那里所有的一线边防连队，包括前哨班巡逻点我都踏足过。

全军东南西北的边海防哨所我也基本都跑过：从当年最高的海拔5380米的神仙湾哨所到最低的低于海平面154米的吐鲁番摩托化步兵团，从最南端的南沙群岛的美济礁到中国最西端的阿斯姆哈纳边防连、最东边的抚远东方第一哨，无论是60℃的高温和零下50℃的低温，还是跨经度的长时差，我都去过、经历过，甚至陪战士们长时间巡逻过，这些哨所都留下了我的汗水和足迹，我也为那里的守防官兵留下了宝贵的青春影像。

让人民群众通过影像看当今的新型人民军队

宋靖：你的生活经历太丰富了，按理我们算是熟人了，但不做这个访谈我对你的经历不会这么了解，更何况年轻的学生们，希望他们看到访谈后能够更立体地了解你到底是个什么样的人。能够一直坚持，几十年以这么大的热情去拍中国军人，这种精神一定要让他们看到。你拍摄这几十年也见证了中国的

《我们的队伍向太阳》
2017年7月30日，
内蒙古朱日和。柳军摄

巨变，对此有没有什么感想？

柳军：我更多是用纪实手法关注拍摄军队的变化和成长。我在《解放军画报》工作的20多年就是靠影像来报道中国人民解放军成长的足迹和发展步伐，反映我军在新军事变革中的蜕变。就个人来说，这几十年我确实是看到了人民军队发生了体系性、根本性和全局性的变化。过去我们是用小米加步枪打败了蒋介石国民党反动派，建立了新中国。在新中国的几十年建设中，中国军人发生了巨大变化，但也走了一些弯路，尤其是我们的军事摄影。过去摄影界绕不开的一个话题就是摆拍与抓拍的问题，这个问题在过往的军事摄影中比较突出，曾经有一段时间排排坐、喊口号、假大空等粉饰军队变化的照片被业界称为"绿色的悲哀"。

当今的人民军队已经焕然一新，特别是党的十八大以来，习近平主席刮骨疗伤重塑人民军队，正本源、寻初心，撤军区、建战区，授军旗、立军种，强联合、严管理，调结构、优编成……全面实施改革强军战略，就是要围绕着能打仗、打胜仗这样的治军思路。国家花这么大的精力、财力、物力，养这么大一支军队，不是给老百姓做样子的，是要真正能够保卫国家的利益和安全。比如说，在联合国维和部队中，中国军队的人数应该是排第一的，有 8000 多人，而且给联合国的维和经费中国也是最多的，我们在海外也已经有了基地，在索马里亚丁湾海域的护航现在已经三四十批了。随着我们国家经济利益的拓展，随着习主席"一带一路"倡议的提出，我们的朋友圈在世界上也在逐步扩大，中国军队在维护我们国家的经济发展和建设中的作用越来越大。在这种情况下，作为现代军人的我们责任重于泰山。

我现在已到了退休年龄，但我觉得一定要认识新时代中国发生的巨变，认清我们中国军人应该承担的角色。在这个时候，更重要的是，认清新一代中国军人，特别是党的十八大以来经过习主席重新整塑的人民军队能不能承担起这个重任，能不能完成党和国家赋予人民军队的神圣使命和职责。还有我们军事摄影人，要知道用什么样的影像作品鼓舞人民，让人民群众通过影像认识当今的新型人民军队，感知国家有他们守护放心。

我的兵龄有 40 多年，上过云南老山前线，经历过大西北的艰苦环境历练，我对中国军人特别是西北军人有更深刻的理解。这些军人身上是怎样的状态，用影像如何表达，我非常清楚。特别是习主席的几次阅兵：2015 年 9 月 3 日纪念中国人民抗日战争暨世界反法西斯战争胜利 70 周年的首都大阅兵；2017 年纪念中国人民解放军建军 90 周年内蒙古朱日和的沙场阅兵；2019 年庆祝新中国成立 70 周年的首都大阅兵；2021 年纪念中国共产党建党 100 周年空中飞行编队飞过天安门。我拍摄的这些重大活动的作品从影像上都尽可能充分体现了自己对当代中国军队发展变革的认知和感悟。

《习主席九·三大阅兵》作品是习主席首次在天安门检阅三军仪仗队和受阅部队，习主席这种自信和对中国军人信任理解的表情，是对我们中国军队维护世界和平做出的最好阐释。《我们的队伍向太阳》是在内蒙古朱日和的沙场阅兵时拍摄的。阅兵那天清晨，受阅部队首次集中打出了党旗、国旗、军旗。面对初升的太阳，党旗、国旗和八一军旗鲜艳亮相，阳光从两个士兵中间穿过，这是一个可遇不可求的景观。目前这张照片的传播量超过 8000 万次。当时在拍摄现场的我的理解是，我们的人民军队，特别是新时代的人民军队，在党的坚强领导下听党的话、跟党走，就攻无不克，战无不胜。我当时有一个很强的政治嗅觉，中国共产党就像每天升起的太阳，我们的人民军队永远要在党的领导下永远跟党走。所以，我给这幅作品取标题就叫《我们的队伍向太阳》，迎面的党旗夺目引人。因此，这幅作品也成为对新时代新型人民军队的一个最好阐释和说明。

宋靖：是。你谈得非常好，这些内容都是你自己的亲身经历和有感而发，而且你上升到的责任、军人的天职、对整个生命的理解……都说得非常好，非常深刻。

卢现艺

工艺美术师，贵州省摄影家协会副主席，中国摄影家协会会员，长期从事贵州民族文化人类学影像记录及研究工作。

1958年10月出生，祖籍山东。1982年3月至1983年2月，在贵州艺术专科学校学习绘画。1983年9月至1992年，在贵州啤酒厂工会办公室工作，并自学摄影。1992年，从贵州啤酒厂辞职，到深圳《现代摄影》杂志从事摄影记者工作。

1993年开始潜心研究贵州民间神话传说。1994年创作出民间神话传说系列摄影作品，得到摄影界好评，被誉为中国后现代摄影代表人物之一。1995年开始拍摄大型民俗专题摄影系列作品《屯堡人》。1997年2月至1999年月12月，在北京从事商业摄影工作。1998年拍摄专题作品《岜沙苗人》。2000年1月至2003年4月，在《贵州新报》从事摄影记者工作。

2000年1月3日被中央电视台3套栏目《千禧年人物专访》专题介绍。

2000年5月被中央电视台1套栏目《东方时空·东方之子》人物专题介绍。

2003年5月至今一直从事贵州民族文化人类学影像记录及研究工作，同年受邀参加法国阿尔勒国际摄影节并举办个展。

1988年以来多幅（组）摄影作品获得国家级摄影奖项。1999年获第3届"全国人像摄影十杰"称号。2005年获"贵州省中青年德艺双馨文艺工作者"称号。2005年被授予"岜沙村荣誉村民"称号。2007年获"全国中青年德艺双馨文艺工作者"荣誉称号。2007年，贵州人民出版社出版的大型图册《符号与仪式（上、中、下）》（卢现艺摄影、封面设计）获第1届中国政府出版奖图书奖及装帧设计奖。2008年获"2007年度贵州十大影响力人物"荣誉称号。

2013年贵州人民出版社出版的大型图册《亚鲁王书系》（卢现艺主编之一、摄影）获第3届中国出版政府奖图书奖提名奖。

卢现艺：我想用自己的方式阐述东方美学和民族文化特征

我用商业的方式获得了经济独立，那我的艺术人格就独立了

宋靖：在多年从事摄影教育的过程中我发现一个问题：学生们对国外摄影师了解甚多，但对中国摄影师却一知半解。所以，我有责任让学生们知道中国优秀的摄影家是如何在这块土地上成长起来的，是如何为国家做贡献的，又是如何用摄影去讲中国人的故事的。在我看来，摄影师不单纯服务于摄影，全民摄影时代的到来更加凸显了专业或者说职业摄影师的地位和服务于社会发展的重要作用。作为西南地区重要的摄影家之一，你多年来致力于拍摄你们那里的人和事，同时你的摄影管理、指导和组织工作也做得非常出色。所以，希望你可以谈谈你的摄影经历，你在摄影过程中学到了什么，看到了什么，为社会做了些什么，你人生的轨迹是什么。

卢现艺：你要做的这件事非常有必要，我的摄影经历其实也印证了你所说的一点：当今中国很多学摄影的人所接受的教育是以国外的摄影师为蓝本。学习西方我觉得没问题，但时间长了你会突然发现，我们东方的文化没有了，我们东方的自信也没有了，仿佛我们就应该是模仿谁谁谁。不管是萨尔加多也好，布列松也好，寇德卡也罢，仿佛说来说去只有这些人，而我们东方的文化和文明在哪里！所以，我想用自己的方式来阐述东方美学和民族文化特征，这不仅是我的民族责任感，更是我们摄影人的使命。

其实，1985年以前我是学画画的。我从20世纪70年代就开始拜师学画，师从中央美院毕业的蒲国昌先生。我画画基础很好，是一个偶然的机会让我走上了摄影这条路。虽然人生路上有很多拐点，但明确一个拐点后，就可以决定人生的方向和目标。原来我在贵州冷冻啤酒厂当工会干事，我学摄影纯粹是自学，从来没有拜任何人为师，用一本书走到了今天。1985年，我们啤酒厂组织参加贵阳市举办的一个艺术展览，那时我根本不懂摄影，就觉得这是一次展示的机会，于是买了一台二手的双镜头海鸥4B-120相机和几个黑白胶卷，就去拍照了。当时那是我第一次以摄影的方式到贵州黔东南清水江采风。拍了一天，回来后去买了一本《暗房技法100例》，我就学习书里的方法，配药水，冲胶卷，然后就拿着作品去参加展览了。结果我获了1个一等奖、1个二等奖和1个三等奖，同时我的油画作品也获得了一等奖，让我非常意外。当时我每月工资才几十块钱，而参加这次展览我竟然获得了300元的奖金，而那竟然是我第一次拍摄。

之后，一次偶然的机会，我看到《贵阳晚报》刊登了一篇关于卢现艺作品的约1000字的报道，是我们贵州当时比较有影响力的一个摄影家写的。缘于这篇报道，我就特别想拜访这位作者。于是我跟他见了一面，和他谈了弗洛伊德、尼采、叔本华，还有东方的哲学等。那次谈话让我对摄影初萌的心有了前进的方向，我意识到我可以得心应手地用摄影的方式去表达自己的思想、创意和想法。于是从1985年开始我就专心研习暗房技法，过了两三年后，我参加了"艰巨历程"全国摄影公开赛，结果我的作品获得了比赛探索大奖。这次获奖以后，我开始认真思考自己获奖的原因，觉得是因为我把绘画里的观念和思想用摄影进行了呈现，这和我有较好的绘画功底是密不可分的。也就是从那时开始，我把摄影当作我毕生的事业来奋斗。起初我在拍摄的时候，是先有构思和创意，然后再有把控和实施，我把它用"剧本"的方式来呈现，比如我拍的一组叫《山鬼》的组照，就是以贵州的民间神话传说为蓝本。我就想山鬼的构成需要什么要素——一些破罐子、一些墓碑、一些树和石头，还需要相应的法器……我用摄影的方式去找这些东西来拍摄，然后通过暗房特技的方式合成。当时的《人民摄影》报推出了《卢现艺作品五则》，在业界影响很大，自此业内就把我看作是中国后现代摄影代表人物之一。

那时，每次拍摄创作结束后我就想，当一个人的营养和内力

1999年第9届全国人像摄影艺术展金牌作品《影子》。卢现艺摄

消耗完后，要沉下去，静心回望，要不断在民间、生活中、文化里吸收养分，不断滋养自己，训练自己，让下一个自己做得更好。

我也曾尝试过很多梦想，比如说那时候舍弃了稳定的工作，想去做一个艺术家，于是我南下深圳，做了一年职业摄影师。一年以后我发现，要想成为一个艺术家，没有经济实力是寸步难行的。当时我做了大量暗房特技作品，想做一个个展，但是找赞助时我突然发现，艺术家在那些商人、企业面前真的就像一个乞丐。那时我发誓一定要做经济独立的艺术家，于是我决定开影楼，做商业摄影赚钱养活自己的艺术梦想。1992年，我回到贵阳开了一家以黑白创意摄影为特色的影楼，这在当时是很少有的，第一个月我就纯挣了2800块钱。当时特别开心，我用商业的方式获得了经济独立，同时我的艺术人格就独立了。1997年，我开始梦想北上，觉得一个艺术家如果不到北京去看看去学习，怎么知道贵州自己的文化特色在哪里，民族自信的特点又在哪里。于是我就去闯荡北京，北漂了三年。我一直坚持努力自学，摸索出我自己独到的见解和特点。在商业摄影

当中，我用了很多暗房技法表达自己的观点。那是胶片时代，没有PS，我就自行研发各种柔光技巧，自制了20种柔光。从1998年开始，我的作品在人像摄影界小露锋芒，要么作为杂志的封面，要么作为杂志的内文专题。1998年我参加了第9届全国人像摄影艺术展览，获得1块金牌和1块铜牌。1999年我成为第3届"全国人像摄影十杰"。当时我就想，为什么我能获奖，就是因为我有自己的特色，呈现出来的艺术形式和别人的不一样。当然回头想想，在北京这三年对我的艺术修为和眼界着实有很大的帮助和提升，在北京能看歌剧，能看俄罗斯的芭蕾舞剧，全世界所有美术的、摄影的展览我都能看到，也感谢自己北漂三年的努力付出。

1999年现代手工暗房特技作品《裂变》。卢现艺摄

我们常说"北漂"，其实就像空中的云一样在头顶飘来飘去的，等我们回过神去寻找那片云时，它已经物是人非了。三年后当再踏上家乡的土地时，我热血沸腾，因为我已经发现了贵州独有的文化特色和神秘而古老的仪式，心中就有了坐标。只有弄清楚什么是世界的，什么是中国的，才能明白什么是我

们贵州的特色文化。

这几年的商业摄影锻炼，为我今后拍摄视觉人类学的东西提供了非常重要的技术支撑。北漂三年后，我可以选择去国外，也可以继续留在北京，但我没有犹豫，而是选择回到了贵州。我记得接受中央电视台《东方时空·东方之子》栏目专访时我说过："我就像空中的云一样在飘，感觉没有根。"当时我就开始反思自己来北京的目的了，难道只是为了商业摄影去挣钱吗？不是，因为我非常清醒地意识到，做一名商业摄影师虽然会有钱，但是我的梦想是成为一名艺术家，我更希望以自己的本土文化去呈现和反映我对艺术独特的理解和认知，为后人留下点有用的资料，为摄影的真实意义做一点自己的贡献。

回到贵州，我在黔东南、黔南、黔西北疯狂拍摄了半年有余。摄影和其他艺术不一样，你必须要迈开你的腿，背着沉重的设备，还需要"子弹"——反转片和黑白胶卷来补给。我当时用的是玛米亚 RB67 相机，一卷就只有 10 张，加上交通不便利，拍摄变得非常艰辛，拍摄成本也变得异常昂贵。所以才半年，我的积蓄就用光了，只剩下 2000 元钱。这时生存问题又亮起了红灯，恰巧《贵州新报》招聘摄影记者，我就成了报社的摄影记者。

自此我立志做文化的摄影师

宋靖：为什么会选择长期在贵州拍摄？

卢现艺：因为后来在大量的拍摄中，我对我们贵州的喀斯特地形地貌各方面有了全方位的认知。2003 年我受邀在法国的阿尔勒做一个展览，主题是代表贵州符号的岜沙男人。我的策展人是法国时任驻中国大使的夫人，她说我的作品与众不同，就连那次阿尔勒摄影节的部分宣传海报都是用的我的照片。在法国我参观了一个摄影图书的展览，看到了上千本各种摄影题材的书籍，这让我受益匪浅，那种感觉就像突然得到一个各地特色文化汇总的阅读试卷。我就在那里待了两天，站在那个角度回头看贵州，发现贵州世界级的文化遗产实在太多了。比如说我们有农耕文化、苗族的铁匠村……还有很多很多题材。在那个时候我就暗暗下决心——我要拍贵州!

其实回到贵州也缘于一次偶然。当时我和贵州的人类学教授合作,我们用人类学的视角做了很多田野调查。在此期间,我们合作的《符号与仪式——贵州山地文明图典》获得了首届中国出版政府奖图书奖和装帧设计奖两项大奖。这次合作让我开始思考:什么是人类学的调查方式?我从贵州喀斯特地貌的形成,到江河流域的分布,到物种的多样性,再到民族的分布、服饰、仪式、节庆、符号和文化的关系等进行了系统梳理。人类学摄影要把空间和视觉的瞬间符号融为一体,要把信息涵盖其中,包括照片里面应该有的逻辑思维和空间形象思维。之后我开始和贵州乡土建筑方面的一位专家合作筹备拍摄出版。从某种意义上说,要从建筑学角度拍摄,很多摄影师会讲构图和形式感,但是我在书里展现的更多是一个村寨的风景学,更多讲的是地形地貌的关系,比如这个村寨为什么会建在这种地形地貌里面,它的建筑材料是什么,它的建筑形态是什么。所以我拍建筑时拍了很多贵州干栏式建筑、石头建筑以及其他各种形态的建筑,比如说它的厢房、卧室、公共空间和具体的精神标志符号等。我用了大概三年时间,把贵州所有有特色的建筑形态拍摄梳理了一遍,因此我对它建筑的斗拱、翘檐以及结构有了一个全新且客观的认识。后来,我又和一位舞蹈专家合作拍摄苗族舞蹈。很多人说贵州的民族文化伪民俗表演很多,其实他们对贵州不了解。我拍了苗族的很多舞蹈照片,有节庆式的,也有仪式性的。我就突然发现,其实他们的舞蹈里面藏着很多秘密。苗族没有文字,除了靠符号传承文化外,舞蹈是他们一种很重要的传承方式。最关键的是,他们把他们的生活融进了舞蹈里。比如说在拍丧葬舞的时候,我发现舞者的舞蹈有很多形态,比较有特殊性。其实我们对舞蹈的认知和对民族历史的认知有很多缺陷,我们往往没有从学科的角度去切入,只是以我们的形式感、视觉、大特写、中景等常见方式来进行简单拍摄,而没有从舞蹈学科去选取瞬间,选取那些体现他们族群关系、舞蹈和舞蹈者关系的舞蹈瞬间。这些年,我总结出来

7个字：观察、参与、不干预。自此我立志做文化的摄影师。

  用摄影的方式去记录一个民俗活动或者民族文化的活动，如果说你对民族文化有足够的了解，那你的拍摄方式就会发生翻天覆地的变化。摄像机可以全程录像，但是摄影呢？摄影是瞬间的空间符号。从一张图片里面，我们要解读这个民族或者这个人，解读他们和其他人的关系。我们常说相机后面那个大脑才是重要的，就是说脑子里面需要有看待事物的宏观概念，我觉得这对摄影师来说是非常重要的。以我拍乡土建筑为例，我原来对侗族鼓楼还是有一点了解的，但是后来我就发现，侗族鼓楼永远是没有双数的。在贵州，在黎平、榕江、从江三县，多的是一层鼓楼或者三层鼓楼。它们或者是独柱的建筑，还是4柱的、8柱的、12柱的。在不断寻找过程中，我突然发现里面的符号太有意义了。记得我在一个交通很不方便的侗族村寨拍摄，那时那里没有公路，车也进不去，只能走路。很多人觉得鼓楼很漂亮，拍完就走了，而我发现鼓楼上面画着一些不易察觉的符号，比如说一排自行车或者公共汽车（他们叫小包车）。他们这里虽然没有公共交通，但他们把自己的信仰和向往都用符号的方式画在了鼓楼上面，而很多摄影师并不会去注重这些细节。有了此前的拍摄经验，拍鼓楼时，我就会从鼓楼的建筑去了解侗族文化，了解他们的生活方式、侗族大歌等。侗族大歌一定是要在鼓楼里面呈现的，因为鼓楼的回声，让大歌的天籁之音传遍了村寨的每个角落。了解完了再去拍摄，就会用学科的视野去做记录。

  我们很多人都在说，摄影师不是到一个现场就拿起相机记录，而是要明白自己的目的是什么。就像你写这本书，要先讲你书的体例、编辑和框架的构成。我觉得，如果能不断学习和其他学科的融合，你的视野就会变得宽泛。所以我敢说，我的影像真的没有受任何国外摄影师的影响。摄影史我看过，但我不会把它们作为蓝本，我只是去了解他们在那个时期里做了什么。现在很重要的一点是，我们自己的摄影师缺少文化自信。比如我们中国的摄影节来了一个老外摄影师，人们就崇拜得不得了，一拥而上，那我们东方的美学在哪儿？在西方人眼里，中国有陶瓷、自行车、"文化大革命"，但其实中国有很多灿烂的文化，有很多文化的秘密，他们都不了解。对于一个摄影师来说，知道自己是谁是非常重要的。所以我出去以后经常会说，我是中国贵州的一个摄影师，我们自身的文化自信和摄影语言功底给了我这样的底气。

  摄影师应该有自己的责任和担当。我生在贵州，如果对贵州文化都不了解的话，怎么讲自己是贵州的摄影师，怎么说自己的影像代表贵州！所以我们在做文化记录时，一定要从学科的角度去切入，要和不同领域的专家合作，那你的影像视野就会非常宽泛。后来用人类学方式拍摄苗族英雄史诗亚鲁王的时候，我的感受真的太深了。有人说那里面讲的都是一些死人的文化，就是葬礼，但你要解密一个民族的历史，葬礼就是一把钥匙。因为人生就是从哪儿来、最终要回到什么地方去的过程。在这个过程当中，不同的民族用不同的方式产生了很多技术和文化。这里又能谈到一个机遇和缘分的问题，北漂的几年，我去法国、去欧洲看了西方的很多文化，我就有了一个强烈的坐标——什么是我们贵州特有的文化？其实我知道亚鲁王也是很偶然的机会：那时我去某个地方做评委，看到一幅非常有民族特色的肖像图片，得知照片产地离贵阳只有120多公里。事后我到了现场就觉得非常惊讶，那里居然还藏着古老而又神秘的苗族文化。后来我开始慢慢走进亚鲁王文化圈，得知贵州民协和冯骥才先生他们长期以来是用口述人类学和文学的方式做亚鲁王文化的发掘，我就想我能否用视觉人类学的方式切入，做一组《歌师密档》的专题。其实人类学有很多分支学科，比如视觉人类学、口述人类学、文化人类学、经济人类学等。苗族英雄史诗亚鲁王的出现，意义很重要，它是一个世界级的题材，它的出现填补了中国南方英雄史诗的空白。

不光需要技术设备，还要加学科的专业性、编辑的方法和思维方式

  我做商业摄影的经历帮了我很多忙。中国的很多摄影师在做记录的时候会说相机不重要，其实相机太重要了，你的影像质量

需要合适的器材去呈现出来。在做亚鲁王的时候，为了提升影像质量，我就在自己能力范围之内买了一台1400万像素的中画幅数码相机，这在当时是很昂贵的相机了。亚鲁王史诗是当地苗族葬礼上必唱的史诗，由歌师或者说巫师领唱，整个叙述结构就是引导逝者的亡灵如何返回到这一族群的祖灵所在地。巫师在葬礼时会穿特色服装，然后唱诵他们的英雄史、生产史、生活史和成长史。我当时就想，我要用三种方式来记录巫师。第一种是环境肖像，一定是在他家里面的现场拍摄，包括他们像砍刀一样的法器，也要有，很重要。我做过商业摄影，很了解用光，所以我就想能不能用大型的灯光还原出一个真实的光源环境。其实用光的高手，就是让你的画面里面是没有灯光痕迹的。那时候我用各种大的反射光，用商业摄影的方式在那里拍摄。第二种方式是在生活中抓拍，在巫师家里面或者在赶集的时候去寻找。这些巫师并不是一辈子一直在做他的巫师角色，他们有些是皮鞋匠，有些是木工，有些是村主任。他们只是在有人去世的时候，才会用巫师的身份来进行一种传承，所以在赶集时去抓拍巫师，就要考虑到记录影像用的相机是不是能抓得很快。用120相机绝对不行，因为它的机身不带防抖动功能，那么就用135相机。当时我还考虑，能不能选择最好的镜头来表达。我一直认为，就摄影而言，如果你的软件达到了五星，你的硬件还是三星，那你的最后结果永远也就达到三星半或者四星。

我有11台数码相机，包括各种品牌的135、120、中画幅，一直到4×5。每次去拍摄我都很注重一个问题，就是我拍的目的是什么，然后再决定要带什么设备。当你立志做一个职业摄影师，想让你的东西被别人收藏，让你的东西被更好地展示来宣传每个地域文化的时候，你真的要考虑你的技术支撑和你的技术把握的情况怎么样，这很重要。画画的人转到摄影好像有很多优势，那么优势在哪儿呢？摄影永远是构图吗？其实这不是很重要的，而你的信息量、你的文化方式、你的学科方式表达是非常重要的。后来很多人发现，卢现艺的影像越到后面越朴实，那是因为我了解了数字艺术、绘画艺术和摄影之间的关系，那就是空间，以及语言和瞬间。所以我认为，摄影不光需要技术设备，还要加学科的专业性、编辑的方法和思维方式去理解诠释。

拍亚鲁王时，我是在现场场景拍摄记录。那里交通非常不便，很难到达现场。亚鲁王文化圈的苗族居住地在贵州省严重石漠化的区域（即麻山地区，位于贵州省西南部的紫云苗族布依族自治县、罗甸县、长顺县、惠水县和望谟县一带——编者注），山里面土很少，老百姓种庄稼就是在石窝里面撒一些土，丢几个玉米粒，就这样来种植。正因为交通不发达且严重石漠化，所以这里的文化变异相对小，保存得比较完好。当时我要背40多斤的设备，有些车到不了的地方就要步行翻山越岭。所以我想说，要想做一个文化人类学摄影师或者一个纪录摄影师，从某种意义上说一定要做好思想准备。但如果怕苦，如果不能融进他们的生活，你就找不到他们文化的真谛，永远只是做一种表面上的记录。有一次去记录一个很有特色的葬礼，我就戴了主人给的孝带，融入其中。

在那里拍摄的时候还有一个故事我至今印象深刻。做人类学记录确实太苦了，你的生命有时候会在很短暂的瞬间消逝。麻山地区当时是黄泥和坚石路，下雨了，特别湿滑，那次在返回途中我的车翻进了山沟里，如果晚脱险一会儿的话，我可能现在就不可能和宋老师在一起聊天了。后来当地的老百姓帮我把车拖了出来，本来我是要给他1000块钱作为报酬的，但他退了我600，说借工具和摩托车油费花了大概400块钱，如果多收我的钱，他是要遭天谴的。那份人性的朴实，让人特别感动。还好，在做文化记录的过程中，我每次都是有惊无险。我没想过做文化记录要赚多少钱，我就是喜欢这种文化，我一定要把它记录下来，留下来，传播给后人。当然，如果说现在再叫我重新选择的话，可能我会有一点担心和犹豫，我甚至会考虑去选择其他的职业。

你的文化不自信，你的艺术绝对是不自信的。

还有，作为摄影师，你一旦制定了目标，就一定要耐住寂寞和孤独，要有坚强的毅力。我记得在拍亚鲁王的时候，需要一张大的喀斯特地貌图片，就是一个荒漠化的、石漠化的大场景。当时拍摄这样的大场景，要翻山越岭，找到一个高角度。当时我觉得天气还好，可以借助光影凸显喀斯特地貌的特征，就决定上山。那天我背了三套相机，还有一个大的脚架，于是我请了一个当地的老乡帮我背相机。开始他同意了，我也付了他报酬，但是到了山脚下，看到上山的危险，他就借口家里有事说去不了了，然后放下设备就走了。我当时觉得奇怪，后来我才发现，那座山真的没有路。但我已经开了四个多小时的车来到这里，我自己不能放弃，于是我就自己背起所有设备上山。当我爬到一半回头看时，惊呆了，满山荆棘，石壁陡峭，进退两难。说实话，那会儿想飞下山的心都有了。喀斯特地貌的特点就是石头多，还很疏松，一不小心踩到的话，就会滚下山崖。后来我就选择抓着植物爬，结果150米的落差高度我竟然爬了三个多小时。不过等我爬上去后激动万分，整个亚鲁王文化圈的村寨映入我的眼帘，我在那里狂拍了40分钟。可问题又来了，我怎么下山，已经不知道自己是从哪里上来的了。当时我的经验和认知帮我在瞬间做出了选择，我环视四周，发现有些植物是往一个方向走的。我想，这估计是有人采药上过这座山，后来我就顺着那个斜坡，一路连滚带爬地，花了一个半小时才下了山，我的手臂、衣服全被刮破了。但是我顾不上皮肉的疼痛，非常兴奋，我自己对自己说："卢现艺，你是好样的，你做到了。"在回家的路上，我打开汽车里面的音响，听着振奋人心的音乐，非常开心地开了三个多小时，回到了贵阳。

所以说，做文化摄影真的很难，很艰苦。如果没有经济支撑的话，怎么去做这个事？我们没有当年美国《国家地理》杂志摄影师那样的高标准经济后援支撑，但那个时候我与出版社和各种杂志合作，他们给我的稿费也还算是比较高的，只是这些费用真的不够支撑我去做我想做的项目。所以当时我就做了一个文化传播公司，有了经济来源才支撑我走完了艰难的旅程。

拍亚鲁王大概一年多以后，我就给我们贵州人民出版社的社长看。他是一个学者型的领导，看了以后很激动，我们决定合作，然后他也去寻找经济支撑。要做一个好的摄影师，首先要学会有一些编辑思路，要对你将来要出版的图书的体例有大致的概念，然后你再做到一定程度的时候，别人才会支持你。比如说我和别人最近又合作了一本《侗族大歌音图典》，书的体例是由摄影图片、影像及侗族大歌的简谱构成，摄影图片全部是我拍的，通过扫描二维码就可以看到里面的专题影像，你可以边看书边学唱侗族大歌。我们做书的目的，就是想把它完整地保存下来，传给后者。我们也经常在一起讨论这本书的结构和呈现方式。其实侗族大歌就是生活，生活就是侗族大歌，大歌里面唱的是人与人之间的关系，唱的情爱、唱的他们祖先等都是从生活中来的。所以在这本书里我大部分是在记录他们的生活日常，还有他们节庆生活的那种状态，以及用大歌来诠释的方式，这套书出来以后反响也很好。

所以说，既然自己的家乡有拍不完的东西，为什么不去寻找？！我之前在新疆也拍了一些照片，在去新疆讲课时我就说，如果给我四年的时间，我一定能拍出另一种视觉的新疆。因为我走过很多地方，发现新疆的山形地貌、文化特征、植被、水系又是另一番景象。如果把一个地方本身的文化做全方位的了解梳理，对我来说一辈子都拍不完。这里我就想建议，摄影师不要舍近求远，要寻找一种好的方式去梳理，一定要学习，而学习的方式不是照搬，而是思考我们怎样用东方的语言来诠释我们的文化。所以我觉得你这本书非常有意义，起码给学生们提供了一些案例。如果一个民族不自信，真的是悲哀，你的文化不自信，你的艺术绝对是不自信的。

再谈到传播和旅游，这就要谈到我拍的"岜沙"。很多专家在写岜沙的时候会写，是因为卢现艺的影像让岜沙成为一个国家级的古村落，成为一个世界上仅存的枪手部落。其实那时我去岜沙的时间不是很长。1998年，我还在北京做影楼，在拍岜沙影像时我就想拍一些环境肖像，所以当时就拿了一个大的反光板，用白色的那一面来做背景拍人。当时我是用玛米亚相机拍，很多人还以为我是用4×5大画幅拍的，其实不是，拍摄前对技术的把握、对光圈景深的运用、对镜头的了解是非常重要的。我在拍岜沙的时候，也有很多人在拍，但当我拍的影像在刚改版的《摄影之友》上发了12个页码的专题后，很震撼，在摄影界反响很强烈。包括中央电视台《东方之子》栏目采访我，也是因为我拍的"岜沙男人"的肖像照片让很多做美术的、拍电影电视的对岜沙产生了向往。我记得当时从江县领导说，卢现艺拍岜沙把岜沙人的魂儿都拍出来了。

我借助商业摄影的一些用光技巧进行影像记录，把拍摄对象呈现得更加经典，把其文化特征展现得更好。记得当时有不同的声音，说我拍的岜沙人像都是摆拍。后来我把我拍的照片给清华大学的一位视觉人类学专家看，他看了给予肯定，说："你这就是视觉人类学最好的图例，从皮肤的质感、质地，能研究出他的生存状态，还有从他的骨骼，他的每个细节，就能研究他们的基因关系。"后来我才知道，原来还有视觉人类学的表达方式。所以拍完岜沙以后，我即使在北京工作也要一年回贵州10次。那个岜沙苗寨有5个自然寨，总共2800多人，有80%的人都能叫出我的名字。他们开始时不知道我是做什么的，只说那个照相的又来了，那个"卢老师"又来了。其实2021年10月，我依旧在拍岜沙。

我也会持续记录一个主题，很多人不知道我已经连续拍一个家庭24年，这其中我记录了这家的一个小孩，从他4岁开始，拍到他后来读高中、得白血病、和白血病做斗争，拍了他们家里人对他的关爱、社会对他的关爱，然而最后还是走了的故事。除此之外，我还记录了一个小孩最后成为一个青年、一个中年人……他们的故事我都记录了很多很多。但以前我从来没有拿出来传播过，因为我想做一本书，就叫《我的兄弟叫岜沙》，我会选择一个特别好的时机把这本书呈现出来。我考虑用比较学的方式来记录呈现，突出他们的生活方式，以小见大去讲他们的故事，讲他们的成长，包括他们的生活用具和劳作关系，这样也能折射出这个社会巨大的变化和经济发展。迄今，我拍的很多村寨都成了旅游热点。除了拍岜沙，我还拍了安顺的屯堡。很多人说屯堡服装很奇特，其实这要追溯到600多年前的洪武年间（1368—1398），那时候明太祖朱元璋派了30万大军来云南打小梁王，屯兵就在贵州的安顺屯堡，这30万大军的后裔现在依然保存着明朝的服饰特点和江南的农耕文化遗

《寻找二十年前的岜沙苗人》之20年前后的苗王滚支书。卢现艺摄

《寻找二十年前的岜沙苗人》之20年前后的祭师贾老丢。卢现艺摄

《寻找二十年前的岜沙苗人》之20年前后的滚元亮一家人。卢现艺摄

风。我在拍安顺屯堡时，还没有数码相机，全是胶片，我就驻扎在一个点，然后以10公里为半径辐射，不停地拍，乘摩托车、拖拉机在每个村里穿行，记录了很多不可复刻的影像故事。

所以我记录的影像，光胶片就有十几万张，数码就更不用说了。我现在也一直在拍摄，包括我现在拍的另外一个专题，基本上每年我要拍4个T的影像记录。所以我经常说，摄影师一定要耐住孤单和寂寞。不要急着发朋友圈，时机成熟的时候选择一种合适的呈现方式来展示，你会给人全新的视觉感受。

我获得过很多奖，有两个我是最看重的：一个是岜沙村的"荣誉村民"，一个是屯堡文化的"荣誉村民"。我去那里的时候，会说我是你们的村民，而不会说我是一个摄影家。这就是对我的一个最高褒奖。

要自信，发挥优势，融入社会

另外，我想对现在的年轻人说：第一点，不要盲从。学习、了解摄影史，了解摄影发展的轨迹很重要，但是，要从中国东方的美学里面寻找文化自信，包括哲学，包括我们的民族音乐，包括我们民间文化的符号和形态，在里面去寻找的话，你会得到更多的东西。第二点，要自信。可以多用学科的方式，结合现代信息的先进技术，大胆去做尝试，摄影是一个从量变到质变的过程，一定要脚踏实地，不要空谈。

现在中国的年轻摄影师断层很厉害，这和我们现在的文化经济是有关系的，现在我们的年轻人经济负担很重。我原来有

2017年《皮肤之下》系列作品之二。卢现艺摄

个学生,很有才华,他到一个报社做记者,后来我问他原来做的专题还在做吗,他说没有了,在报社要和别人争工分、争发片量,没有时间和精力再去做项目。中国摄影的这种断层其实和整个大形势、和我们的文化背景是密不可分的。反过来说,我觉得我们可以重新再认知"摄影年轻"。现在有很多经济条件比较好的中年摄影师,他们可以是推动摄影发展年轻化的力量。2021年我办了三个摄影训练营,其中包括一个国家级古村落的训练营,我们就在同一个古村落里住了10天。当时我就想,能不能用10天时间把这帮人的老思想转变过来。训练营里面有大学老师、各种白领。学习之前他们说古村落那里就是一条街,转一圈一个小时就搞定了,有什么可拍的。后来我就想用我的方式改变他们。前三天大家全部是无头苍蝇,不知道该拍什么。后来我就告诉大家:"你们要走进他们家里面。怎么进入呢?我带了一台打印机,你们免费去为村民拍全家福,看见老人小孩就拍,然后送给他们一张。"第四天开始,晚上所有人都出门了,他们学会了到别人家里面去交朋友,也就是观察、

2018年《皮肤之下》系列作品之三。卢现艺摄

参与而不干预，才有很好的隐蔽性。交朋友以后，他们每个人都可以再深入地挖掘拍摄故事，反而觉得10天的时间不够用了，要深拍的东西太多了。当我教给他们这些方法以后，他们拍得很让我吃惊，里面一些退休的摄影学员因为综合能力很强，掌握了摄影的技巧和摄影语言的表达，拍出的照片非常好。后来我们一起做了一本书，叫《国家级古村落影像》，他们18个人，讲了18个故事。哪怕同时拍的一家人，我都告诉他们要从不同的侧面、不同的角度来记录他们的故事。其中有4个人在拍

同一家，但他们的角度不一样，理解也不一样，表达更不一样。直到我们训练营最后一天结束的时候，还有一部分人留下来继续拍摄。

摄影人的定义是什么？不一定是要年轻人，因为他们刚毕业，他的生存决定后续的发展。但是中年人，他们可以被定义为摄影的中坚力量，因为他们综合素质高，可以用很科学的方法去引领。我是贵州师范大学的客座教授，我就想给他们传播一种方式方法，而学会方法去切入，就要去不断了解新事物和不断学习新知识，不断探索和进取。

讲到这儿，我就想对年轻人说，第一，就是要有民族自信，脚踏实地，要有摄影的语言表达和梦想；第二，发挥你们的优势，因为现在年轻人拍照片在一些自媒体方面有很大的发展空间；第三，就是刚刚说的融入社会。我回贵州以后，2006年加入中国摄影家协会，当时担任贵州省摄影家协会的副主席。加入摄协以后，我发现做任何事都要融入社会，这样会有更多的平台。比如说我们在做文化的时候，要知道反映这个时代的特点是什么，要与各个学科、各个领域的人学习、打交道，然后形成自我判断。我就想说，年轻人失败没有关系，但是一定要有自信，千万不要盲从。一旦盲从，你就永远被笼罩在别人的阴影下。现在网络很发达，学习模仿没问题，但最重要的是要寻找自己的表现方式。

关于摄影经历，我做当代摄影，做商业摄影，也拍风光，但是我拍风光是从风景学的角度来拍地理风光，我也做纪录摄影，算得上是一个全能的摄影人。一个艺术家要学会把自己原来的东西进行梳理与更新。我拍了二十多年的民族人类学影像，现在我想休整一下，我要跨界，而这依然离不开文化艺术的根和源，只是等你回过头来再看原有的文化时，你会有新的再认知，你会发现什么东西是最重要的。卢现艺就是一个敢跨界的艺术家。

宋靖：你又找到了新的载体，真好。搞艺术创作，有生存的问题，也有梦想的问题，当现实与理想相统一的时候该怎么做，你找到了一条非常好的路。

卢现艺：摄影界很多人说卢现艺很孤傲，其实我就是一个做当代摄影的艺术家，一个文化影像的记录者。也有很多人认为卢现艺只是一个从商业摄影转到人类学摄影的摄影师，其实我一直都在做现代艺术，从未变过。反过来说，是很多人对卢现艺不了解。谢谢你给了我这个机会，让我讲述我过去的历史。

宋靖：我一定把这些写全面，因为你的摸索过程特别有学习价值。现在学生毕业以后，好多都面临生存问题。

卢现艺：有几次参与摄影专业学生的毕业答辩，我做考官。后来我说，学校教的方法有问题。学生们首先要生存，在进行专业教育时，要提前发现他的长处，在他的兴趣爱好方面给予一种现实的引导，而不是用泛泛的方式。

宋靖：你谈的这些我非常受启发，包括你谈到的老师的责任，我觉得特别好，谢谢。

罗更前

新华社高级记者，中国摄影家协会第6届、第7届副主席，中国体育摄影学会原副主席，中国新闻摄影学会专家委员会委员。

1950年生人，曾在内蒙古务农、放马，在山西经商，部队服役，在天津港当工人。

1982年毕业于南开大学中文系，同年进入新华社。

1984年开始从事新闻摄影并侧重体育摄影。

曾采访过4届夏季奥运会、3届冬季奥运会、2届足球世界杯、4届亚运会及新中国成立50周年、60周年国庆大阅兵。

曾任《瞭望》周刊摄影采编室副主编，新华社摄影部新闻采访中心主任、对外编辑室主任、体育新闻采编中心主任、摄影技术总监。

曾发表过摄影技术理论文章20余篇。

曾为北京大学、中国人民大学、北京电影学院、中国传媒大学等院校讲授摄影课。被聘为北京体育大学新闻中心顾问、北京电影学院摄影学院客座教授、北京摄影函授学院导师。担任过中国摄影金像奖、全国影展和国际摄影展等评委。

1996年荣获中国新闻摄影"金眼奖"。

2003年入评"中国当代十大杰出体育摄影家"。

2007年举办"更快更高更强"体育摄影个展。

2009年出版《奥运影像·2008》个人体育摄影作品集。

2014年举办"镜像瞬间文艺家——罗更前摄影艺术展"。

罗更前：我喜欢体育，又喜欢摄影

我们需要跳出体育看体育，站在外面来看体育到底是什么

宋靖：首先重申一下我为什么要写这本书。其实几年前我就开始写这系列的书了，当时书名叫《中国纪实摄影家成长实录》，出了两卷。现在这本前两年才开始启动，但那时还没规划好，我一直希望能够有面对面的交流，后来遇到了疫情，线下见面有些困难，再加上大家对互联网会议也慢慢适应了，于是我决定采用这种方式。在《中国纪实摄影家成长实录》中我采访的主要是纪实方向的摄影师，现在我把这本书的范围放宽，只要是使用纪实、记录的手法，不管纪实摄影、新闻摄影还是风光摄影，都包括在内。你基本上是在新闻的层面拍体育，你的新闻照片沉淀到今天也有很强的纪实性，我就不再细分那么清楚了。这个系列书主要是想让青年学子能更多地了解中国摄影的发展，也更多地了解中国摄影师是怎么成长起来的。

我泛泛知道，你是从运动员成长起来的，所以拍体育是记录熟悉的生活，你拍了几十年就成了中国体育摄影的专家。每个人的成长都有一定的独特性，也有一定的规律性。我希望同学们看到这本书的时候，能够感觉到规律大概是什么，感觉到成长关键节点选择的重要性。你的艺术成就是大家有目共睹的，但你的成长经历不是所有人都知道，那我们就从你的成长经历谈起吧，希望对学生有所启发。

罗更前：我是南开大学中文系毕业的，毕业后就分配到新华社做记者，这是我区别于体育摄影师的界限。新华社先是把我分配到《瞭望》周刊，10年后转到了摄影部。我很喜欢拍体育照片，一方面是因为我自己就很喜欢体育，打篮球打到了专业的球队，我也很喜欢和运动员打交道，所以非常享受在体育圈里做摄影的感觉。我的第一张成名作就是那张《中锋郑海霞出场》。前期采访郑海霞时，她很不愿意接受采访，但因为我

《中锋郑海霞出场》
1987年，郑海霞在中苏女篮友谊比赛中出场。罗更前摄

也热爱打篮球，与她有共同语言，所以后来她欣然接受了我的采访，而且跟我说了很多别人不知道的事情，我对她的理解也就更深了。

采访时，她说她认为自己是为篮球而生的。郑海霞身高2.04米，换做一般人可能会觉得这个高度太高了，可她还不满足，希望自己还能长高。因为当时苏联女篮的中锋谢苗诺娃2.10米，是当时世界女性的第一高度。郑海霞够不着她，就感觉很吃亏。她说自己还能长，什么时候长得比谢苗诺娃还高，就能够跟她对抗了！我觉得这个女孩子都已经长那么高了，为了篮球她还想要再长高，就深深地被她这种精神打动了。1987年，苏联女篮来华打访问比赛，郑海霞出场，让我眼前一亮，这不正是我心目中那个为篮球而生的郑海霞吗！可惜因为当时没有思想准备，第一天我把机会错过去了。所幸第二天还有一场，我就特意提前去找合适的位置，准备周全后拍下了这张《中锋郑海霞出场》。

我对篮球和运动员的情感都了解得很深刻，所以对刻画人物的心理很有感觉，这是我的优势。我希望观众能从我拍的体育照片里看到这些运动员的精神面貌和内心世界，还有他们为国争光的精气神儿。当时我写了一篇文章叫《体育摄影魂系何处》，在《中国摄影报》上登了将近一整版，主旨就是思考体育摄影追求的到底是什么。当时业内的摄影评奖已经比较多元化，有各种各样的奖项，但有的时候同样一张照片在这个评选里得了大奖，在别的评选里面可能名落孙山。我就思考，评委在评体育照片的时候有没有什么标准，体育摄影到底追求的是什么，如果你想把体育照片拍好，那么什么是好的体育照片，什么样的体育照片是受欢迎的。也就是说，体育摄影的魂是什么？我的结论是，运动员所迸发出来的体育精神就是体育摄影的魂。如何更好地体现体育精神？这就牵扯到对体育的一种认知。我们这些人需要跳出体育看体育，站在外面来看体育到底是什么。

看体育比赛，人们最朴素的感觉是，我得看看这人到底能跑多快，到底能跳多高。人类往往认为体育是对人的体能的挑战,对地球吸引力的挑战,对自我极限和超越自我的挑战,这些都是体育精神。而现如今的体育,尤其是竞技体育,我认为它的外延更大,已经与民族主义、爱国主义、争民气、振国威融合在一起了。我们组织奥运会,让世界了解我们、让我们了解世界,同一个世界、同一个梦想,一起向未来……这所有的一切都是体育在搭台,体育精神已经拓展到很宽的范围了。2002年世界杯在韩国举办的时候,韩国中小学全都放假,在球场上为自己的国家队加油,从头喊到尾,嗓子都嘶哑了。但是他们懂足球吗?不见得。他们只知道是自己国家的队员在踢球,这就是一种民族精神。咱们国家的运动员夺得世界冠军之后,升中国国旗,唱中国国歌,那是什么?那是在唤起全世界对我们中华民族的认知!在我看来,体育精神说大了就是民族精神,一个体育运动员拿到奥运冠军的时候为什么那么激动?固然是他们背后付出了太多非常人的努力,他们都是在挑战人类的极限,但最重要的是,他们代表的是中华民族。刘翔为什么那么激动?因为短跨项目以前都是黑人的天下,决赛跑道上没有黄种人。现在不仅有了,还拿了冠军破了纪录,那是我们民族的骄傲。

宋靖:包括2021年东京奥运会上的苏炳添,之前男子100米的跑道上很少出现黄种人。

罗更前:这些都是大体育的概念。当你心里装着这些东西去报道体育新闻的时候,你的情感、意识就不一样,你按快门的瞬间选择就不一样,而且你的格局肯定也不一样。你把格局放到人类体育以后,就不仅仅会关注我们自己的运动员,也会关注那些世界级的,比如牙买加百米"飞人"博尔特和美国"飞鱼"菲尔普斯。后人要想超越,都得是在他们的基础之上。虽说是各领风骚不几年,但是体育的这些人才,是代表人类体育的水准。比如说跳高,人的身高才多高,现在一跳2.4米以上。而且理论上来讲,是没有极限的。

在新华社摄影部专门成立体育新闻采访中心时,我是第一任领导,当时给我的任务就是带队伍。2001年中国申奥成功,当时我们就想，2008年北京奥运会时，我们在北京怎么打这个"仗"。那时候是跟全世界最顶尖的媒体竞争，我们首先想到的就是提升发稿时效和拍摄水平。我们作为"地主"，在家门口拍摄，应该培养一支现代的摄影团队，关键是一支现场编辑队伍。这支队伍不是所有摄影记者都能够胜任的，虽然他们拍照片可以，但是编辑可能不太行。编辑是非常重要的角色，他（她）首先要很快地识别什么是好照片，然后要把好的照片挑出来、发出去，而且图片说明要写得非常精准。新华社是不允许犯错误的，你要是把运动员的姓名和成绩弄错了，是要砸饭碗的。我当时之所以招了7个女孩子，就是为奥运会体育图片编辑做准备。因为女孩子比较踏实，她们能够坐得住。当她们到了新华社以后，我也不光让她们做编辑，也让她们拍照片。一个编辑只有深入了解摄影，才能知道什么是好照片，要怎么去选照片。就这样，到了奥运会作战的时候，她们在看台上支起发稿系统，前方摄影记者拍一张用无线传输，后方编辑们的电脑里就显示一张。我当时就预想，2008年肯定会有这种即拍即传，只有你拍的同时我这边能看到，才能第一时间把稿件发出去。这场仗最难打的地方就是需要培养这样的人才。从摄影记者那里发上来的照片是没有说明的，他们打枪一样地按快门，编辑在现场务必熟悉这个项目，知道记者拍的这是博尔特，那是苏炳添。像游泳项目，虽然运动员戴着墨镜、张着大嘴，不够一目了然，但编辑当时得记住他戴了一个白帽子或者别的特征，知道他刚赛完，已经对当天的参赛者熟记于心，这样才能肯定记者拍的究竟是谁，这样的编辑是很了不得的。而且编辑还要在现场把屏幕上打出来的成绩以极快的速度记下来，并能将运动员的名字与照片对应，只有这样，你那边冠军一到手，我这边照片就发出去了，并且介绍张三或者李四以多少的成绩获得冠军，打破了这个项目的世界纪录。我们当时就想，要让那些电台、报纸第一个看到的是新华社的照片，我们要从新闻的角度，以这样的形式去跟国际新闻媒体在同一个平台上比拼。

以前我们跟人家站的不是一个平台，很多大型体育赛事最好的拍摄位置只分给当时的5个大型通讯社，没有新华社的位置。但是到了北京奥运会，我们是国家队，所以有好的拍摄位置是必然的。以前我们还有借口达不到别人的水平，现在我们没有任何借口了，那我们就要拿出我们的水平来。2008年以后，我们不断进步，一直到现在。前几年国际奥委会已经批准新华社为国际奥林匹克摄影队（IOPP）了。从此以后我们的平台就站上去了，以后无论到哪里采访奥运会，我们都可以享受那些国际媒体相同的待遇，也就是说将会有一个最佳位置的拍摄点，这是多年来所有新华人的愿望和梦想。

体育是一个大世界，要有一个很开阔的胸襟去展望整个世界大体育

宋靖：从新华社的机位也能说明，改革开放之后，中国开始逐渐走向世界，走向舞台中央。这不光是一个机位的事情，也是国家地位。

罗更前：我最引以为傲的是我们这支体育摄影队伍得到了国际奥委会的肯定。2008年我们的作战不但打得漂亮，而且打下了基础。人家以前没有见到我们这支队伍，这次见到了。当时我们派上去的记者有60多人，加上后面的编辑一共上百人。拍体育是比较难操作的，运动员动作快，有时候自动跟焦逮不着。我们不仅要拍到自己国家的冠军，也要拍到别的国家的冠军，对于所有的冠军和前三名都要拿出竞赛中的照片，绝对不能说我没拍到，我补一个发奖的照片，这就是事故。但是，百米赛跑8个跑道，我怎么知道谁拿冠军，我顾不过来怎么办？你要做一个国际性的通讯社，就得提前安排好摄影记者的任务，保证每个跑道都有人盯，不能说预测第8道拿不了冠军我就不盯了。当然，赛前做功课也是很重要的，绝不能漏。万一杀出黑马来，第7道拿冠军了，你说他没什么名气不认识，所以没拍到，这肯定是不行的。还有你死盯着这个人，也许这个人快到终点时摔跟头了，这属于赛场突发事件，也要抓准这种机会。1984年洛杉矶奥运会，美国著名摄影师大卫·伯耐特拍摄的在长跑比赛中不幸摔倒的玛丽·德克尔无比懊丧的照片，就获得

了当年荷赛体育类的大奖。当年大卫给我们讲课说，当时他意识到机会来了，脑子里想到的只有两句话：把稳相机，对准焦距。当时还是手动聚焦，所以当机会来的时候，他不能因为激动把照片拍虚了，那就完蛋了。

宋靖：实际上，快速摄影就相当于运动的快速，手动聚焦是最有可能保证事实的，用自动去找太慢。

罗更前：现在自动已经特别厉害，都能跟上了。1984年相机都还是手动的，所以他要把稳相机，调整焦距，不能颤抖。我认为大卫之所以厉害，就是因为他在看到事件发生的同时脑中就已有定论，知道该拍怎样的照片了。玛丽·德克尔是当时夺冠呼声最高的运动员，大卫觉得他要是拿到了这张照片，那就拿到了一张这次奥运会最棒的照片。

在新华社，无论是带队伍，还是自己拍照片，首先要明确自己的身份。一名新华社记者就是要为媒体服务，拍出的照片

2008年，马琳获北京奥运会乒乓球男单金牌。罗更前摄

179

是要被各大报纸采用的。照片一定要有明确性、指向性，要了解读者关心什么。好的动作照片，一定要出在好的人身上、出在有新闻的人身上，你这张照片才更有价值，才会被各大报刊采用。例如2008年北京奥运会我拍马琳，不光是因为他的动作漂亮，重要的是我认为他能拿冠军，他最标准的动作做得很正，而且后面的五环衬托得也很好。你把精力投入到马琳身上，无论下多少功夫都能回本，因为这就是大家想要看的。在那个时候，我拍的王皓比马琳这张还好，但是那年王皓没拿冠军，所以他的照片的采用率无论如何也赶不上这一张。我之后也拍了很多好照片，但最好最精彩的照片往往恰恰就出在冠军身上，这种照片更有价值。

我们现在做的应该叫"体育新闻摄影"。体育本身有很多"艺术成分"，因为运动员们的姿态太美了，带有一种源于生活高于生活的美，只是这一瞬间被你抓到了。有人会跟我说，"你拍体育的不就是艺术摄影吗？"我说："我如果是艺术摄影，光跑到体育赛场抓拍美的东西，我就没法在新华社干了。"

宋靖：但是你把新闻照片拍得艺术化程度特别高，更加吸引人，因为美是所有人希望看到的。曾经有一张体育题材的照片给我印象特别深，那是2001年中国申奥成功以后国内一家报纸上刊登的，画面中是一个北京的老太太穿着旱冰鞋在天坛滑旱冰。当时我看完以后，感触特别深。

以前是西方主流文化主导世界，但是奥运会举办给到哪个国家就说明他们愿意承认你的能力，承认你的体育精神，也愿意了解你的民族和文化。2008年北京奥运会就很好地表现了中国的体育精神，还有中国改革开放以后的精神面貌。六七十岁的老太太穿着旱冰鞋在那里滑旱冰，照片角度特别平常，但是抓的点特别好，是典型环境的典型人物。我觉得，体育摄影本身不管哪一个项目，像你说的都是人类对自身的一个挑战，运动员们是代表我们人类去挑战。我觉得他们的每一块儿肌肉，拍出来以后都有美感。你之所以能把体育拍得这么美，是因为你认为体育跟你很亲近，它就是很美，这点很关键。你用一种美的眼光去看它,你就能捕捉到它的美,所以你才能捕捉到马琳最美的那个瞬间,再晚一秒,再早一秒,都不是最高点。

罗更前:没错,就比如足球比赛中,运动员在门前高高跃起,头球攻门的瞬间,快门稍微按得早一点或晚一点,画面中就没有球了。

宋靖:体育摄影很奇妙,一辈子做这个工作太幸福了。

罗更前:我跟大家强调的其实是我们心中的一个格局,不要把格局弄小了。体育是一个大世界,要用一个很开阔的胸襟去展望整个世界大体育,把中国放在世界大体育里面,把中国人、中华民族放在全世界的民族之林里面来看体育精神。心有多大,舞台就有多大。2008 年拍博尔特短跑 200 米的时候,我头天晚上就反复在看他百米跑的录像,因为我要决定我在什么样的位置拍他,拍他什么:他从起跑到撞线到最后欢呼,那么多的环节,我是在他跑出来 10 米处拍,跑出来 20 米处拍,还是跑到 50 米处,是中间拍,还是跑到撞线拍,我要有一个目标,决定如何选择,自己到底要表现什么东西。我最后选择的地点是在升旗的地方,在弯道的位置。我为什么选择 200 米跑这个项目?因为他 200 米跑是强项,而且他 100 米跑已经拿了冠军打下了很好的基础,200 米跑他信心更足了,但是他要破老约翰逊的世界纪录,这是他的梦想。博尔特是一个善于表现的人,我心想如果拿了 200 米跑冠军,他的表现欲会极强,肯定会欢呼。虽然不知道他会怎么表现,但是知道他会发泄,我就思考哪个位置拍他发泄最好。博尔特 1.96 米的大个子,撞完线以后三步两步进弯道。而且刚撞完线,刚跑完,他气儿还没倒匀不好发泄。等他跑出去两步,也醒过神来了,知道自己拿了冠军,他就开始张着大嘴,张开双臂,呐喊了。因为他跑的直道侧对着我,我对着的是弯道,我选择的位置是他正朝我跑过来。我把其他的画面都放弃了,就赌他拿了冠军以后所有的这些表现。就看他激动地捶着胸,我也不敢一梭子连着拍,因为害怕相机拍到 20 多张以后自己

就打不动了，它的储存卡存不了那么快。那 20 几张咔咔地一直拍到博尔特跑到我眼前，然后到我眼前时他又跪下来祈祷。我心想这个赌注下对了，之前的功课没有白做。后来《中国摄影》杂志在首都博物馆办了一个奥运会影展，把我这张照片在大门处放了 6 米宽，比真人还大。后来我就觉得，喷绘这种工艺真厉害，不用担心像素够不够，会不会出马赛克，居然能喷出 6 米宽，而且让你看着还有视觉距离，一进展厅扑面而来的感觉真的让人震撼。

2008 年，博尔特获北京奥运会 200 米金牌。罗更前摄

这样你才能够作为一个合格的新华社摄影记者

宋靖：那天我存了好多钱想买票去看，正好就买了几张 200 米决赛的票。我当时坐在差不多 4×100 米的第 300 米的位置，也就是他 200 米的起跑位置。我觉得那天我是看到奇迹了，博尔特就是一个天才，还有游泳的菲尔普斯，也是天才。最近两年好像这种天才型的运动员越来越少了，但是我觉得这次北京冬奥会男子花滑的羽生结弦也属于这样的运动员，他一上场别人就黯然失色。你会觉得他俨然已经不仅仅是个运动员，

你会觉得他是个艺术家。能到奥运会赛场上的都是天才，那就看哪个天才更强大一些。我觉得你这一辈子太幸福了，拍了这么多优秀运动员。

罗更前：我曾经在画册上写过"我喜欢体育，又喜欢摄影"，我是用我喜欢的摄影去表现我喜欢的体育。1988年我就获得了全国性奖项，《两弹元勋王淦昌》在全国新闻摄影作品评选中获二等奖，《中锋郑海霞出场》得了三等奖，还有一张反映全国土地拍卖的照片和一张健美操照片都入选了当年的展览，当时那个展览在同一年就有我的四幅作品。突然间，我就成了新闻人物。后来，在新华社摄影部做一把手的徐佑珠看到了我写的那篇《体育摄影魂系何处》，就决定要我到摄影部。在摄影部的拍摄机会要比在《瞭望》的机会多多了。我感觉真是"一步顺，步步顺"，后来徐祖根来了摄影部后又专门成立了体育编辑室，我又有一种"为新华社争光，为中国体育摄影争光"的使命感，这些都是我事业的一个追逐点。我自己对事业的追求主要还是放在新华社，事业上进步的点还是在体育摄影上，包括我为新华社拉起的这支专业化的体育采编队伍。

宋靖：从中国体育摄影家的地位变化就能看出中国的地位变化。

罗更前：2003年刘翔亮相法国世界田径锦标赛，那次他跑的是第三，我当时是现场记者。到刘翔开始跑的时候，我申请说有我们国家的运动员跑，在他跑的时候我能不能进场地拍摄，比赛完了我再出来。当时有现场临时的摄影背心，人家一查知道我是新华社的人，知道我是中国人，一看确实有刘翔的比赛，才把背心给我。但是等刘翔跑完我就得出来，别的国家比赛就没我们什么事儿了。当年弄一个场地背心多难啊，最后我们跟亚洲田联的一个摄影记者共用一个背心，两家商量着来，一家拍一半，确定好交接时间。现在可不一样了，场地里保证有我们两个名额，我们可以进到场地里去拍，真是天壤之别！以前我在"地沟"（即大型体育场周围布置摄影设备的下陷区域）位置拍摄的时候，根本拍不到场地里

的冠军，只能拍到围着他（她）拍摄的人的屁股。所以那时候我总是跟同事们说"上看台"。没有那种场地边上的背心，你就要想办法占领制高点，以免真正出新闻时，前边那些享受摄影特权的记者堵住你。这些都是拍比赛的经验，但是所有这些经验都有一个追求点——最热点的新闻，因为只有最热点的新闻出现，场内的那些记者才会围上去，才能挡住你。所以为什么要到看台上去？就是要在这个时候能够躲过这些人，把这些人作为一个陪衬来拍到你想要拍的东西，这就是把新闻放在第一位。

新华社记者是不允许漏拍新闻的。之前中国有一个女运动员破了短池200米混合泳的世界纪录。事后有人找《中国体育报》要照片，问他们有没有破世界纪录的照片，《中国体育报》的记者说他没有，最后一项的时候他已经走了，他让人家找新华社的罗更前要照片。他知道新华社的体育摄影记者肯定没走，而且也不敢走。这就是其他媒体对新华社的理解，这就是新华社工作的神圣。没有人给你补漏补缺，漏了就是事故。所以在我一个人采访的时候，比赛没结束打死

2004年，罗雪娟获雅典奥运会100米蛙泳金牌。罗更前摄

我也不敢走，我一定会拍到最后，因为有时候你不知道新闻在什么时候出现。当时我真是出了一身汗，我看见观众在喊，但是我不知道在喊什么。我一看屏幕上的世界纪录数字在蹦，就赶快往她的方向跑，当时她是在离我最远的那个泳道。算我有运气，最后25米她正好脸朝我这边换气，我连着抓拍到了3张，一直到她撞线。再加上她打破纪录以后的欢呼，这些我都拍下来了。我心想，当时如果一个精神不集中，她离那么远也许就被我忽略了。所以这两关，一个是你要等所有的项目都拍完才能走，最后一刻你都要在；第二个你不光要在，还要把新闻心守住才行。每个赛场都是记者同台比拼的赛场，拼的是你的职业素养、心中的格局，还有你的技术能力、预测能力、捕捉能力。不过体育摄影的记者们都特别团结，不会说我为了不让你拍专门挡你，大家都特别理解瞬间的可贵，在这方面都有非常好的职业道德。

有一点大家都知道，体育场的场地很大，各个环节各个角度非常多，精力所限一个人只能专注在自己的角度上拍摄。只要能在自己的角度上把握住机会，你就不得了。就算别人的机会再好，若不在你的相机拍摄范围内也没办法。但如果你是新华社摄影记者的指挥官，你就必须每个地方都不能漏。在排兵布阵的时候你就要想到，柔道的这个人呼声最高要拿冠军，让一个人在那儿盯肯定不行。因为他欢呼的时候随时可能后脑勺对着你，所以这种情况一般要安排三个人，最少也要两个人。也许俩人拍的都是侧面，那也比后脑勺强，要不就一个正面一个背面。而且两个人必须在两个不同的位置互相策应，因为人在最激动的瞬间嘴张开了、手举起来了，甚或把别人摔倒了，威风得不得了仰天长啸，这些都是非常棒的镜头。但是反过来说，如果你没有这个角度，他（她）不冲着你怎么办，所以作为一个指挥官，我要把这些都考虑到，要派俩记者去各守一边，确保精彩瞬间不丢。作为新华社的记者，在没有人给你托底的情况下，你要服务好所有的媒体，把这样的瞬间全要拿到手，这样你才能够作为一个合格的新华社摄影记者。

你代表着新华社，代表中国

宋靖：听说体育摄影记者的项目是固定的，不能随便各个项目互相跑，是吗？

罗更前：对。新华社大型活动的拍摄报道名额多，目的就是要能覆盖所有的新闻。就体育摄影而言，每个人都有自己固定的项目，首先你要把你的项目拍好。今天有你要拍的比赛你就哪儿也不能去，因为在这个场地里只有你，你代表着新华社，代表中国。比如，我今天不想拍这个项目，看着旁边百米赛跑的项目好，我就去拍百米了，那是肯定不行的。60多名摄影记者，没人管，什么好就拍什么，那还得了！这是团队作战，组织性、纪律性是必需的。团队精神，说的就是这么一个精神。

2002年盐湖城冬奥会的时候，我跟赵迎新（2008年北京奥运会摄影官，后调入中国摄影家协会工作，先后任中国摄影出版社社长和中国摄影报社社长——编者注）两个人搭档拍摄申雪赵宏博双人花滑。那天我是在看台上拍的，之所以那天我敢上看台去拍，是因为当时我跟赵迎新分好了工，那天以她为主，她在最正规的拍摄位置，她能保证新华社发稿。我到看台上去就是想看看有没有更新的角度，我觉得从看台上看到的人不会重叠。我担心中国拿到第二会被第一名挡上，因为就算拿第二也是新闻。而高角度的透视关系不一样，可以拍到第二个、第三个人，所以我就上去了。那天如果没有赵迎新，打死我也不敢上去。万一上去了，被前面的观众站起来挡住了，什么都没拍到，怎么办？！所以新华社一定要强调团队作战的精神状态。就比如拍百米的时候，谁不想拍博尔特，但我被放在连运动员都不认识的第六道。对不起，今天你的任务，就是拍第六道，而且你拍肯定发稿，因为虽然他可能得了第七或者第八，但是他的国家肯定需要他的照片。有人可能说这离第一名差太多了，跑个第七、第八，但是进决赛本身就是新闻，他们的国家需要。作为新华社记者，以前我们是为了完成我们自己的任务，拍好我们国家的运动员，现在不是了，我们是国际奥林匹克摄影队，所有的国家、所有国家的运动员、所有参赛运动员都是我们拍摄的目标。只要他（她）进了前几名，站在了跑道上，你就有拍摄他（她）的任务，就需要有他（她）的照片。以前没有也许就算了，现在不行，现在你的身份变了，就必须要拿出来，不能像你自己国家通讯社一样，光拍你自己国家的照片。国际奥林匹克摄影队把最好的拍摄位置地的1/6给了你，不是让你光拍你自己国家的队员的，是要让你向全世界展开报道的。现在的这些孩子没尝过以前我们在"地沟"里拍摄的那种苦，现在他们满脑子想的都是人家给了我这么好的机会，我怎么拍出好

2008年，林丹获北京奥运会羽毛球男单金牌。罗更前摄

2010年申雪赵宏博获温哥华冬奥会双人滑金牌。
罗更前摄

照片来，是把遥控照相机放在什么位置上才能有最好的角度，是放在足球门后头，还是放在天花板上，他们脑子里现在琢磨的都是这些。

宋靖：这就是前人栽树，后人乘凉。他们现在只要能够想着，有新华社这样的一个平台和机会，我一定要想尽一切办法拍出好照片，这就行了。

罗更前：对，只要干好了自己应该干的事就很好了。不能到比赛场上再想着自己的私利，想着自己拍完回来以后去参加国内的摄影比赛。人家凭什么跟你比？你在特殊角度拍的照片拿到国内来参赛，人家能服气吗？人家心里会想，如果我在那个位置，一样的拍摄条件我也许拍得比你还好。在摄影比赛里，我觉得拍摄条件应该是均等的，这样才有可比性。

宋靖：咱们这么熟，都没有过这么细致的聊天。我发现每个摄影师都有每个人的世界，有每个人的才华和对摄影事业的贡献，这让我特别感动。

罗更前：我们这种新闻记者一定要有一种使命感。我曾经问过邓维（经济日报社原摄影部主任，中国摄影家协会第6届、第7届、第8届副主席——编者注），问他新闻摄影和纪实摄影的区别在哪儿。他脱口答道，当天发稿子的叫新闻，纪实是当时记录下来、不一定要发即时稿子的。这话有一定道理，搞新闻的肯定是今天拍今天发，是有时效的。纪实就不是，纪实可能是一个年代，它可能有一个大的社会背景，给人一种大的启迪。

王 琛

中国文联全国委员会委员，中国摄影家协会副主席，广东省摄影家协会副主席，深圳市社会组织总会监事长、深圳市残疾人联合会主席团副主席，深圳市摄影家协会名誉主席，深圳市福田区摄影家协会主席，企业家摄影协会（深圳）创始人、主席，深圳政协第4届委员，第5届、第6届常委。

1965年生于广州。

曾担任第12届中国摄影金像奖评委、第25届全国影展评委、第18届国际影展评委、第28届全国影展终评评委，文化部国家一级摄影师（正高）、高级工艺美术师（副高）。

3次荣获中国摄影金像奖，2010荣获广东省文联、省摄协"十大摄影家"称号，荣获共青团广东省委、广东省青摄协"十大青年摄影家"称号。入选中组部、中宣部2017年文化名家暨"四个一批"人才。入选中共广东省委组织部、宣传部2017"广东特支计划"宣传思想领军人才。2020入选深圳市福田区委区政府30个先进集体和60位先进个人，被隆重授予"红树林奖"。

王琛：一路走来没有后悔过

我就这样走上了摄影的道路

宋靖：多年来我一直有个困惑，就是我们招生考试、毕业论文答辩的时候，除了寥寥几位老摄影家，学生几乎不知道中国的摄影师。我想，这是因为我们的摄影传承、传播不够，学生们心里没有概念。所以现在强调的"文化自信"太重要了，在咱们摄影界来说，我就想把你们怎么样做摄影、怎么为推动中国摄影事业的发展做工作都写出来。

学生们看或不看，那是他们的事情，但是不写则是我们没尽职。所以想请你说说你的摄影成长之路，说说你如何带领了3万人的新文艺群体，让有心的孩子们受受启发。现在很多学生毕业后找不到合适的方向，或者找不到突破口，几年后就放弃了摄影，很可惜。当然，每个人的人生道路不一定相似，但在你的叙述逻辑里有心人一定能找到自己应该突破的关口。

王琛：关于我的摄影之路，得从我在广州到深圳的工作说起。当时18岁的我就进入深圳旭日印刷厂制版车间影房部做工业摄影。那个时候印刷制版都是由照相形成，不像现在电分扫描。我的职业就是如此，所以造就了我18岁就从事这个行业。

解决印刷的前端叫制版，我是最早接触印刷工业摄影，制版、拼版，涉及很多流程，包括冲印。所以那个时候我整天待在暗房，每天早上7点一直工作到晚上11点，都在暗房。干了7—8年以后，到了20世纪80年代末期，我去香港学习，回来后继续在深圳工作，最后又到了北京新华彩印厂。当时新华厂的厂长叫关志祥，那是我最后一个师父，当年就是他们厂与北大方正协作完成了彩色桌面制版系统研究课题。他对电分制版的原理探讨，在中国来说应该是比较早的。大家知道，20世纪80年代初期中国彩色印刷还是很少的，所以在深圳来说，这里不单是改革开放的前沿阵地，也是彩色印刷和整个中国印刷术高速发展的一个前沿阵地。在我印象中，80年代末期，例如北京的人民美术出版社、新华社、解放军画报社等单位的高档画册，或者说全国的高档画册，基本都是到深圳来印刷。

宋靖：这个我有印象。

王琛：这是肯定的。大家都知道在80年代末期，中国兴起纸挂历，各种挂历雨后春笋般出现，当时我们都要手工来处理。现在很多人说"哎呀，现在电脑PS很强大"，我说"你们不要这么说，最早就是要手工去做的"。当时旭日印刷厂是个合资工厂，可以说60%、70%的业务都来自于澳洲、英国和美国，国外的业务多。在这样的条件下，我也借此机遇接触了很多国外的画册，我负责照相、制版、拼版工作。

我常说，摄影于我而言，以前是职业和工作，现在成了追求的理想和梦想。我也常说，我不是艺术家，只是技术型的一个工匠，只是一个摄影家。作为一个摄影师，我拍的东西比较规矩，也比较写实，就是所谓的纪实摄影。

摄影最早的目的就是写实，这来源于早前的西方油画。大家知道西方油画和我们的中国画历史都很悠久，它的具体开始时间我们无从判定，但摄影术确确实实是1839年宣布发明的，第一张照片就是写实派风格。所以像我们重在直观记录风景的这种类型就属于写实派，现在也叫"纪录派"。就风景的写实、纪录而言，除了构图、技术、角度和主要反映的光影问题外，它也是有思想的。在我看来，所谓的表现形式并非通过电脑制作以后呈现的样子，而是指你拍摄角度的表现形式。深圳乃至全国，现在有一批人在做我所谓的"空拍"。"空拍"不是航拍，不是传统地用直升机、民航机或者无人机航拍，而是"爬楼党"的类型，我给它起个名字叫"空拍"，就是爬到高处，从空中拍。我曾在台湾租了一部消防车，沿着台湾的东海岸边走边拍，我就站在消防车的可以升降的云梯上拍摄。云梯有20米的，有40米的，因而也算是"空拍"的一种方式。

回到刚刚的话题，我就这样走上了摄影的道路。

我的拍摄方式，基本上都还是记录和写实的方式

80年代，我编挂历、编书、编画册，到90年代自己下海编挂历，后来还边拍边自己卖。

我讲一个真实的故事：大家知道陈逸飞是80年代末期在美国出名的。1990年，我考虑给陈逸飞出一本油画挂历。他当时刚回国，是一位红人。我联系到他后，用8×10的底片翻拍他的油画。我跟他说，不妨让我们挑几张印，也就挑6张，加个封面，就能出两个月一张的挂历。因为是第一次，我们谁也不知道好不好卖，陈逸飞就跟我说："那行，你用多少我不管，你拍我一张油画去印，拍一张底片要收1万块钱。"那时香港有个图片库叫"中国图片库"，当时我们从那里租一张照片是港币1000元，最贵是1500元，而陈逸飞的作品拍一张要10000元。当时我们也很犹豫，担心这次买的这个版权拍一张能不能把钱收回来，但是一咬牙，我还是跟陈逸飞签了合同。所以第一年，我就用了60000元拍了六张，做了一批陈逸飞的油画挂历。挂历卖得很好，1990年我们不但把成本收回来，还挣了十几万。所以第二年我又买了陈逸飞的12张画。

到了1993年、1994年以后，我开始觉得总买别人的版权没有创新性，因为国外的图片库也很传统，不是金发美女就是风光。在我的印象中，当时最好卖的是日本的庭园、小桥流水人家等照片，特别好卖，这时我就考虑下海自己拍摄。大家知道，90年代初期改革开放开始时间不长，中国人还普遍不富裕，很少有人出去旅游拍照片，所以中国风光片很少。我就想，干脆自己拍。那时候我找了袁学军（后任解放军画报社记者部主任记者，知名摄影家），然后我们就去拍田园风光和祖国大好河山。再到后来我们就发展到拍专题，找美丽的中国姑娘拍创新"村姑"挂历，结果卖得也不错。后来就又拍风光，做风光邮票。在我印象中，像香港回归邮票、澳门回归邮票之类的，都有我的影子。我印象特别深，那时成天忙忙碌碌，在香港走路走得脚都起泡了。

说实话，人的成长都是有瓶颈的，都会有发展变化的过程。

2009年5月,亚洲柬埔寨湄公河。王琛摄

2005年2月,亚洲老挝万象中国援建的喷泉。王琛摄

我自己看多了国外的风光就会想看中国自己的美丽风光，看看长江，看看黄河，看看黄山，看看黄果树瀑布。艺术创作过程中，如果长期只使用一种方式就有可能走向瓶颈，但每次瓶颈的突破，对我来说都是一个进步。

进入2000年，我又跟李学亮（相关成就及业绩见前文——编者注）去拍西部风光。那时我就偏向于美国著名摄影家亚当斯那种纯洁的风光，例如新疆的风光，之后又开始跑西藏，也出了不少作品。在我的印象中，中国广告协会每年有一个摄影比赛，评选全国十佳广告摄影师。那时候多数参评者是拍时装模特、商业广告，我是唯一一个风光派连续获奖的。这个比赛做了有七八年，我连续三四届获奖，广告协会的奖杯都堆得满满的，金、银、铜奖拿全了。后来我发现国内各地的风光拍得差不多了，尤其新疆、西藏也跑得差不多了，我们就开始按"一带一路"走。当时因为要和邮票结合，我就拍世界的文化遗产。也就是说，20世纪90年代我就开始了"海上丝绸之路"和"陆上丝绸之路"的拍摄，那时就开始拍一些世界文化遗产和人文景观，算是比较早拍摄丝绸之路的。只是当时我拍的"海上丝绸之路"和"陆上丝绸之路"只是为了编挂历、编台历，并没有考虑更多更大的意义。那些年我是几个题材和几种方式同时进行，说实话都比较散，并没有完整的主题。到了2003年，偶然的一次机会去杭州出差，在飞机上看到满地的油菜花，我突然萌生灵感，拿起相机在空中拍了两张，回来冲洗后感觉不错，这开拓了我另外一个视角。随后从2004年去拍横断山脉，到2005年再拍新疆，一直到2007年我就去肯尼亚航拍动物了。

2007年可以说是我航拍的一个闪耀年份。那次肯尼亚动物大迁徙，大约在7月份。当时我带了3台相机，1台哈苏，1台徕卡，1台尼康，拍回来380多个胶卷。冲完以后我编了一本书，叫《肯尼亚动物大迁徙》，这本书也使我获得了无数的荣誉。我获奖算是出了名的，且不单指广告协会，2004年我就获得了第6届中国摄影金像奖提名奖。还有国外的奖，我也拿了不少，甚至受邀到德国、奥地利当评委。一路走来，我从心底越来越注重拍摄文化遗产，也特别喜欢拍摄文化古迹、自然遗产，我长期拍摄的、关注的就是这些。

2013年，习总书记提出建设"丝绸之路经济带"和"21世纪海上丝绸之路"的合作倡议。我拍了近20年的这个题材正好与之相契合，所以我就出了《飞越丝路 艺术同心》这本书，随之获得多个荣誉。走到今天，我始终认为艺术具有主观性，但是我的拍摄方式基本上都还是记录和写实的。

摄影的声音可能很小，但是意图有深浅

宋靖：纵观你的摄影作品，就像前面说的早期关注的主要是美好风光，到后期你开始聚焦环保等社会问题。为什么产生这种变化？

王琛：事实上不管是风光还是环保，我一直有关注的主题。我航拍走的是七大洲、四大洋和南北极。我航拍飞跃了欧洲的阿尔卑斯山脉，北美洲的落基山脉，亚洲的喜马拉雅山脉、横断山脉。这些山脉的不同人文地域风情体现了人类发展多样化的特点。拍摄不同大洲的山脉、自然风光，都会给我带来不一样的感受。

这几年在南北极的时候，我能直观地感受到地球在变暖。飞任何地方之前我都要提前做很多功课，进而也就有了对沿途的很多思考。这个地方以往的冰雪有多少，气候怎么样，我去的这段时间有没有冰、有没有雪，我是很注意的。就简单说一个地方，我们中国的横断山脉，从成都起飞到拉萨这一段，有多座海拔5000米以上的高峰。如果你是夏天飞，坐民航机从成都飞拉萨，几乎很难看到雪山，只有在11月到第二年的2月份这三四个月，横断山脉海拔3000米以上的山峰才多数都是有雪的，这时你才能拍到绵绵雪山，而且这里的地貌在全世界是唯一的，所以在出发之前我都特别关注当地的信息。我拍的过程中也和当地人进行了解和对话，经常听到老百姓说："哎呀，以前这个山如何如何……"我游历过丽江玉龙雪山，现在再去玉龙雪山，当地老百姓跟我说的是这里现在没有雪了，气候也变暖了，玉龙雪山的雪都是"盐巴雪"了。但是我们20

2016年8月,世界文化遗产地,亚洲俄罗斯远东堪察加半岛克柳切夫火山喷发。王琛摄

年前去的时候,玉龙雪山上面的雪有很多,在夏天也有很多雪。为此我也查阅了大量资料,确证地球在变暖。

我常说"一图胜千言"。我在深圳市政协做了多年的常委,提出了很多提案,我的提案都是关于如何减排,也就是咱们这几年讲的"碳中和"!碳中和就是怎么样减排、减热量,我们就是用镜头来关注环保。在我的印象中,第26届世界大学生运动会于2011年8月23日在深圳闭幕。那天为了使天气不要有灰霾,整个珠三角停了1000多台锅炉,深圳停驶了100万辆汽车,那时整个深圳的天气特别晴朗。一个月以后,我发出了"灰霾慢点"的口号。再后来我又拍了一次，对比了赛会闭幕当天和地方两会前发生的变化，做了"怎么样让深圳的天空变得更晴朗"的提案。当时深圳的各大媒体，包括电视台都在播。后来我出了一本画册，叫《地球的温度》，用镜头来解释地球变暖。当时，我查阅了很多资料，了解到地球比以前高了2°C。作为摄影人，我们也希望能通过摄影记录为社会做点儿贡献，所以我常说，摄影的声音可能很小，但是意图有深浅。

宋靖：你的摄影经历基本说得很透彻了。在这个过程中你的社会责任感也在不断提升。

王琛：社会对我们的认识，也是不断提升的。

宋靖：你创作的《飞越丝路 艺术同心》与丝路艺术共同创造了世界纪录。你做这本书的初衷是什么？你希望观众能从你的作品中感受到什么？

王琛：第一，我是做印刷出版出身，所以我希望我的书能给别人留下深刻的印象。第二，我认为书也是艺术品。我飞过100多个国家和地区，一带一路国家去了很多，想把这么多国家的东西编一本书太难了。若选其中一个国家抽一两张照片出来，整本书会很难看，所以我就把它做成了一个卷轴。为什么会用卷轴的形式，这源自一次我去伊朗的经历。当时我在一个古玩店里淘了一本《古兰经》，那是用羊皮做的一个卷轴，受此启发就有了这样一个创新方式。卷轴形式涵盖了"一衣带水"的理念，最终形成这么一本画册。这本画册打开后的长度接近50米，需要慢慢转，慢慢看，慢慢欣赏。由于早期从事了出版和编辑工作，所以我希望我的书都是艺术品，我要求它们以艺术的形式来呈现。"一带一路"是人类共同命题，各个加入"一带一路"的国家都能有共赢、共创、共生、共存的方式。

有量的堆积才会有质的飞跃

宋靖：我看过你的几本画册，确实像你说的就是一种艺术品。细数下来，原来你是从出版开始，实际上也是从谋生工作开始，慢慢把摄影当成了追求的事业。不管是为社会做事，还是为自己心灵的满足，我觉得这都是慢慢形成的，是一步步走过来的，必须要循序渐进，一步一步地走。那你对当今从事摄影行业的年轻人有没有什么建议和期望？

王琛：由于全球疫情，从2020年到2021这两年我基本都是在国内，也不能乱跑，创作确实减少了，疫情对摄影来说还是有很大影响的，这是面临的一个实际问题。但是不要紧，我的建议是，创作有低潮有高潮，在低谷的时候很正常，有低谷才会有高峰的可能，所以我希望，从事摄影工作的人还是要一步一步脚踏实地地往前走，这才是最重要的。只要方向正确，你就一定能见到曙光。那什么方向是正确的？我觉得，作为年轻人，首先要完全理解摄影的真谛是什么，也就是说知道摄影真正的目的是什么。其次，你自己要拍的方向是什么也很重要。很多人问我，"王老师，我怎么样才能拍得最好？"说实话，一个摄影艺术家，要形神共养地去审视，你要努力去拍，有量的堆积才会发生真正的飞跃。你没有量的堆积，就不可能发生质的飞跃。

宋靖：所有艺术家要想有成就，必须有一个这样的磨炼过程。

王琛：是的，这个过程首先要有量的堆积，然后从技术方面熟能生巧。只有多拍、多操作、多感觉，眼光才能更纯熟、老辣，技术实践才能更巧妙。

宋靖：我们很多学生认为创作是理念在先，然后再去练习。

王琛：那不对，没有一个量的积累，很难有质的飞跃。

宋靖：量还有一种心理的作用，就是面对任何一件事情如果你不钻进去，就尝不到它的乐趣。你只有使特别大力气把事情钻研到一定程度以后才能有突破。哪怕你就是看一根木头，也要练到一眼就能看出来木头的纹理是什么样的。如果你只是打眼一看，那它就是一根木头，没有什么稀奇的。所以若是你

拍了几十万张照片以后，你对这件事情已经熟能生巧，这样就会看到进步，尝到乐趣了。像萨尔加多，大家都认为他是个大摄影家，他多么有思想，但岂不知连他自己都说："我有什么思想，我就是去了金矿，所以我就能拍到，你没去你就拍不到。"

　　王琛：对。怎么样拍好？就是多拍。只有量的堆积才会有质的飞跃。

　　宋靖：你的现身说法对学生会很有启发的。我现在训练学生也是，如果一个学生考上研究生，他拍得不够，我就让他一

2016年10月，世界文化遗产地，北美洲加拿大落基山脉"钱袋湖"。王琛摄

个星期拍 100 张拿过来。只有拍到这种量以后，才能看到他拍的这东西是不是有意义。而且到一个环境里，你能不能捕捉到别人捕捉不到的东西，这种本事也是慢慢训练出来的。

我还想再问一个问题，就是深圳企业家摄影协会实际上是一个民间组织，但是会员有上万人，这么庞大的一个组织，你是借助什么力量支撑住的？

王琛：2003 年，我们企业家摄影协会（原深圳企业家协会）是在深圳国资委号召下成立的。当时工会的活动，都是以旅游、摄影、书法、美术为主，所以我们就想成立一个企业家摄影俱乐部，以各个单位的员工作为主体，最终的目的还是为了服务工会的会员。从筹备到成立我们一直得到中国摄影家协会的支持，2007 年我们就成为中国摄影家协会的团体会员单位。其实，我们的最终目的不是利益，而是在做一种群众文化、职工工会和职工文化。所以在刚发起的时候，我们的会员就有 700 多人。因为各个单位的员工很多人喜欢摄影，他们都加入了进来。

到现在，我们注册的会员是 13000 多人，但经常来参加活动的有好几万人。我们还是保持着最早的初心，就是只要喜欢摄影你就可以来，没有门槛。我们这个协会也是坚持公平公正，公开公益，对残疾人、退休老人、党员、学生都是免费的。在承担很大一部分公益的同时，我们也得到了政府很大的支持，各种项目也得到了各个企业的支持。我们的基本目的就是推动群众的文化，团结广大摄影爱好者，以此作为出发点和初衷，这个协会就特别有人气，特别容易得到大家的支持，也正因如此，协会才能发展到今天。我近十年都没做生意，没做任何事情，基本都在做协会的工作。

宋靖：但是你也收获了真正热爱摄影的同伴，每天围在你身边。

王琛：是的，一路走来没有后悔过。

王达军

中国摄影家协会第8届副主席，四川省文联原副主席，四川省摄影家协会原主席，四川画报社原社长兼总编辑。

重庆人，1972年学习摄影，数十年钟情于青藏高原和巴蜀大地，重点拍摄中国西部风景、蜀地世界文化与自然遗产、藏羌民俗和巴蜀人文等题材。

先后拍摄出版了《安岳石窟艺术》《四川藏地寺庙》《康巴风情》《飘逸的云朵·羌族服饰》《中国石窟雕塑全集7·大足》《中国石窟雕塑全集8·四川重庆》《中国石窟雕塑全集9·云南贵州广西西藏》《九寨沟》《黄龙》《峨眉山乐山大佛》《四姑娘山》《问景》《问道》《山悟》等20多本大型摄影画册。

王达军是中国西部风光摄影的"三军"之一，与袁学军、王建军共同创造了中国风光摄影的一个高光时代。他是中国40余年风景摄影的见证者、亲历者和探索者，在中国摄影史上留下了浓墨重彩的一笔。

王达军从70年代开始风光摄影，屡获中国摄影艺术奖项。作品《喜马拉雅之光》曾在第15届全国影展中获艺术风格奖；《大地系列》曾获第16届全国影展金牌奖。其本人分获第2届、第9届中国摄影金像奖，是中国当代具有代表性的摄影家。

王达军：摄影艺术应体现当代精神

这是风景摄影作品第一次在全国影展中获金牌

宋靖：有件事已经困扰我很久了，我们在电影学院招生的时候问学生："知道中国摄影师都有谁吗？"结果很少有人知道。最可悲的是，当他们毕业的时候再问他们中国摄影家都有谁，他们还是不太清楚，他们知道的都是国外摄影家。这么多好的中国摄影家他们不知道，我认为这是一个很大的问题。单单通过电影学院过去的教学课程，他们了解不到这么多，所以我说必须写一本这样的书让学生知道中国的摄影家也有很多，他们是怎样做的，最后取得了什么样的成就。学生们知道了以后才能增强自信。中国的山河湖海众多，社会发展变迁如此之快，有这么多可拍的地方和题材，但是孩子们天天就在屋里坐着、天天看电脑，感觉他们不知道中国有什么。我想靠你们这些摄影家告诉他们中国有什么，而写这本书是最好的一个方式。

从17岁当兵，到慢慢地用手中的相机去拍摄我国西部，特别是巴蜀地区的人文自然，最后成为一个对社会有贡献的、真正的摄影赢家，你应该被孩子们知道。

王达军：谢谢夸奖。关于摄影，我多次说过，我们是中国摄影非常幸运的一代人。我不到18岁就当兵了。我哥哥是飞行员，专门搞航空摄影的。当时他把航拍胶片的一些边角余料，按照120尺寸剪裁，来部队看望我时带一些给我，少则三五十卷，多则八九十卷。1972年，他还送了我一台海鸥4B双镜头的相机。这种条件在当时来讲，已经非常好了。因为国产120胶卷在当时我记得大概是1.86元一卷，你想在20世纪70年代，这要买多少斤猪肉！

哥哥为了教我摄影，还帮我自制了一个简易的印片箱，中间放毛玻璃，下面放白炽灯，手动开关，从照相馆买裁剪好的6cm×6cm相纸。我们在床下冲洗胶卷，用床单遮光。当时就用一盆清水和两个碗，一个碗装显影液，一个碗装定影液，然后用手电筒蒙上拓蓝纸，根据影像的显现程度来确定显影时间。我当时在部队演出队，便常拍摄一些演出剧照或私人的照片，逐渐我开始迷上了摄影。

我出生在一个医生家庭，父母喜欢川剧，所以我从小耳闻目染戏剧和音乐，而且因为音乐方面的才能当了文艺兵。我1973年至1975年在四川音乐学院学习，同时师从二胡大师蒋才如，成为他的得意弟子。

1976年2月我被提干了，在汽车团18团1营任营部书记。营部书记是当时军队政工干部里最低的一个职位，排级干部，23级，工资53.5元。后来，我开始拍一些部队的新闻照片并投稿给媒体，先后陆续有图片在《战旗报》《四川日报》《西藏日报》等报纸上发表。

1979年1月，我被调到团政治处任宣传文化干事，团里给我配了一台旧的双镜头禄莱相机。20世纪70年代能有这种双镜头的相机真的很奢侈，到现在我依然觉得这款相机的镜头和表现力都特别棒。1981年2月，我调任川藏兵站部政治部任摄影干事，1985年8月调成都军区后勤政治部任摄影干事。此后，我便有更多的新闻稿件在《解放军报》《解放军画报》《人民画报》等报刊发表，因而多次立功受奖。

由于工作原因，我常常到川藏公路和云贵川藏边防部队采访。青藏高原和云贵高原特有的自然景观、地理地貌和丰富多彩的人文风情让我震撼。于是除了拍摄部队的新闻图片外，我逐渐地开始拍摄一些风景作品。艺术是相通的，我的音乐天赋和得天独厚的自然条件让我的风景摄影创作如鱼得水，艺术水准不断提升，渐渐地得到了业内的认可。

1988年，我拍摄的组照《喜马拉雅之光》8幅作品在首次设立艺术风格奖的第15届全国影展中获艺术风格奖；1990年，我6幅一组的西部风景作品"大地系列"又获得了第16届全国影展金牌奖。那时全国影展金牌是综合性的，并不像后来有不同分类，整个展览只有两三块金牌。这是风景摄影作品第一次在全国影展中获金牌。因为全国影展金牌具有很大的导向性，

《西部奇路》（选自"大地系列"）

1989年1月，西藏自治区芒康县觉巴山。王达军摄

所以评委们非常慎重。最后评委在风景摄影是否体现主旋律上达成共识，认为我的照片表现了祖国的大好河山，也体现了主旋律。其实我这组风景作品并不仅仅是自然景观，还有很多人文景观。比如第一张《西部奇路》（见上图），展现的是川藏公路盘山道。整个画面是黑乎乎的，只有盘山道上几个转弯处汽车碾压腾起的灰色烟尘算是亮色。这种光影和色调的大开大合有别于过去传统风景小桥流水、风花雪月、云蒸霞蔚之类的表现，因此得到了评委们的青睐。1992年，我又以系列西部风景作品荣获了第2届中国摄影金像奖作品奖。同年，我还参加了为庆祝中日邦交正常化二十周年举办的"中日摄影名家二十人联展"，参加展览的摄影家大多是中日两国当时享有盛名的摄影家。中国大陆有吴印咸、高帆、沈延太等，香港有陈复礼、简庆福、钱万里，台湾有翁庭华，我和王苗是当时中国参展摄影家里边最年轻的。

宋靖：中国摄影界谈到风景摄影，常常会提到"三军"，

1989年10月，西藏自治区拉孜县。王达军摄

能谈谈你们"三军"吗？

王达军：中国摄影界有"三军"，一个是袁学军，一个是我，还有一个是王建军。我们三人有很多共同之处：第一，都是军人，都当过文艺兵，都在部队搞摄影；第二，都是四川人，都是1970年年底参军入伍的；第三，我们三个人的名字后面都有一个"军"字，因此大家习惯地称我们为"三军"。

1990年，我们策划了一个西部五万里边关摄影采访活动，用了近一年时间，自驾车跑了云南、四川、西藏、青海、甘肃、陕西、宁夏、新疆和内蒙古等省区，行程近7万公里，在完成对边防部队的采访拍摄任务的同时，还拍摄了大量的西部风景作品。这次活动，对"三军"来说都是人生的一次非常重要的经历，也是我在风景摄影上的一次新的探索。

2016年1月，雅昌（深圳）艺术中心举办了"1990西部风景——袁学军、王达军、王建军摄影展"，对"三军"二十多年前在中国西部风景摄影上的实践和探索从文化意义上做了一次系统梳理。评论家陈小波认为："五万里边关行奠定了'三军'成为中国西部风景摄影实践者、探索者和领军者的地位。"评论家林路说："在中国摄影史上，有许多值得关注的节点，影响着中国摄影的走向。尤其是一些曾经被忽略的历史人文环境和背景下的摄影现象，一旦深入挖掘，也许会有令人意想不到的启迪。20世纪80至90代初期，'三军'所留下的风景摄影探索历程，足以载入当代中国摄影的史册。"

我拍摄的西南石窟雕塑一共出版了6本画册

宋靖：你当时在部队干得这么出色，为什么要转业呢？

王达军：我骨子里是一个不安分、不满足现状的人。尽管我在部队干得很顺心，领导对我也非常重视，但我当时在军区后勤政治部搞摄影，仅仅是《解放军画报》和《战旗报》的特约记者，对全国其他报刊来说只是一个通讯员。我渴望有一个自己能够主导的媒体和摄影出版平台。

1992年，邓小平南方讲话后，中国进一步扩大改革开放，社会各个层面都积极行动。四川、云南、贵州、广西、西藏等西南五省区外事办公室为了加强对外宣传，联合创办了一本对外宣传杂志《中国西南》画刊。我有一个成都军区转业的战友负责筹办工作，他准备让我去杂志社任副总编兼摄影记者。于是我抓住这个机会，反复找部队领导做工作，终于如愿在1993年底转业到了《中国西南》画刊。1997年，因工作需要，我又被调到四川画报社任副社长，次年任社长兼总编辑，直到2014年2月退休。

从军队转业到地方媒体工作，是我人生的一个重大转折，也是我从摄影师向编辑的过渡与转变。作为综合性的以图像为主要表现方式的画报类杂志，仅仅拍摄风景照片是不够的。在接触了更为广泛的视觉文化所带来的冲击之后，我有了更多的摄影题材选择空间。此后我便坚持主题摄影，主要有藏地寺庙系列、西南石窟系列、羌族文化系列、蜀地世界文化与自然遗产系列和巴蜀道教系列等。

宋靖：在你拍摄的人文系列中，石窟雕塑题材占了很大的分量。请介绍一下你历时四年多拍摄西南地区石窟雕塑的情况。

王达军：1992年底至1993年，在我准备转业期间，正遇上国家重点出版工程《中国美术分类全集》组稿。作为其中的一部分，《中国石窟雕塑全集》共有10集，当时负责此项目的重庆出版社正在物色摄影师。他们要求摄影师基本功扎实，具有较高的艺术修养，能够熟练使用反转片。通过考察，出版社最后决定聘请我承担西南地区石窟雕塑3集的拍摄任务。

从1993年3月到1997年10月，我陆续走进四川、重庆、云南、贵州、广西和西藏的石窟所在地。拍摄石窟是一个团队，除我之外，还有1个石窟专家、1个编辑、1个摄影助理和1个司机。《中国石窟雕塑全集》编委会主任、著名美学家王朝闻还亲自指导了我们在云南石钟山和四川安岳的拍摄。

宋靖：石窟雕塑拍摄可能和平常拍风光的感觉不一样，你进入了另一个文化深处。

王达军：对！首先要学习和了解石窟雕塑方面的知识。石窟雕塑大都是有关宗教的，有佛教、道教和儒家题材。比如三世佛、三身佛、一佛二弟子二菩萨、千手观音、经变图、涅槃图以及一些世俗化的题材等，都要弄明白。还要把握不同石窟雕塑的特点和特色，否则很难拍好。

西南石窟分布面广，拍摄难度比较大，很多地方需要步行，而且有时候还没地方吃饭。比如拍云南剑川石钟山石窟，我们在山上拍到下午两点多都没有吃午饭，结果我还一不小心从两米多高的梯子上摔了下来，把腰给摔伤了。

当时各个石窟所在地的条件都不是太好，但当地文物保护人员还是尽可能地给我们提供保障。比如安岳圆觉洞10号窟释迦牟尼像，窟口有巨大的栅栏护着，拍摄时工作人员就把栅栏撤掉，等我们拍完后再恢复。大足石刻九龙浴太子前面有铁栏杆，他们用焊枪把铁栏杆烧掉以便我们拍摄。巴中南龛石窟很高，他们就把3个竹梯接在一起让我爬进石窟，旁边站一个工作人员扶着我。拍水宁寺石窟还专门搭了木台子……

拍摄石窟要求全部使用120反转片，我当时用的是日本生产的玛米亚RB67中画幅相机，一个120胶卷只能拍10张。

拍石窟雕塑用光非常讲究，所有的拍摄都不能用闪光灯，只能用自然光。我用测光表测光，用三脚架、快门线减少相机震动。为了保证足够的景深，我一般都使用小光圈。有的石窟光线很暗，只能B门曝光，有时拍1张照片需要曝光1分多钟。为了让雕像暗部有层次，我用两把反光伞来提高雕像暗部的亮度。广元千佛崖大云洞窟深4米多，光线很差。我观察太阳的照射方向，拍摄时间选在下午1点以后，用反光伞把太阳光反射到洞内的佛像身上，收到了意想不到的效果。

宋靖：花这么大的精力拍摄西南石窟雕塑，其文献和艺术价值都非常高。

王达军：我拍摄的西南石窟雕塑一共出版了6本画册：重庆出版社出版了《中国石窟雕塑全集7·大足》《中国石窟雕塑全集8·四川重庆》《中国石窟雕塑全集9·云南贵州广西西藏》；四川人民出版社出版了《安岳石窟艺术》；四川美术出版社出版了《安岳石窟》；巴蜀书社出版了《安岳石刻艺术》。这些图书和图片资料，为民族传统文化留下了珍贵的影像文本，填补了西南石窟雕塑艺术在图像上的空白。

宋靖：2018年11月，我们在北京中国美术馆看了你的"道·道"摄影艺术展。这是一个表现道教文化的大型影展，在业内引起了很大的反响。

王达军：道教文化是我主题摄影的重要组成部分。我过去拍摄的主题都是用时间研磨出来的。拍一个主题，少则三五年，多则二三十年。巴蜀道教是我历时15年拍摄完成的。刚开始接触这个题材纯属偶然。2003年，画报准备做介绍四川古镇的报道。我记得那天是农历五月廿八。上午10点左右，我们来到绵阳市三台县郪江古镇，还没进街口，就听见人声鼎沸、锣鼓喧天，原来这里正在举行一年一度的城隍庙会。

道教是一个多神教，有天神和地祇。城隍属于地神，负责管理城镇一方平安。据说每年这个时候城隍都要出巡。城隍出巡的场面十分壮观，非常精彩。我刚开始拍摄的时候，来这儿的摄影者还不多。那时拍摄的画面很干净，乡土味儿很浓。

宋靖：道教是中国土生土长的宗教。道教集中国古代文化思想之大成，我们的医学、数学、文学、天文、地理、阴阳五行等学问都与道教有关。中国人很多思想观念、道德修养和行为方式，或多或少都会受到道家思想的影响。

王达军：巴蜀地区是道教的发源地。相传东汉末年张道陵来四川鹤鸣山修道，创立"五斗米道"，设二十四教区（也称"二十四治"），道教作为宗教正式确立。历经近两千年的风风雨雨，道教文化在巴蜀民间的影响依然留存，不少地方的道教文化形态非常丰富，这就为摄影家用图像的方式进行创作提供了绝好的题材。

宋靖：你拍摄道教文化，在观念和拍摄手法上有突破吗？

王达军：摄影最基本的特性是记录瞬间，这是摄影与其他媒介最重要的区别。在此基础上，我们可以进行各种尝试，探索摄影的多种可能性，拓展摄影艺术创作的空间和潜力。

我们过去更多强调的是摄影的客观性和真实性，作为报道摄影这两个特点我觉得应该坚持，否则就可能误导公众，可是作为摄影艺术创作那就不一样了。摄影由于自身的特性，做到相对客观比较容易，但是要真正达到高水平的主观呈现却比较难。在图像呈现上你的主观表达水平如何，不同的拍摄者结果可能完全不一样。因此，一个有追求的摄影师，应该充分拓展自己的想象空间，大胆使用各种形式和手段，让你的作品更独特，更具艺术个性，更有艺术魅力。

宋靖：对于用摄影表现道教文化来说，这是非常重要的。

王达军：道教是中国的传统文化，是5000年中华文明的重要组成部分。我希望能够体现民族特色，把道教精神、道教理想以及道教在巴蜀的状态用图像做出自己独特的艺术解读，比如采用慢速拍摄。过去我拍风景几乎都要用三脚架，可是现在

2014年5月2日，重庆市綦江区石角镇白云村白云观。王达军摄

是拍人，许多画面需要一次性完成。快门速度到底用多少？速度太高，画面没有动感；太低，主体又模糊了。因此一定要使用合适的快门速度，而且要有预见性，准确把握好拍摄时机。

我还采用了多重曝光。你看这张八卦图，阴阳八卦里面隐约能够看到白发老子像，还有一张高功（道家法师的专名）做法事的照片，整个画面有一种虚虚实实的感觉，这就是用了多重曝光。多重曝光在技术上非常讲究，要尽量减少多次曝光的痕迹，画面中不出现过多的重影。

拍摄道教遗存我经常使用闪光灯，不仅室内使用，大多时候室外也用。除了机身上的小闪光灯外，另加一个便携式的大闪光灯，由摄影助理手持，我拍到哪里他就跟到哪里。拍摄时快门速度稍慢一些，利用闪光灯将瞬间凝固，再根据需要晃动相机。这样虚实效果就出来了，可能就会有道教那种"玄之又玄"的神秘感觉。有时看到拍出出乎意料的图像，连我自己都很吃惊。

宋靖：拍摄方式和方法在创作中是非常重要的。

王达军：其实方法和原理并不复杂，一说大家就知道，关键是要大胆尝试。但万变不离其宗，方法一定要为你的观念和主题服务，一定要跟你所表现的内容相契合，否则，就可能不伦不类。我们还是要讲内容和形式的统一。我拍摄的图像虽然有一定的文献性，但已经不是那种纯记录的东西了。它所体现的是我对道教文化艺术层面的理解，是我自己独特的主观呈现方式。

"坚持、否定、创新"

宋靖：你过去担任社长、总编，行政事务会比较多，那你是怎样安排拍摄时间的？

王达军：我的摄影时间基本都是挤出来的。说实话，我退休前的20年，几乎很少休节假日。特别是在画报社，我一般会周五下午4点多出发，晚上赶到拍摄地，第二天拍一整天，第三天拍到太阳下山后往回走，常常是深夜到家。有时因为堵车，到成都天都快亮了，我就直接去单位，上午 9 点钟召开每周一的例会。

宋靖：你从 20 世纪 90 年代至今，已先后出版了二十多本大型摄影画册，其中人文题材的就有十多本，除了西南石窟雕塑 6 本画册以外，还有《丽江白沙壁画》《康巴风情》《四川藏地寺庙》《飘逸的云朵·羌族服饰》《问道》《山悟》等画册。可是你过去是因风景摄影出名的，在你的主题摄影系列中还包括风景吗？

王达军：风景摄影是我对大自然的一种情怀，是扎根内心深处的渴望。过去数十年，尽管我花了很大的精力来关注和拍摄人文题材，但风景摄影始终没有丢。

我转业到地方媒体后，拍摄的地域范围比过去小了。于是我便根据自己的实际，重点拍摄四川的世界文化与自然遗产，先后拍摄了九寨沟、黄龙、峨眉山、乐山大佛、都江堰青城山和大熊猫栖息地。我对各个自然遗产地分别集中系统地拍摄——不同的季节、不同的时间、不同的气候条件，在特定条件下会呈现出别样的景致，而且自己的眼界、艺术认知和创作理念也在随之提升和改变。只要坚持不懈，把影像推向极致，让人很难超越，这样的拍摄就非常有意义。

这些年我的时间相对比较好安排了。平常除了参加国内外一些正常的交往外，我很大一部分精力都会用来学习和摄影，创作空间也更大了，特别是十多年前我有幸结识了挚友钟维兴（参见后文访谈——编者注）。

宋靖：说到钟维兴，摄影界都知道你俩是非同一般的铁哥们儿，这些年他在推动中国摄影国际化方面做了大量工作，能谈谈他对你的影响吗？

王达军：钟维兴是一个具有大格局的人。他聪明过人、博学多才，为人大度、诚信善良，重感情。从事摄影 20 年，他的艺术水准已到达相当的国际高度。特别是从 2012 年开始，他以一己之力修建了定位为国际一流水准的成都当代影像馆。

《山悟026号》
2017年11月下旬,四姑娘山长坪沟木骡子。王达军 摄

为了办好影像馆，他遍访欧美的博物馆、美术馆和一些有特色的民间艺术机构，并由此开启了一个采访和拍摄国际摄影大师的项目。目前成都当代影像馆已开馆3年多，在国内外引起了很大的反响。而他的摄影艺术也如日中天，多次受邀在国际上一些重要的博物馆、美术馆举办个人摄影艺术展览，作品被国内外一些非常有影响的艺术机构和藏家收藏，得到了国际摄影大师和业界的广泛认可，成为有摄影界"奥斯卡奖"的法兰西艺术院"威廉·克莱因摄影奖"的终身评委会主席。

我与钟维兴的友谊，开启了我摄影艺术的新天地。除了在摄影上给予我基本的物质支持外，他赋予我更多的是摄影艺术国际化的高标准和高要求。当然，我们也常常会因对影像艺术的不同认识而争论，有时候争得还很激烈，但平心而论，这些年我更多的还是接受了他许多当代艺术的新思想和新观念。

宋靖：从事摄影艺术，知识、观念和眼界十分重要。作为资深的摄影家，你是如何理解摄影的文献性和艺术性的？

王达军：多年来我一直秉承这样一种理念，用三个词字概括就是"坚持、否定、创新"。摄影术因工业化而诞生，摄影的机器属性体现为记录性，图像摄取和呈现的结果为瞬间性。因此，摄影长期以来都具有十分重要的实用价值。随着现代社会由工业化向信息化过渡，各种新媒体出现和传播方式改变，摄影的实用功能和文献价值相对弱化，表达和艺术的功能却在不断提升。在这种趋势下，处理好二者的关系尤为重要。在社会、经济、科学和文化飞速发展的当下，我认为摄影的纪实功能和文献价值依然不能忽视，因为摄影的这种特性相当长的时期内是其他媒介不能完全替代的。我们仍然需要用摄影来集成文化，传播信息等。但是，仅仅有这种坚持是不够的，我们还应该不断地自省，不断地自我否定，摒弃已经不适应时代发展的观念和形式，始终坚持艺术创新。只有这样，才能跟上艺术发展的时代步伐，摄影艺术才能达到新的高度。

宋靖：2021年10月，你在杭州浙江美术馆举办了"景观·山

悟——王达军摄影艺术展"，这是你多年后回归风景摄影的一次展示，其展览规模和艺术深度都是空前的。

王达军："山悟"是我以四姑娘山为题材，对风景摄影进行的新的探索。

四姑娘山位于四川省阿坝藏族羌族自治州小金县境内，是国家级自然保护区、国家地质公园、世界自然遗产和四川大熊猫栖息地的核心区域。我从20世纪80年代便来到四姑娘山拍片，以后也陆陆续续来过这里创作，但真正系统地拍摄四姑娘山，则是从2016年开始的。历时5年，我二十余次来到四姑娘山，用马蹄和自己的双脚丈量这里的山山水水，用心灵和相机与这里的自然景观对话，与四姑娘山结下了生死情缘。

宋靖：拍摄四姑娘山，让你的风景摄影又有了一次新的飞跃。

王达军：我以四姑娘山为题材拍摄的风景作品，虽然从直接拍摄客观对象的层面看，是对客观景物的一种视觉呈现，但

《山悟033号》
2019年3月中旬四姑娘山双桥沟大草坪。
王达军摄

又并不仅仅停留于对这些景物表象层面的图像复制。因为风景摄影不仅具有山水文化集成与传播的文献属性，更具有表现摄影师独特审美、表达观念和情感的艺术属性。而且，风景摄影在这里呈现的"实"，已经不是客观形态的"实"，而更多的是观念形态的"实"了。

追求美是人的天性，人们对美总是充满着渴望。审美是艺术最基本的特性，既有大众审美，又有艺术家的个人审美和观念表达。风景摄影就是要将自然形态的美转换为观念形态的美。可是什么是美，不同的人会有不同的解读。你认为美的东西，别人未必认为美。从艺术的层面来看，有时候"丑"的东西也可能是美的，是一种观念形态的美。我们拍摄风景，就是要表达摄影家对自然界的个人认知，这是摄影家独特的个性化追求和艺术表现能力的体现。

东方人和东方哲学思想特别崇尚自然、敬畏自然、顺应自然，强调人与自然和谐共生。古代道家的重要人物庄子提出"乘物以游心"，认为只有感悟宇宙之真谛，顺应世间万物的自然规律，才能实现思想和精神的自由，才能在自然中去感受和体验"天人合一、道法自然"的意蕴。

进入大自然，你一定要和它交流，既感受天地的博大精深，又在宁静中感悟艺术的本心和奥秘，在情感上与大自然产生共鸣。白天，我常常会长时间坐在野外遥望雪山，脑子一片空白；晚上，我会坐在牛棚旁仰望星空，冥冥之中感受天外之音……我用这种方式与雪山对话，与星空对话，与自己对话。不经意间，我一次又一次地产生了新的创作灵感。

宋靖：你的这些思考，都是你在长期的学习和摄影实践中悟出来的，我相信对许多摄影人来说，应该会有一定的启发和帮助。

王达军：我的"山悟"作品下一步预定在四川美术馆展出，与此相关的《山悟》画册已由四川文艺出版社出版发行。"山悟"是我风景摄影的又一个新的起点。正如策展人那日松在展览前言中所说：王达军一直是一位与时俱进的摄影家。看王达军的"风光摄影"历程，可以看到，从早期让他名声大振的主观风景摄影，到中期的人文风景以及大风光，再到今天"四姑娘山"的当代风景。王达军的"风光摄影"其实是一个轮回，所谓"当代风光"只不过是让他重回"摄影的初心"，重新思考风光摄影的"当代"意义。

评论家李楠在她的学术文章《面向当代的风景》中写道："我们不能简单地将王达军称为风光摄影家、文献摄影家，或是宗教摄影家。因为题材永远不是一个摄影家的标签，摄影家也不应该被某一种题材、某一个标签所束缚。摄影之于摄影家，是通往自由的超越之路，是他的人文思想与他的艺术语言联袂起舞的广阔天地。"

宋靖：我认为那日松和李楠的评论是比较中肯和客观的。现在摄影圈有些人常常用是否"当代"来衡量摄影水平的高低，联系风景摄影，你是如何看待这一现象的？

王达军：说到当代，现在国内有这样一种倾向，不管什么艺术都要冠以"当代"二字，好像缺了当代称谓，就传统了，过时了。当代艺术是时代的产物，如今已经大大地拓展了自身的边界。因此我们不能把当代艺术局限为一种艺术形式或类型。我理解的当代艺术，主要应该是一种艺术观念、一种文化立场和态度。时代在变迁，文化在发展，艺术应该体现当代精神。那什么是当代精神呢？我认为就是与时代、与社会相适应的思想性、独特性、创新性和先锋性。落实到风景摄影，就是要求摄影师必须具有独特的艺术思考、巧妙的艺术构思、独有的观看方式、精到的表现手法和与众不同的视觉呈现。风景摄影不是一成不变的，需要我们不断地探索，不断地打破固有的传统观念，不断地克服自身的局限性，不断地寻求更多的可能性。只有以社会的需求和文化的观念来寻找突破，才能将风景摄影融入艺术的更高境界。

宋靖：我特别同意你说的。现在国内不少当代艺术注重的多是形式，其实跟艺术本身没多大关系。他就是觉得，只要反传统，去中心化，对体制进行反讽，那就是当代艺术。

王达军：当代艺术真正的核心是什么，摄影的真谛是什么，怎么去发掘具有中华民族语境的当代摄影艺术，怎么树立中国自己独特的摄影语言体系，这些，都是我们应该在摄影理论和实践中去回答的。

宋靖：中国当代摄影艺术怎么做，我们还需要努力。我的建议是，多学习。西方好的东西我们要学习借鉴，反传统没关系，但是一定要有根基。基础不牢，不会走得很远。如果有了基础，有了我们基本的东西，再有你的思想，有超乎常人的艺术想象力和创造力，那么，你的摄影艺术之路才会走得更远。

王达军：说得对。

宋靖：我们相识已经很长时间，却不太了解你做了这么多有意义的事情，对摄影有这么深入的研究和思考，并且至今还不间断地坚持着创作。今天我对你又有了新的认识。

王达军：你做这个系列访谈是一件功不可没的事。国内现在很少有人系统研究和梳理中国当代摄影史，我想你现在做的应属于中国摄影史的一部分。

宋靖：研究中国当代摄影史，反映活跃在这个领域里具有代表性的摄影人和作品是非常重要的。

王达军：我认同你的观点。

线云强

中国摄影家协会副主席、辽宁省摄影家协会主席。

1965年8月出生于辽宁省铁岭市,北部战区陆军原前进报社高级编辑兼新闻图像社社长,大校军衔。

先后参加老山防御作战,1991年安徽淮河、1998年松花江嫩江抗洪抢险救灾,2009年、2013年中俄联合反恐军事演习,纪念抗战胜利70周年大阅兵等重大军事活动摄影报道。

荣获国内外百余个摄影奖项,其中3次荣获(第3届、第7届、第8届)中国摄影金像奖。

1998年被中国摄影家协会评为全国首届"德艺双馨优秀会员"。

2006年中国摄影家协会成立50周年荣获中国摄影家协会"建国五十年以来为中国摄影事业做出突出贡献摄影工作者"荣誉称号。

2022年被中宣部评为文化名家暨"四个一批"人才,享受国务院政府特殊津贴。

出版发行《战友——线云强军旅摄影20年》《线云强俯瞰东北》系列丛书等十余部摄影作品集。摄影作品《军人》《战友》《天下》等多次在北京、上海、沈阳、香港、澳门等地展出。

线云强：聚焦时代发展，讲好身边故事

热爱是最好的老师

宋靖：在多年的教学工作中我发现一个问题，那就是学生对外国摄影师比对中国摄影师了解更深。摄影本是舶来品，我们应该向人家学习，但对于中国学生而言，要想在摄影上有所建树，首先要了解中国自己优秀的摄影家，才能在中国建功立业。我希望通过这本书让学生们了解我国优秀摄影师的成长历程，让他们能站在巨人的肩膀上学习。

所以今天希望你能就摄影谈谈你的成长经历与心路历程，你是如何从拍摄部队生活到成为一名全面的摄影家，逐步走到摄影管理的岗位，然后通过摄影来服务社会的。

线云强：感谢对我的肯定和鼓励。任何艺术，我觉得都需要一些天分，需要某种机缘，还需要后天刻苦，缺少其中哪一项，都难以成大才、成大器。

我自幼喜欢美术，对线条、构图、色彩等都比较敏感，画啥像啥，在十里八村小有名气。我也一直梦想成为一名画家，还去参加过绘画班，希望能考进心目中向往的美术院校。但因为农村教育资源相对匮乏，我连考两年都没考上。后来在我18岁那年，就参军去了部队。当时的梦想很简单，就是想着在部队当几年兵，好好锻炼锻炼，将来能有个工作养家糊口，过普通而简单的生活。但当我到了部队，思想就发生了改变。军队像一所"大学校"，把五湖四海的有志青年们聚集到一起，大家相互学习、相互鼓励，练兵打仗、准备打仗成了我神圣的责任和使命。

20世纪80年代初，军队下力气培养"军地两用人才"，连队阅览室里有限的书籍大多也都是这方面的内容。每到周末，大家都去找连队文书借书。许多年后我一直在想，假如当时我借的书是电工、汽修或养猪之类的，我或许会成为一个技术娴熟的修理工或是其他能手。但是，机缘偏偏让我撞上了艺术……当时阅览室的书架上只剩下一本《美术》杂志。

　　我每天翻看这本《美术》杂志，纸张都被我翻得起毛边了。我在所有可用的纸张包括报纸上进行临摹。后来我画的连队一日生活速写草图被连队干部发现了，从此，连队的板报就承包给我了。对此，我很用心去做，画的作品很接地气，表现的都是连队人物，讲述的都是战友们身边的故事，大家都愿意看。因为我的这个特长在我们那批兵里少见，新兵训练一结束我就被选调进了团政治处电影组，主要任务是出机关的黑板报、画幻灯片和放电影。当时我们团里唯一一台海鸥4A型照相机让我着迷，宣传股长问谁会照相，没有人应答。实际上那时候我也不会，但我很勇敢地说："我会！"潜意识里，我觉得照相机照出的相片跟我的绘画一定有着某种联系。

　　多年以后，我的老首长对我说，你搞摄影是偶然中的必然，是有一定之规的。后来我想，这种"一定之规"，冥冥之中是否出自上苍之手的安排？我不信奉任何神祇，但对那些神秘现象，总是充满敬畏。

　　在当年那个时代，相机绝对是个稀罕物。没有老师指导怎么拍照，我就自己看书。当时有一本书叫《摄影问答100例》，我日日翻看，研究光圈、快门、感光度，研究如何冲胶卷。慢慢地，我掌握了照相机的使用方法，也能把胶卷冲得很好。当时我的主要任务就是拍新兵入伍、老兵复员、各种会议、首长合影等，部队一集合组织大型活动，总有人喊，"照相的来没来？"我整日忙碌于这样的日常工作，直到有一天我碰巧看到了一本杂志——李媚老师创办的《现代摄影》，它让我开阔了视野。我从中看到了好多世界名作，像罗伯特·卡帕的摄影作品，尤其是越战著名摄影记者黄功吾拍摄的纪实作品《战火中的女孩》让我感到特别震撼。这幅1973年获得普利策新闻摄影大奖的作品，表现的是一个小女孩赤身裸体从火海逃生的场景，令人毛骨悚然，深刻表露出了战争的残酷性。照片在美国的《纽约时报》一经刊发，就深深地打动了美国人民，人们似乎听到了图中女孩那撕心裂肺的哭喊声，继而在全美引发了广泛的反战抗议浪潮……这幅照片的发表加速了越南战争结束，改变了世界的走向。摄影的作用何其伟大？！那时，我像达摩面壁一样，把所有的津贴费都用于购买相关书籍，开始潜心研究各类摄影杂志和中国摄影名家。吴印咸、石少华、陈长芬、王建民、江志顺、袁学军……他们成为我在摄影之路上最崇拜的"星"。我把搜集到的他们登在报纸上的每一张照片剪下来，整理成剪报，如痴如醉地研究学习。在向摄影前辈学习的过程中，我越来越感到摄影在军队政治思想工作中的特殊作用，越来越感到手中的相机就是部队配发给我的"武器"。那天在得出这个结论时，我愈发觉得军事摄影非常神圣，肩上便多了一份沉甸甸的责任。我暗下决心，一定要向前辈看齐，当一名优秀的军事摄影家。

  心中增添了对摄影的热爱，行动便有了动力。为了锻炼自己的构图能力，我不仅努力研究身边的地形，还在笔记本上勾线描草图。在一次全团组织的冬季军事比武活动中，我把获奖的一个连队的干部请过来，对他们说："你们获得冠军了，我给你们拍张照片，将来发在报纸上！"我像一名导演一样，用连绵的雪山作背景，将相机架好后，高喊"预备，开始"，连队干部们也兴奋得进入了状态。当晚，我把照片冲洗出来一看，呦，真好看！然后我就按照投稿的要求把这张照片给报纸发过去，果然如愿刊登了，这是我发表的第一幅作品。后来有一次，突降暴雪，部队奉命出动，在当地火车站除雪、抢运粮食，我听说后及时跑到现场拍摄，然后投稿，没想到当时投寄的3张照片全都登在沈阳军区《前进报》上。报纸出来的时候，我反复确认"线云强摄影"这几个字，才相信登在报纸上的照片是我拍的。我们团里好几年没有在军队媒体上登过1张照片，这3张照片登在报纸上后，我在团里就出名了。

  我在山村长大，骨子里有肯吃苦的基因。古人说："书山有路勤为径。"我觉得，天下万物，事理相通，搞摄影也必须得"勤"，不干，啥都白扯。我时刻鼓励自己勤奋再勤奋、努力再努力。山沟里的各个连队，我闭着眼睛都能找到。团里的干部我都能叫上名字来，绝大多数优秀战士我都认识，他们有了成长进步

20 世纪 80 年代，中国改革开放初期的新兵给寂静的军营带来了新气息，训练之余大家跳起了地方最流行的交际舞。线云强 1987 年摄于辽宁凤城

20 世纪 80 年代百万大裁军，这是战友们最后的军礼。线云强 1989 年摄于辽宁本溪

的消息都愿意和我分享。在刚拿起相机的那3年里，我的身影和兵营融在了一起，我的心和基层官兵的心连在了一起。我坚持一年365天每天都给军内外报纸投寄一到两张新闻照片。白天把镜头对准团里的大小新闻，晚上无论多晚都要把照片洗好、写好文字说明，第二天早晨5点半准时把信封放在邮递员的挎包里。我锁定了几个重要的报纸和媒体重点投稿，比如说《解放军报》《前进报》和新华社等。那几年我的生活很清苦，常常顾不上吃饭，饿了就用电炉子烤两个馒头吃，弄点葱末加点酱油兑点水就当汤喝了，把所有的精力都用在了拍照片和给报纸投稿上。令我高兴的是，虽然过了几年艰难的日子，但换来了丰收的果实。我们团里的大小新闻通过我的照片频频出镜，平均每3天就有我拍摄的照片见报，我也因此年年被评为军区的优秀通讯员。后来，《前进报》总编董志新专门来团里采访我，为我写了一篇专访——《在咔嚓声中追求》。

机缘使我走上了军事摄影之路，我特别感恩当兵之初的那座军营。多年以后，我还常常回辽东的老营盘土地上走走，那里是我梦想开花的地方，那里有我成长过程中的枝枝丫丫，还有我在那片沃壤上洒下的滴滴汗水……

经历是最好的成长台阶

宋靖：目前，在全国有影响力的著名摄影家中，你的经历比较特殊，长期从事军事摄影工作，还上过战场，亲眼见证了我军许多重大军事和非军事行动，现在担任中国摄影家协会副主席，对摄影有自己独到的见解。请你谈谈这方面的情况。

线云强：常言说，无限风光在险峰。一览众山小，领略好风光，需要我们一步步攀爬，才能登临高峰。我的摄影艺术之路，如果说取得一些成绩，应该和我的人生经历息息相关，这些经历成为铺就我成长的一级级台阶，使我得以走进神圣的艺术殿堂。

1987年初，沈阳军区开办了一期新闻骨干培训班。中国新闻摄影学会蒋齐生老师和胡颖老师来给我们上课，向我们传授

《烈士陈学民父亲和他的儿子们》 线云强摄

了新闻摄影的"新、真、情、活、意"理论体系，这让我在摄影的天地里推开了一扇窗，看到了这门学科的一束光。

像大多数刚从事摄影的人一样，从事摄影之初，我更看重摄影技术，常常为之自喜或者说是自鸣得意，觉得自己摄影技术很棒，可以把眼睛变成测光表，相机按键就像我的手指头一样，对冲胶卷、暗房洗照片这一套业务都很熟悉……通过专家老师的指点，我意识到自己在摄影之路上还是个新兵。我总结，成功者不在于吃了多少苦，而在于动了多少脑、用了多少心，所以奋斗者无数、成功者无几。实践之路，殊途同归，但理论引领方向，若理论支撑不够、脑筋动得不够、观念不对，在摄影这条路上就很有可能走不下去，是没有未来的。有了这样的认知，我便用心地浏览更多的杂志，从满脑子的照片中抽丝剥茧，寻找带有规律性、创造性的认知。同时，我不放过任何与优秀摄影家结识的机会，不断培植自己对摄影学科的理念，丰厚自己的摄影艺术修养。

1987年夏，我所在的师要组建一支侦察部队赴老山轮战。当时的师政治部首长提出，要我作为一名战地摄影报道员去往前线。在我心里，军人生来为打胜仗，能上战场既是一种责任，也是一种光荣，所以我义无反顾地跟着部队奔赴了前线。

如何更好地记录战场，出发前，我很认真地做了功课，翻阅了很多国内外优秀战地摄影师拍摄的照片，比如王建民、刘铁生、王红、柳军、罗伯特·卡帕等，从他们的作品中汲取营养。我的偶像就是罗伯特·卡帕。众所周知，卡帕有一句至理名言——如果你的照片拍得不够好，那是因为你离炮火不够近。当真正走上战场后，我开始不断思考这句话的意义——"不够近"是什么意思？经过反复思索和战地现场体会，我终于悟出一个道理：这种"近"不仅仅是距离，更主要的还是内心，你的内心离战场上的战友们有多近。所以，当我进入战场，我是以一名参战者、一名战斗员的身份来观察和拍摄所经历的这场战争，把相机作为战场上的另一种武器，记录下日常和战斗中的点点滴滴。

宋靖：在拍摄老山轮战期间，你有没有什么难忘的经历？

线云强：在老山近一年的时间，我经历了很多。从演兵场到险象环生、弹尘飞扬的战场，感觉是不一样的。我每次上战场前都会写好遗书，然后在左胸前口袋里挂上一枚预留给自己的"光荣弹"。我曾先后参加过 5 次战斗，每一次的体验都不同。我身边牺牲了 7 位战友，跟我关系最好的是年仅 18 岁的战士王玉振。他是家里唯一的男孩，长着一张娃娃脸，很有灵气。我在 4 连采访拍摄期间，指导员崔文、王玉振和我三人同住一顶帐篷，床挨着床，连长邱枢和指导员崔文为保护我的安全，每天让王玉振带着一把微型冲锋枪和数枚手榴弹保护我。我们俩白天一起进行战地摄影，晚上他陪着我冲胶卷。因为他年纪小，连长和指导员一直不让他去参加战斗，但他内心是很渴望上前线为国争光的。后来随着感情加深，他让我替他做连长和指导员的工作，批准他参加最后一场战斗。这场战斗中，他被编入了相对安全的火力组。但战场上瞬息万变，当战斗打响，没想到最安全的地方却变成了战斗的最前沿。那天，敌人的火力在离他不远的地方狂喷着火舌，他看到指导员带的小分队被敌方炮火压制时，急得跳起来喊："指导员往那边跑！"想不到的是，敌人的狙击步枪一下子把他击倒了，他被打中头部，当场壮烈牺牲。到了半夜，我们才一步步把他的尸体从战场上抢下来。他的牺牲给我们全连带来了很大的伤痛。从来不需要提起，但永远也不会忘记。在老山战场上，还有我们连的副连长陈学民、张凤生，二排长唐道权，战士于会勇、闫守波、李厚亮等共 7 位烈士在战斗中牺牲。战友们英雄的形象不仅定格在我相机的胶片上，也深藏在了我的心里，永生难忘。

我在 1988 年"4.26"战斗中拍摄的《他从硝烟中走来》，荣获了第 15 届全国影展的最佳军事摄影奖。我至今都记得领奖那天的情景，那个时候我才 22 岁，来到我心中最神圣的北京。当我到达展览现场时，发现我仰慕的中国摄影大咖们特别是军事摄影大咖们都在，我非常激动，精神高度紧张。

宋靖：能做成事的人，大部分都得有这种激动才行。

线云强：对于摄影之路，我认为能遇到名家、名师指点、帮带太重要了，他们会引导甚至改变你的创作方向和未来。一路走来，最让我感动的就是有幸结识了一些摄影家。他们没有直接教我怎么拍摄，但是他们的作品、人品、行为和他们的创作方向一直在引导和潜移默化地影响着我。像我很敬佩的摄影记者车夫，他是我在《解放军画报》见到的第一位著名记者，听说他常对画报社的记者们提起我，说我很刻苦、很有潜力，会有很好的发展。我认为，这是前辈、师长对后来人的鼓励，是摄影前辈们共同的可贵品质。

我潜心研究车夫的摄影作品，广泛涉猎了江志顺、王建民、乔天富这些知名军事摄影家的作品，开始思考我自己的作品方向在哪里，我应如何更好地站在大师的肩膀上，行走在这片广阔的天地里。20世纪80年代，全军召开军事摄影理论研讨会，邀请了王文澜、贺延光、陈小波等国内摄影界众多知名人士。我虽没有参会，但通过阅读报纸上刊登的会议纪要内容就深深被触动了。他们的一些发言对我启发很大，促使我沉淀下来，思想和自己的内心达成一致，那就是要把军事摄影的纪实性与艺术性结合起来。我要力求利用光影和镜头寻求新视觉，找寻熟悉中的陌生，使拍出的作品兼具新闻性与艺术性。我要把情感注入影像中，寻找和平时期军队建设和广大官兵平凡中的不凡瞬间。

1989年以后，我拍摄的作品，如《练兵》《热流》等频频参加军内外各类大赛，屡屡获奖。其中《热流》获得全国影展的奖项。我使用300mm定焦头和16mm的广角镜头，在演兵场上尝试用不同的视角来改变当时常见的线条与方块形式的部队生活和面孔。那天，白山黑水间，部队冬训铁流滚滚，官兵在零下30℃训练时产生的热流让我兴奋不已。这种"人无我有"产生的作品令人耳目一新。荣获第3届中国摄影金像奖那年（1996年），我刚30岁出头。面对成绩我没有沾沾自喜，而是备受激励在军事摄影之路上一步一步奋发前行。此后，我参加了1991年安徽淮河、1998年松花江嫩江抗洪抢险救灾，2009年、2013年的中俄联合反恐军事演习，还参加了纪念抗

《练兵》线云强摄

《热流》线云强摄

战胜利70周年大阅兵等重大军事活动摄影报道，用相机记录下了军队建设发展的一个个珍贵镜头。

应该有自己对这个时代的独立思考和表达

宋靖：经历是人生最宝贵的财富。那之后你又是如何与航拍结缘？当时如何想到要拍摄东北题材？

线云强：作为一名军人，我一直用相机为军队、为战友们留下真实丰满的影像，见证人民军队建设的发展。2000年出现了一个转折点，我的身份从一名军事摄影记者转变成了沈阳军区新闻图像社的社长。要知道，伴随着中国改革开放，图像社对中国影像发展、对整个行业起着很大的作用。当我的身份标签多加了一个图像行业的经营者时，我该往哪个方向走，未来的创作方向又在哪里，我的内心再次斗争了许久。当时我想，一方面我还是要关注好军队的重大题材，比如重大军事演习、抗洪抢险等，在这些活动中我要保证身在其中；另一方面，我要转变自己的创作方向。东北地区，是新中国工业的摇篮，这里曾诞生新中国的第一炉钢水、第一架喷气式飞机、第一辆内燃机车、第一块"的确良"……东北是生养我的土地，我亲身感受到了东北特别是辽宁从"共和国长子"到社会主义各个时期、改革开放和步入新时代的一系列变化，我激励自己要记录下这些变化。当时全国各地都在推介城市招商引资，我给图像社定下了两个服务理念：一方面是服务部队，促进军营文化建设；另一方面是服务地方经济和百姓生活，促进军民融合，在服务中求发展，在服务中创效益。那么，如何服务地方经济，更好地宣传推广东北这块土地？我忽然想到了航拍。因为航拍很有技术难度，但影像效果却十分震撼，有足够强的视觉冲击力。于是我就有了这样的拍摄想法，以我的方式对生活的这片土地进行情感表达。

宋靖：你所指的航拍，是真的坐着军队的飞机航拍吧？
线云强：是的，是在军用直升机上。我在空中拍过好多照片。

当随着直升机拔高看到城市的城际线、天空的天际线和我们所居住的这片土地的地平线时，我感受到了前所未有的震撼，那是一个多么高远、旷达的视野呀！下定决心后，我抓住一切可以乘直升机航拍的机会，每年都要在沈阳的上空飞几次。在有无人机之前，我已为东北这块土地留下了五万多张底片，包括辽宁、吉林、黑龙江和东北边境线，我的镜头基本涵盖了东北所有的重要城市。我们图像社和地方政府、相关部门合作出了上百册书，填补了东北航空摄影的空白。

　　二十多年来，我背负青天，俯瞰大地。我是媒体记者出身，有一双善于观察的眼睛。我的镜头不仅拍摄宏伟壮美的大地与城市，同时也留下了时代发展中带有伤痕的印记。在空中，我看见密不透风的城市，看见被污染的大地、废弃的厂房，看见被洪水淹没的村庄和在荒漠化的草原上奔跑的羊群，看见杂乱的棚户区与密集的高楼、别墅所形成的巨大反差，看见一些怪异的建筑耸立于大地，看见露天矿犹如刻在大地上的道道划痕……空中的新视觉，不仅让我对俯拍与高度有了新的体验，更实现了思维方式的升华。飞行，给了我灵魂的深刻触动与启示。告别唯美，告别缺乏文化思考内涵的风景航拍，通过现实

2005年10月，沈阳鞋城，东北地区最大的批发市场。 线云强摄

景观表达个人态度，表达对现实充满矛盾、冲突以及惶惑、疏离的复杂感受，突破传统纪实摄影并从中寻找一条新的具有当代姿态与个人主观表达的创作方向，成为我新的艺术追求。我试图通过在现实景观图像中加强主观色彩，创作出一种现实与虚幻甚至虚空交汇的超现实图景，借此表达我对当代社会生活的反思。

我们高兴地看到，在摄影的各个时代，从不缺少敏锐的观察者和前卫的思想者。著名摄影评论家顾铮在第3届广州国际摄影双年展研讨会上谈到当代摄影的"空间转向"时说：空间在以前的摄影表现里只是作为社会事件自然发生的背景，在现今的中国当代社会中，空间景观走向了现实的舞台，空间成为关注社会变化的重要因素，我们不能忽视空间，空间本身充满了复杂的种种表情与内涵。

让空间景观成为拍摄主体，并且在叙述中表达个人态度，是当代艺术一个重要的转向，透过天下景观，提示人们去思索现实生活的合理性，思索人与自然的关系，是一个有社会责任感的摄影家应尽的职责。我把在空中飞行的一些感受都记录在胶片上，我想给这个时代、给我们的国家在城市发展方面敲响警钟。于是，我把这组作品叫作《天下》。后来这组作品获得了中国摄影金像奖。记得有一天接受采访，对方让我谈谈拍摄的感受。我真诚地说："感谢天空，感谢大地，是天空和大地使我从狭窄的个人视野中获得宏大！感谢陪伴我飞行二十余年的战友，是他们默默地为我做摄影的飞行保障，使我能够尽享飞行的激情与艰辛！感谢评委，当我从传统迈出向主观纪实探索的步伐时，金像奖的获得给了我巨大的激励与前行的力量！最后，我要感谢摄影，摄影改变了我的生命也塑造了我的生命，摄影带领我们成为时代历史发展中幸福的观看者。摄影是一种观看的力量，它向我启开了空间的意义，拓展了我观看的视野，一个有社会责任心的摄影家，要把摄影当作武器，反思现实，表达思想。"

宋靖：你怎么看待如今的全民摄影时代？你对爱好摄影的年轻人有没有什么建议？

2009年7月，长春，自然与人工建筑的对话。线云强摄

　　线云强：面对全民摄影时代我从来没有迷茫过。摄影走到今天，进入了一个全新的时代。像我们写日记一样，每个人都在用镜头记录着自己身边的美好故事和生活。我个人感到，新时代是摄影最好的时代。如今的设备更加先进，器材更加便携，也有更好的条件让我们去创作。在这个伟大的新时代里，我们这些一步一步走过来的、有历史经历的摄影家，要找到在全民摄影时代里适合自己的定位，找到摄影的力量和光芒，并充分表达出自己的思考和看法，形成带有自身特色和风格的作品。同时，我们也要不断警醒自己，在当下，你靠什么比别人拍得更好。

　　解决好这个问题，有两点很重要：第一，要更加勤奋刻苦；第二，要更加注重观念。一名摄影家的责任与艺术追求，就是要聚焦时代发展，讲好身边故事，善于在芸芸众生中透视伟大，在火热的现实生活中挖掘塑造既具示范意义又有艺术价值，经得起时代、人民和历史检验的摄影精品力作。

宋靖：你前期将镜头聚焦在士兵身上的经历，为你打下了一个坚实的基础，也锻炼了你的意志和品质。后面做图像社，也是承担起了社会责任，为普通老百姓做了文化方面的支撑。再到后来，你又聚焦到东三省，找到了飞行的视角，就这样一步一步走来，走到摄影的顶峰。我觉得，你一直聚焦得很好，也给我们上了一堂生动形象的课。

线云强：再次谢谢你的鼓励。很高兴和你在一起交流思想，也希望我个人的体会和经历能给读者一些有益的启示。

徐 波

中国金融文联副主席、中国金融摄影家协会主席、中国摄影家协会第9届理事。

1963年2月生于辽宁省丹东市宽甸县，20世纪80年代开始学习摄影并购买第一台相机，90年代开始陆续在《丹东日报》《摄影与摄像》《中国摄影报》等报刊发表作品。

2006年加入中国摄影家协会。

2007年出版个人摄影作品集《空中王国》。

2014年获中国平遥国际摄影大展优秀摄影师评审委员会大奖，同年荣获中国摄影金路奖。

2015年获中国西藏喜马拉雅国际摄影大展特别荣誉奖。

2016年荣获第11届中国摄影金像奖。

2017年获第7届大理国际影会DIPE国际摄影联盟主席大奖。

2019年荣获第8届大理国际影会金翅鸟最佳摄影师奖提名奖，同年荣获北京国际摄影周年度优秀专题奖。

举办或参与的展览有：2014年2月中国·云南·罗平（国际）摄影节"大象无形"摄影展；2014年9月中国平遥国际摄影大展"鲲鹏极目"摄影展；2015年1月宁波第10届中国摄影艺术节"鲲鹏极目"摄影展；2017年第7届大理国际影会"流动的北京"手机摄影展；2019年第8届大理国际影会"口岸"摄影展；2019年第3届中国·辽宁（北镇）国际工业摄影大展"幸福都是奋斗出来的"摄影展；2019年第4届中国凤凰民俗摄影双年展"口岸"摄影展；2019年北京国际摄影周"口岸"摄影展。

徐波：在创作当中一定要注重情感的力量

摄影和美术是相通的，你可以搞搞摄影

宋靖：《中国摄影家》杂志曾对你有个访谈，介绍你在金融系统工作，业余喜欢摄影，拍大地、拍人文纪实，一步一步慢慢成长。有的学生并不是上来就能搞摄影，你一开始也不是学摄影的，你刚开始是学绘画，后来搞摄影。我认为在你的成长过程里面会有很多值得学生们学习的，所以想请你讲讲你的摄影经历。你是怎么成长起来的？是怎么在工作中找到自己的方向的？

徐波：我是在农村长大的孩子，老家在辽宁丹东的宽甸，一个比较偏远的山区小县城。我是在矿区山沟里出生的，后来在县城旁边长大。我的父母都是农民，到矿山工作后转为工人。他们都没有什么文化，可以说连自己的名字都写不好。小时候我的学习条件在当时来说还算可以，毕竟父母所在的矿山是国有矿山，我在县城的学校上学，但我的学习成绩并不好。

那会儿讲究子承父业，我小时候就一直有长大了接父亲班的观念。在当时，父亲退休的话子女是可以接班的，这对我来说就是未来保证有一份国有的工作干，所以学习也没太用心，就想反正毕业了也有一份固定工作干就行。初中时，我比较喜欢画画。改革开放后百姓生活都有所改善，年轻人结婚开始流行打家具，在家具的木板上烫花、在玻璃上画画，这个时候我开始感觉学画画挺实用。我父亲当时也鼓励我，让我一定要学一门手艺。父亲是纯正的农民，后来为什么能转为工人，就是因为他有一门铁匠的好手艺。所以他就鼓励我学一门手艺，只要有手艺了就能吃上饭，所以学画画这件事父亲是特别支持的。当时县里文化馆办了个美术班，我就去了美术班学习，在学习过程中认识了几位老师，跟着几位老师学。高三那年我们县里征兵，文化馆绘画班来了一位领兵的领导，他到我们班上说："我

们部队这次想特招3位有美术特长的兵。"当时我也不明白啥叫特招,人家就给解释了,说是到部队上放电影、搞宣传、画幻灯片。当时我在学画画的过程中也学过画幻灯片,感觉比较简单,跟画玻璃画是一样的。这个领导经过在我们美术班的观察,最后选了包括我在内的3个人作为特招生带到了部队。在部队新兵训练时,我们遇到的领队是我们师直属队机械连的指导员,我一听机械连就特别感兴趣,因为我父亲就任职于矿山汽车队。20世纪70年代末到80年代初开车算是一门技术,驾驶证是很难考的。指导员就和我说:"你要是喜欢学技术,那你就跟我到我们连队去。"我说:"好。"这样我就被分配到他的连队。机械连里装备有各式大型工程机械,如装载机、挖掘机、压路机、发电机等。因我是特招,有特长,于是就到连队当了文书。过去那个年代没有电脑,我负责画宣传画、写美术字、做宣传以及做一些连队文字材料、档案的管理工作。闲暇时间就学习操作各种工程机械设备,在这期间,我的观念转变了,画画也放下了,后来绘画就没有太大的长进了。

复员回到老家以后我了解到,当年在文化馆一起学画画的同学有的考上了美术学院,有的考上了师范学院教美术,基本上还是朝美术的方向去发展了。想想自己把美术扔下就感觉有点失落,不过在分配完工作以后,我接触到了丹东几位当年搞摄影比较好的老师,特别是祁步老师。他和我说:"艺术都是相通的,你以前学过画画,摄影和美术是相通的,你可以搞搞摄影。"这一句话启发了我。当年回到家乡有复员费,家里条件也还算可以,我就买了一台丹东生产的牡丹相机开始学摄影。后来我调转到证券公司工作,收入各方面都有提高,我就给自己买了台尼康FM2。丹东和宽甸山清水秀,四季分明,风光秀美,有山有河,有江有海,资源非常丰富。有了设备我就经常同几位老师到处拍着玩,那些年不叫摄影,只是照相,经常拍拍纪念照,感觉挺有意思,就这样一步一步玩了起来。在丹东期间,受几位老前辈的影响,我经常给家乡的报纸投稿,发表个小作品,挺有成就感的。

你自己有了兴趣爱好就要坚持

真正走上摄影之路还是在2003年因为工作调转来到北京。当时通过朋友介绍，我跟《解放军画报》的几位朋友混得非常熟，经常和他们在一起玩。其间我曾看到他们拍的一些西部作品，受影响非常大。与之前我在影视剧当中看到的相对凄凉、艰苦的西部相比，他们的作品让我真正看到了西部山河的壮美，所以我就下定决心一定要走进西部，去拍点西部的山山水水。这时我认识了著名的军旅航拍摄影家田捷砚老师。田老师的西部航拍可以说是拍得比较多、比较全的，很多优秀作品在国内、国际各影展影赛上获奖，是他将我真正引上了航拍西部这条路。

2003年我和几个朋友结伴坐民航飞机去西藏。那天我们5点从成都起飞去拉萨，飞机起飞不久我们就看到了雪山上的日出。太美了！那是我第一次坐民航飞机进藏。当时我在飞机上一通乱拍，飞机一落地我就和同行的朋友们说我这次进藏太值了。我碰到了最好的光线，看到了西藏大美的雪山，并且把它们都拍了下来，当时非常兴奋。后来有了很多次西部航拍的机会，收获最大的一次是在2007年，当时我前前后后用了16天时间去航拍阿里地区，拍了大量的作品。回来以后通过朋友介绍，我认识了摄影界著名的"朱公"（朱宪民），他给了我这组作品很高的评价，于是我萌生了出一本作品集的想法。不久后，经过《解放军画报》几位朋友的帮助选片和朱公作序的《空中王国》出版。当时的中国摄影家协会主席邵华也给我写了一段话，还签了名。这就是我航拍经历的开始。

我没有专业学习过摄影，就是从兴趣爱好开始的。那么为什么能走到今天？首先一点我想说的就是坚持，你自己有了兴趣爱好就要坚持。从2003年开始航拍到2007年出了《空中王国》这本画册，在后来十多年间，我基本上每年都会去拍两到三次，一直持续到2017年。2006年开始我航拍了一个专题《鲲鹏极目》，形成了自己的风格，那就是用抽象的手法去表现具象的大美西部。为什么说抽象？一开始航拍的过程中，我

（本页）2011年，西藏阿里；（对页）2011年，西藏山南。徐波摄（选自《鲲鹏极目》）

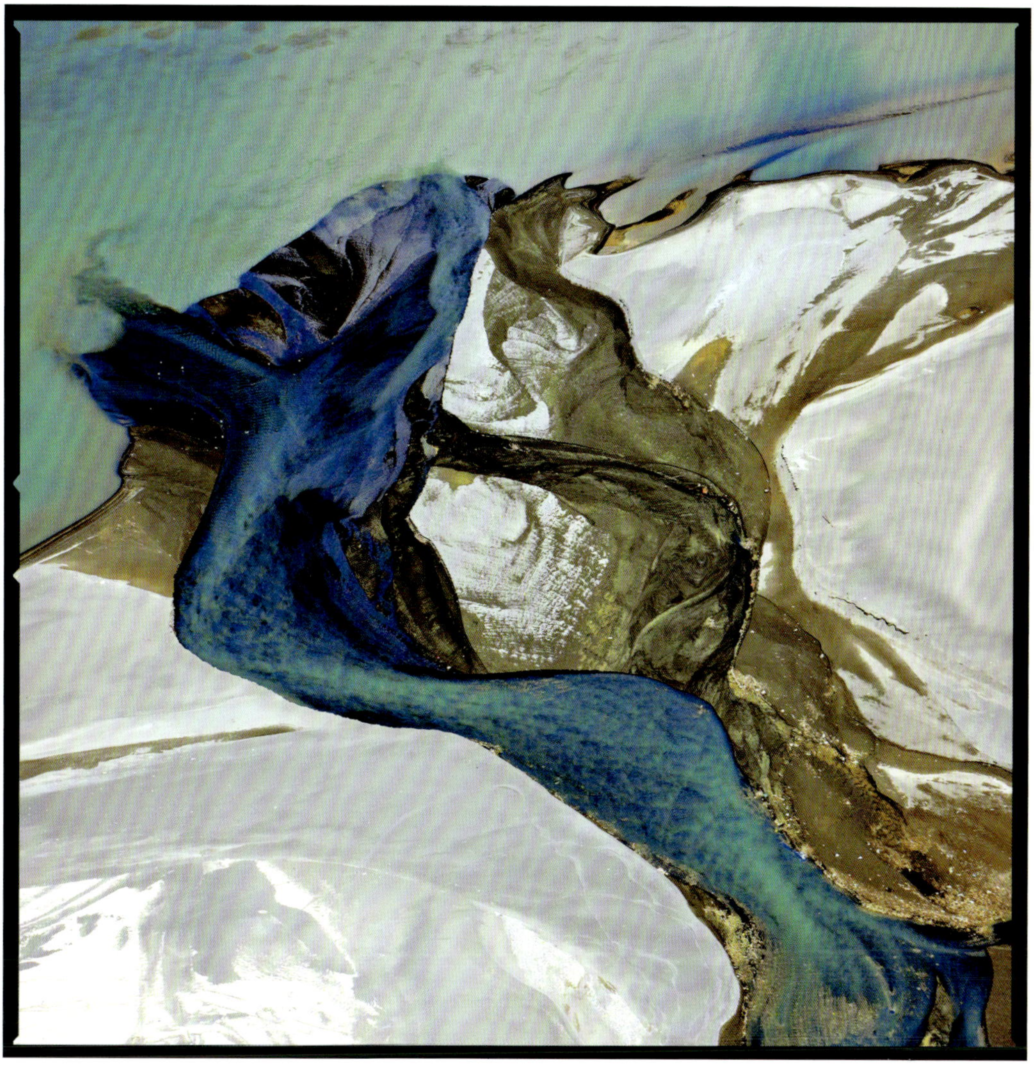

就感觉到西部的山、西部的大地、西部的河流非常壮美，如果换一个视角去看的话感觉是完全不同的。西部的山河有它壮美的一面，也有温柔的一面，它色彩比较壮丽，于是我就想能不能用一种和其他摄影师不同的表现手法来展现它，来形成自己的风格。就这样在不断的创作当中去探索，我形成了自己的抽象手法。

对于这种抽象手法，朱公和东北摄影的领头羊王玉文老师都对我表示了鼓励和支持。王玉文老师说："你有了这个想法，就要坚持去形成你自己的风格。"于是我就开始由具象向抽象转变。在拍摄当中我会有意无意地去观察西部的山川、河流，去思考怎样将这些具象转变成一种抽象的形式，进而在创作实践当中往这方面去侧重，于是经过几年的坚持后获得了好多这方面的作品，取名《鲲鹏极目》。

2014年，朱公和王玉文老师推荐我用这组抽象的作品去平遥参加国际摄影大展，于是我就用《鲲鹏极目》这组作品去平遥办了个展，没想到当年在平遥就获了评审委员会大奖。后来这组作品又在北京国际摄影周获得了"金路奖"。2016年我还是以《鲲鹏极目》申报了第11届中国摄影金像奖的艺术类，最终荣幸获得了这个摄影领域的个人艺术成就最高奖。这就是我由兴趣转变为想法再用到创作上的过程。

有了这样的念头后我就开始尝试着去拍人文纪实

所谓"看山是山，看山不是山，看山还是山"，虽然我的摄影作品手法是由具象到抽象，但最终还是要回归到具象。我拍的都是比较真实的风光，而且没有什么特殊的后期，基本上用的都是120反转片，所以由具象到抽象的想法呈现出来的最终还是具象的影像。

说回对于爱好的坚持，无论你搞哪一门类的创作，首先一点是自己要执着坚持。经过十多年的航拍经历，到最后拿得了各类奖项后，我就在思考：我还能拍什么？还继续拍什么，对于航拍来说，我真没有什么新想法实现自我突破了。当时我跟

2021年1月北京市西城区三里河东路。徐波摄（选自《流动的北京》）

平遥大展艺术总监张国田就这个问题进行了交流，他就说："你航拍，应该到此为止了。"我说："那我还应该拍什么？"张国田老师说："第一，抓紧时间多学习学习，看看什么样的作品适合你。另外，去发现有社会价值的作品。还有一点，作为中国金融摄影家协会的主席，重点是怎样去引导你的会员创作，怎样带动大家一起创作。"这次谈话对我来说印象特别深刻，我创作出来的作品应该要有社会价值，有引领作用。于是我就反复看朱公和王玉文大哥的作品。在刚玩摄影的头几年我也看过他们的作品，但是一直没有太深入，这次静下心来再看他们的作品，我内心可以说有一个很大的触动，唤起了我内心很多的情感。王玉文老师的一些作品尤其让我印象深刻，他的画面中呈现的工厂和矿山，那不就是我小时候看到的父辈们工作生活的场景吗！他拍的棚户区，那不就是我成长生活居住过的环境吗！还有他比较著名的大树底下等公交车、过道口等，这些照片中的场景都是我亲身经历过的，但现在它们都不存在了，那么留下的这些作品就成为珍贵的影像。我感觉我也应该向前

2018年6月,广西东兴。徐波摄(选自《口岸》)

辈们学习，用镜头去对准普通的工人百姓，去拍他们的生活状态，去拍社会的变迁。有了这样的念头后，我就开始尝试着去拍人文纪实。

这几年我一直在坚持拍的一个主题就是我公众号每个月发一期的《流动的北京》，我用手机去拍身边的变化，去关注老百姓的生活状态，我觉得这是非常有意义的。我会坚持每天去拍，也不用拿太好的设备，就一个手机、一个卡片机同时拍，每个月整理发一期。

还有前两年我去广西东兴口岸的时候看到了越南装卸工的工作场景，他们的工作状态特别打动我。我想到了我的母亲和那个年代——在我生活的矿山生活区有很多家属是没有正式工作的，矿山就成立了由家属们组成的装卸队，负责装卸矿石和一些化工原料，那种场景就是眼前这种场景。他们的今天不正是咱们国家七八十年代的场景吗！这也是一种情感，在创作当中你有了自身的情感，创作起来就有了动力源泉。所以拍摄《口岸》这组作品的时候我先后几次跑去广西的东兴口岸，并于2019年在大理国际影会上展出了这组照片，获得了不错的反响和业界指导，让我受益匪浅。

我的创作和想法就是这么个过程。我想年轻人在创作时，一定要明确一个主题，有自己的想法。要坚持，不能东一榔头西一棒槌，不能三心二意，一定要坚持。在创作当中一定要注重情感的力量，就我自身来说好多作品的创作都是由情感来驱动的。一定要投入情感进去，这样对你个人的创作和今后的发展都是有益的。

杨越峦

中国摄影家协会副主席,河北省文联副主席、河北省摄影家协会主席兼秘书长。

生于1963年。

1985年毕业于河北师范学院（现河北师范大学）中文系，留校任院报编辑，由此开始兼职摄影工作。现技术职称为编审（正高二级）。

长期致力于中国长城的拍摄，其长城专题作品在国内外多个艺术平台展出，作品被多家艺术机构和个人收藏。曾荣获中国摄影金像奖、"全国中青年德艺双馨文艺工作者"称号，系享受国务院政府特殊津贴专家、省管优秀专家。

出版著作有《青春牧歌》《聆听自然》《中国·野长城》《河北摄影家文献·杨越峦》。

作品曾于北京中国摄影画廊、北京佳能影像乐天地画廊，珠海兰格影艺坊，石家庄正觉艺术馆，郑州全视摄影画廊，美国波士顿罗伯特·克莱因画廊，日本京都便利堂珂罗版画廊，以及北京、上海、平遥、大理、内蒙古响沙湾、山海关，西班牙毕尔巴鄂、美国洛杉矶、德国波茨坦等地摄影节，并中央美院国际摄影双年展、广东长安当代风景摄影展、泉州华光国际摄影双年展、成都双年展、东江湖艺术馆纪实摄影学术交流展等展场或展览中展出。

杨越峦：我实际上是沾了长城的光

这就是我的工作历程

宋靖：作为一个教育工作者，我有责任把中国的摄影师介绍给大家，尤其介绍给青年学子们。而且我不是要介绍你们的成就，我只是想让学生知道，我们这一辈很多人做摄影是半路出家，但为摄影事业做出了较大的贡献。学生们科班出身，更应该站在前人的肩膀上继续推进这个事业。

所以我希望让学生们知道，无论你是不是专业学摄影的、是不是从事摄影行业，如果你能守得住自己对摄影的初心，早晚都能做出一番事业。我想让学生看到你们的成长历程，想让学生知道你们的这些成就从哪里来，知道你们成长的一点一滴，包括生活和工作的转折。我也是想为学生做些事儿，增强学生们的民族自信和文化自信。我早前的两本《中国纪实摄影家成长实录》出版四五年了，有很多同学看完后受到了影响，说："原来都不知道中国摄影师做了这么多的事情，而且拍得那么好。"我常说，虽然亚当斯拍的美国西部风景好，但是杨主席拍的中国长城也不差。

杨越峦：你看到的这个问题是个很重要的问题。为什么我们的学生对中国的摄影师了解很少，我认为有多方面原因。虽然我们中国的摄影师在基础层面上做得并不差，但一个摄影师要想能在业界站住脚，获得较大社会影响力，涉及很多因素。不光有摄影师自身的因素，也有社会或摄影机构及媒体的因素，例如媒体对摄影家传播不够等。做摄影，我就是半路出家，是从一个摄影爱好者一步一步走过来的。我可以作为一个案例，让大家来剖析我发展和成长道路上的得失，尽量让我们的学生、影友、摄影师能够从我们身上记取教训，少走弯路。

宋靖：讲讲你的成长经历吧。

杨越峦：我是 1963 年出生，1981 年考入了河北师院中文系。读书期间一直当学生干部和团支部书记，我也是我们班第一个入党的。之所以读中文专业，初衷是想当作家，在大学期间也发表了一些作品。毕业以后，我就留校在党委宣传部办《河北师院报》，当一个小报的编辑。因为宣传工作的需要，我就拿起了相机，拍学校的一些活动情况，当时还参加过《河北日报》举办的新闻摄影培训班。老实说，那时候喜欢但还不太痴迷摄影。4年之后我调入了河北省税务局的《河北税务》编辑部。我是以文字编辑为主，同时也兼着美编。20世纪80年代的时候，无论办报、办刊，都需要数字数、画版式，工作很琐碎。那时候由于工作需要也拍一些照片，但刚到税务局的时候，编辑部连照相机都没有，经过不断呼吁后来才买的照相机。

20世纪90年代，国家税务总局在全国税务系统组织了一次"税收带来祖国美"书法、美术、摄影比赛，各省税务机关都要组织作品。在请专家帮我们评选作品的时候，我认识了李英杰老师，也就是我们河北省摄协的老主席。跟李英杰主席有了更多交往之后，我逐渐开始对摄影痴迷。1994年国税、地税分家，我跟着杂志到了省地税局。2000年，我在税务局已经是一个副处级干部了。这时候，英杰主席面临着退休，组织上让他物色接班人。他知道我喜欢摄影，又有一定的文字基础，比较适合协会的工作，就开始动员我，并且找我们的领导做工作，因为当时我们的局长和主管局长都不想放我走。当时社会上都认为税务局是最好的单位，2001年我却逆水行舟借调到摄影家协会，担任副秘书长，负责展览。其间，还协助英杰主席在河北省文联办公楼外建起了全封闭、有照明的摄影长廊，当时在全国是头一份，还是很有影响的。2002年底的时候，文联进行机构改革，要减掉一半的编制，这样每个协会就只有一个编制了。当时省摄协已经有一位同志，再没有富余的编制，所以省文联就把我调进了组联处。2005年7月，省文联再次进行工作调整，我才正式进入摄影家协会，主持日常工作至今。这就是我的工作历程。

河北省跟摄影的渊源也非常深

可能是地理位置的关系吧，河北省跟摄影的渊源非常深。摄影术1839在法国宣布诞生，几年后就有了外国人拍中国的照片。当时最主要的就是外国的传教士、摄影师，从香港、澳门、广州进入中国内陆。清朝时期，相对于作为都城的北京，身为口岸的天津传入摄影术比较早。当时的河北叫"直隶"，地盘比较大，包裹着北京，所以摄影术传入河北也是比较早的。

摄影在河北有大的发展主要是抗日战争的催化，尤其是沙飞到了河北之后。他先是到山西五台，不久之后就到了河北涞源，在聂荣臻创办的晋察冀军区参加了八路军。沙飞最早提出了"摄影武器论"的理念，他很明确地把摄影当成鼓舞全民抗战的武器，也是我们党的第一个专职摄影师。1942年7月7日，他和罗光达、赵烈等一起创办了《晋察冀画报》。在此之前，沙飞已经是很有名的摄影家了，拍了很多很有影响力的照片，尤其是鲁迅先生的照片。抗战全面爆发后，他就拍摄了不少反映抗战的照片，只不过由于当时的传播渠道比较狭窄，人们很少能看到。在1939年春节的时候，他和罗光达在平山县蛟潭庄的街头举办了一个展览，那是晋察冀边区的第一个摄影展览，恐怕也是全国第一个抗战摄影展览。他们把巴掌大的照片贴在布上，陈列在了街道两边的墙壁上。这在八路军和老百姓当中产生了非常大的影响。因为当地老百姓没见过照片，八路军战士们也没见过照片，所以看到照片以后，大家都很兴奋。聂荣臻司令员非常有学识、有远见，非常注重摄影的宣传力量，对沙飞的摄影工作非常支持，要人给人，要钱给钱，所以《晋察冀画报》就在太行山里的一个小山村，也就是平山县碾盘沟村创办起来了。因为《晋察冀画报》隶属于晋察冀军区政治部，所以它的办刊地址与司令部驻地不太远。

《晋察冀画报》是当时我们党唯一的一份以摄影图片为主的画报。在战争环境下，它的生存和发展都特别艰难。沙飞他们那一代人非常伟大，为此也做出了巨大的牺牲。《晋察冀画报》在办刊过程中牺牲的人员有几十位，既有编辑、记者、技师，也有保卫他们的八路军战士，如赵烈、雷烨、何重生等。《晋察冀画报》的主要办刊地有平山的碾盘沟、曹家庄，阜平的上庄、洞子沟，抗战胜利之后画报社在张家口待了一年，国民党占领张家口之后，被迫又返回到阜平的花沟掌，后来就改成了《华北画报》，最后就成了《解放军画报》。我们现在看到的八路军抗战的照片，基本上都来源于《晋察冀画报》。简单地说，《晋察冀画报》对中国摄影的贡献，除了宣传抗战外，还在作战部队建立了摄影体系，培养了几百名摄影学员，建立了图片资料管理系统，保存了数万张底片，为全国其他解放区的摄影画报支援了人才与物资。所以我们可以理直气壮地说，河北是中国红色摄影的摇篮。2021年9月我们做了一个展览——"陈勃·顾棣摄影艺术成就暨收藏展"。这是一个常设展览，地点在保定市阜平县城南庄晋察冀边区纪念馆。这个展览是政府出资、中国摄影家协会张晓蓉老师策展的，我们做得非常用心，陈勃、顾棣这两位摄影大家都是阜平人，是非常难得的。人们称顾棣老师是"中国红色摄影的司马迁"，他的收藏非常惊人；他还写了近80年的日记，有四五百本，在中国也是独一无二的。

摄影与河北的渊源很深，除了红色摄影之外，还因为唐山是中国近代工业的摇篮，关于唐山早期的照片也很多，并且唐山还走出了一位中国摄影大师——张印泉，他是唐山丰润人。从河北走出去的摄影家非常有影响力的人也很多，我知道的除了陈勃、顾棣、张印泉之外，前辈摄影家还有孟昭瑞、刘峰、流萤、高粮、董青、袁汝逊、郝纯一、王东等，如今依然活跃在摄影界的王文澜兄弟、解海龙、李树峰、刘占崑、李英杰、翟东风、王建民、刘铮、姜健、郝远征、郭延民、许涿、卢北峰、冯建新、刘英毅、马良、毛建军、于全兴、张兆增、董冬、李建惠、李洁军等几十个，还有你们北京电影学院程铁良老师等都是河北人。今年（2022年）去世的中国摄协顾问张桐胜老师也是河北人。

河北省摄协成立于1958年，因为当时河北的省会在天津，所以叫中国摄影学会（中国摄影家协会时称）天津分会。成立时间不久，天津就成了直辖市，河北省会就从天津搬到了保定。

"文化大革命"期间摄协也受了很大的影响，但在粉碎"四人帮"之后，就都逐渐恢复了。那个年代，我们评价一个地区的摄影成就，主要是看在全国影展和国际影展的成绩。河北的摄影曾经一度比较落后，只有承德活跃一些。当时的李英杰主席在承德，离北京相对比较近，另外承德的摄影资源也比较丰富。李英杰老师不光喜欢摄影，他的组织工作能力也很强，跟中国摄影家协会的一些领导、专家以及北京电影学院的老师关系都很密切，经常请他们讲课。大概是1983年，李英杰老师的作品《元宵佳节庆丰收》在联合国教科文组织的"节日"摄影比赛中获了一等特别奖。这是河北摄影家第一次获这个奖，所以省里很重视，给了他一些奖励。当时河北省委分管文化的省委书记是高占祥。高占祥书记对文化工作非常重视，爱才、惜才、用才，把英杰主席从承德调到了省会石家庄来主持河北省摄协的工作。英杰主席是非常有激情的一个人，也特别有能力，特别有魄力，是一个复合型的人才。他到任后在组织工作上特别用心，有想法、有办法，省领导也非常支持，通过拼搏奋斗彻底改变了河北的摄影面貌。河北在全国影展和国际影展上摘金夺银成绩显赫，在全国影展拿过一、二、三名。在全国各省的摄影组织工作当中，李英杰主席是公认的佼佼者，曾获得中国摄协授予的开拓杯奖，这实际上是中国摄影金像奖的组织工作奖。从创作奖的角度来说，河北目前（截至2022年年底）有8人9次获得中国摄影金像奖。

　　河北摄影辉煌的时候，基本上是单幅作品兴盛，大多靠一张作品打天下。英杰主席特别重视摄影组织工作，也特别重视打比赛，他就鼓励和组织我们的摄影家到全国各地能出作品的地方去采风、创作，包括到云南、四川、贵州那些民族特点比较鲜明的地方去创作，还给作者向单位请创作假；作者获奖后，给作者单位领导颁奖。所以在全国的摄影比赛当中，河北的成绩一直不错。我2005年到协会来主持日常工作以后就发现，河北并不缺获奖的摄影作品，但是缺少在全国有影响力的摄影家。与河南的摄影家、陕西的摄影家比起来我们这方面就比较弱。那么怎么才能有更大的影响力、在摄影学术上被承认？我认为摄影家还是要有自己的专题，甚至不只一个专题，要有标志性的作品，单幅作品太单薄，难以支撑。另外，这也涉及创作与生活的关系，既是理念问题，也是态度和方法问题。比如我们说到朱宪民的时候，就会想到他拍的黄河百姓，说到王玉文的时候就会想到他拍的东北老工业，还有解海龙的希望工程，王文澜的自行车王国……现在看来，每一个有影响力的摄影师背后都有一个专题或者是同类题材在支撑着。所以我主持工作以后，就着意改变河北以往过于注重奔赴各地拍单幅的这种状况，倡导河北的摄影师关注当下、关注本土，拍摄专题作品。许多事说起来容易做起来难，河北不像浙江有很多的摄影平台，我们的省展就是最主要的平台，所以我就决定先从省展入手，通过改革省展的定位和结构方式来改变河北摄影的气质和面貌。从2016年第23届省展开始，我们提出了专题摄影的主攻方向，确定了专题在省展中的主体地位，宣布除了与合作单位的主题性展览，省展的主体结构中不再收单幅作品。这个改革在全国产生了比较大的影响，但也承担了很大的风险，对组织者和影友都是一个挑战。当时我们抱着破釜沉舟、背水一战的决心，下大力气开展组织辅导工作。我们请了广东摄影家，也是《中国摄影家》杂志原艺术总监蔡焕松老师在全省进行专题摄影巡回讲座，请摄影家卢广和摄影评论家海杰、天津美院留法学者高岩3位老师分别做了纪实摄影和当代摄影两个工作坊，着力推广专题摄影的理念。这件事一直坚持到现在，也取得了很大的成效，河北的影友现在都在拍自己的专题。但是我们的短板和不足还在于，虽然大家有了专题意识，但是精品意识还不够强，可能题目、题材选对了，但是完成度不高，或者说作品的表现力不够强，呈现方式还没有新意。这是我们河北摄影目前的大概状态，我们也想尽量来克服和弥补这个缺陷。

少走弯路就是捷径

对于我来说，我是从一个摄影爱好者一步一步走过来的。比如说长城这个题材，我很早就喜欢，加上受摄影家陈长芬、李少白这些老师的影响，看到他们的作品觉得非常震撼，自己也就想去拍那样的作品。记得在20世纪90年代，有一年，想着夏天下雨多，容易出现云海，能拍到长城云海的好照片，我就趁暑期带着儿子去了金山岭长城。一周时间里，我碰到了陈长芬老师3次。他开车带着一个助理，半夜从北京出发，到金山岭以后请了一个当地老乡把大画幅相机等设备背上去、支起来。但3次他都没有摁快门，因为云海没有起来。世纪之交的时候，看到承德一带下雪了，我自己就跑到金山岭司马台拍了一些。照片从审美上来说好看，是愉悦眼球的作品，但没有创造性，是在重复那些名家的作品。

刚才说到，要通过发扬拍摄专题改变河北摄影的现状，我更要从自身做起。这个转折点，出现在2009年。张家口怀来县的鸡鸣驿是全国保存最完整的古驿站，有很高的历史文化价值。那年当地想做一个关于鸡鸣驿的摄影展览，遂找到了我们省摄影家协会。我们当然积极配合当地政府来做这个展览，就请了世界遗产摄影家周梅生和《中国摄影家》杂志的李德林老师帮我们拍照片，同时给大家举办讲座。拍完鸡鸣驿之后，我就问当地影友，这里除了鸡鸣驿还有什么名胜古迹。他们说还有长城，就带着我去了陈家堡的长城。陈家堡长城是明代的长城，到那儿以后我就发现眼前的长城跟我之前拍的那些长城不太一样。之前我去的金山岭，雄伟壮观，出过很多照片。但是眼前的陈家堡长城是处于原始状态的"野长城"，是近期没有人维修、没有人关注，听任风雨侵蚀、时光摧残，自然屹立和坍塌的长城。那一段长城还是挺棒的，无论是建筑还是所处的环境，都非常有特点。眼前长城那种沧桑感打动了我。从2009年4月26日我就开始拍这些所谓的"野长城"，想引起大家的关注和思考，进而改变长城的命运。后来我又到唐山的迁西、迁安拍了几次，挑选作品参加了2009年第8届中国摄影金像奖的评选。实际上当时我拍得还很仓促，但是评委看到我拍的长城跟以前他们看到的那些长城不太一样，又是黑白的表现方式，就认可了我的作品。所以那一年我就得了金像奖，很偶然、很侥幸。当时一同获奖的陕西摄影家惠怀杰和我说："以后咱

河北省卢龙县刘家口长城过水关楼，2019年。杨越峦摄

河北省滦平县金山岭，长城敌楼上唯一的砖雕麒麟影壁，2013年。杨越峦摄

们找个机会一起做一个长城的展览,你展黄河以东的,我展黄河以西的。"我当时可不敢应承,因为他又是航拍、又是大画幅的,我哪里比得了。不管怎么说,你获了金像奖,人家就认为你应该是这方面的权威和专家了,但我知道自己还差得很远,心虚得很,也就有了更大的压力,要对得起这个称号,就要付出更多的努力。从那之后,我就在工作之余把更多的精力放到了对长城的关注和拍摄上,一步一步地走了过来。我们这些组织工作者,比一般的影友还是有更多的机会,所以在全国各地出差、参加活动的时候,就尽可能多拍一些长城。另外,我比影友更有优势的地方是,我做摄影组织工作,交往范围更广,眼界更宽些,能与更多的老师、朋友、专家、编辑交流沟通。比如,我参加了几次《中国摄影家》杂志组织的中国摄影家大PK,还有一次是内蒙古响沙湾的中外摄影家大PK,在这个过程当中我非常受益,得到了老师、朋友们的很多帮助,比一般人也少走了不少弯路。经常有人问:摄影有捷径吗?我说肯定是有的。什么是捷径?少走弯路就是捷径。怎么少走弯路?要注意学习,向老师、专家、学者请教。所以我就一直坚持这个理念。这大致就是我这么多年走过的道路。

首先是要关注自己脚下这片土地

宋靖:一步一个脚印,从开始做组织工作,到为河北省的摄影现状着急去做工作,到最后找到自己的拍摄路径,发现自己创作的主题,一路走来踏踏实实,我觉得这是特别值得学生学习的。现在学生们往往毕业时满怀雄心壮志,非要做什么,但很多又因为机会不成熟就把摄影放下去做别的了,挺遗憾的。

这么多年你最满意的作品是什么?背后有没有什么故事?

杨越峦: 宋院长在这方面有经验,有体会。要说哪个作品最好,实际上我是回答不了的。但是,也可以在这方面进行一下交流。我拍长城这么多年,拍的作品还是挺多的,有的人可能喜欢这一组,有的人可能喜欢那一组。对我来说,近年来印象比较深的是我在2020年新冠肺炎疫情期间拍摄的一组长城

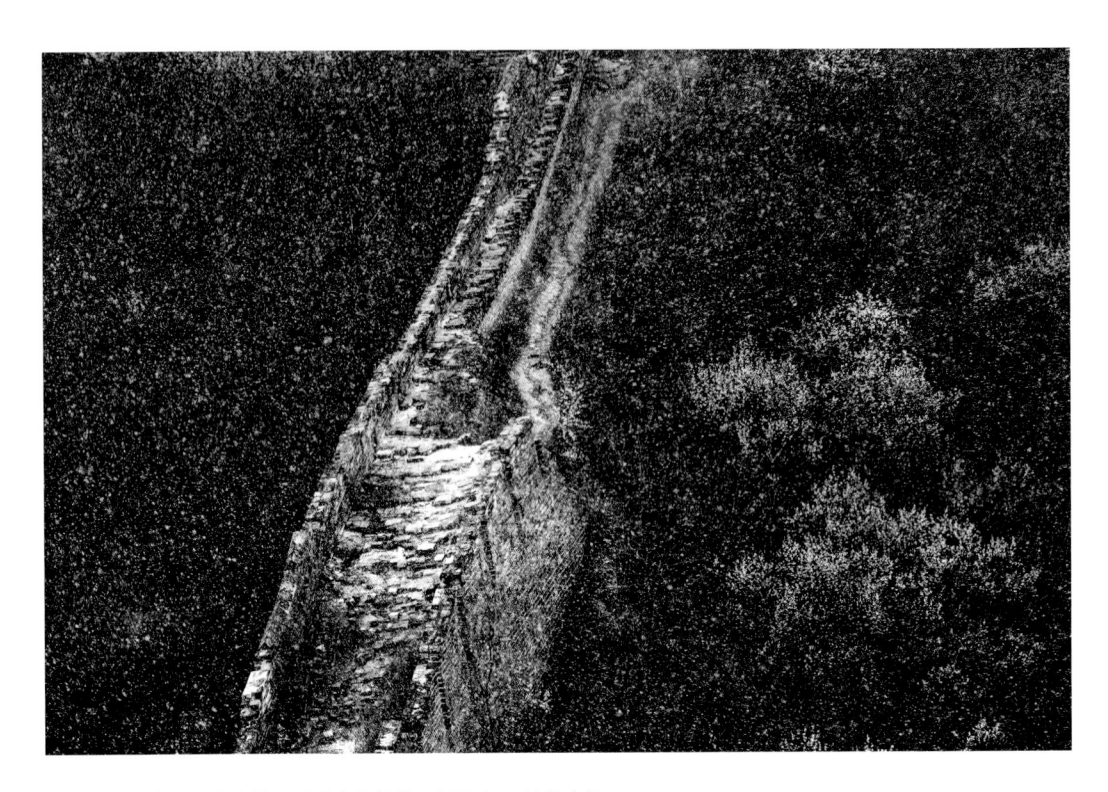

河北省滦平县金山岭,风雪中的长城,2015年。杨越峦摄

青海省大通县,长城和它的管护员,2014年。杨越峦摄

城砖的作品。这组作品跟我以前的长城作品不一样，缘起是长城抗战。1933年1月1日，侵华日军在山海关打响了第一枪，由此拉开了为期半年的长城抗战序幕。日军在3月初就占领了热河，后来又想越过长城向华北推进。当时秦皇岛、唐山长城一线的守军主要是西北军29军，他们不是蒋介石的嫡系部队，装备比较简陋，但是他们非常注重部队的军事素质，请了河北的武术家做他们的教练，还专门打造了得心应手的大刀。所以他们对大刀的运用非常娴熟，一定程度上弥补了军事装备上的不足。当时侵华日军非常嚣张，有大炮、飞机的掩护，1933年3月上旬，日军想从河北迁西的喜峰口突破长城防线，曾经一度占领了长城的制高点。宋哲元的29军奉命开到长城一线，在夜色的掩护下，踏着厚厚的积雪，背着大刀摸上了被日军占领的制高点，对松懈麻痹的日军进行偷袭。日本人还在睡梦当中，脑袋就被切掉了不少。喜峰口一战，双方交火很多次，有得有失，阵地多次易手，打得非常惨烈。战斗持续多日，日军始终没有突破喜峰口的防线，他们就转到了遵化的罗文裕。中国守军非常英勇顽强，抵御了日军的进攻，日军同样没有突破罗文裕的关口防线，被迫后撤，开始从其他的地方寻找突破口。应该说喜峰口和罗文裕的战斗极大地鼓舞了全国人民抗战的士气，也展现了中国军民的英雄气概，灭了日本人的威风。当然在战斗当中，我们中国军队也付出了非常大的牺牲和代价，在喜峰口牺牲的官兵，基本上就地掩埋在了老婆山下的墓地。在罗文裕牺牲的烈士，就集中安葬在了遵化清东陵附近一个叫"石门"的地方。清东陵是皇家的陵寝，是个风水宝地，当地老百姓对中国军队牺牲的官兵非常崇敬，就找到这个地方来安葬他们。当时他们用长城上的砖来作为墓碑，上面刻着烈士们的姓名、籍贯、年龄、军衔等信息。

后来在特殊的历史岁月中，石门抗战烈士陵园遭到一定的破坏，这些牺牲官兵的坟墓被平了，长城砖做的墓碑也就丢失了。大概到了2000年年初，致力于长城研究的张保田老师等影友，偶然在老百姓家里发现了这些刻写着烈士名字的已经残破的长城砖。因为有的砖上还有烈士的籍贯，他们想以此为线索寻找烈士的亲人后代，于是他们就发起了一个"让烈士回家"的公益活动。当地政府也比较重视这件事，就从老百姓家里把长城砖做的墓碑收集起来，当文物来对待。2019年的时候，我参加在天津蓟县盘山举办的华北影展，由于这里离遵化比较近，我就专程去到石门长城抗战烈士陵园看了一下。当时，陵园已经修葺一新，纪念碑高耸，环境整洁，而那些砖保存在陵园的库房里面，放在铁架子上。我当时就约好说抽时间要来好好拍一下。因为长城抗战发生在3月，我就想着在3月来拍这些砖。但是2000年全国爆发了新冠肺炎疫情，河北的疫情防控任务也比较重，所以做这事就很难。但是不管怎么样，我们还是去了。我们从石家庄开着车，保定的影友带着背景，当时我还带着20×24超大画幅的相机，带着作为备用的8×10大画幅相机。当时想用20×24相机把长城砖拍成竖片，但是那台相机是影友自己加工的，卡胶片的槽比较浅，直立起来以后胶片就容易脱落，再加上风太大、稳定性也差，就拍成了一张。后来我放弃了，就用8×10的机子把长城砖都拍了一遍。2021年春天在郑州见到罗勇，我们俩说起这事，他热切希望在他的全视摄影画廊做个展览。我和罗勇曾一起在美国纽约学习策展，他是个非常认真可靠的人，我毫不犹豫就同意了。只是，从提出这个想法，到展览开幕也就一个月的时间，所以做得比较仓促。

宋靖：但是依然很震撼。

杨越峦：要说震撼，我实际上是沾了长城的光，大家对长城、对牺牲的中国官兵内心非常尊敬。这个砖是砖，但又不仅仅是一块长城砖，它有很多的文化内涵，包括对于我们历史的一些思考。所以，大家还是给予了这组作品很多的肯定，觉得它能引发人们很多的思考。我们省摄协的理论人才汪素写了一篇评论文章——《长城砖墓碑的历史辗转》，分析得非常到位。

宋靖：所以说实际上很多题材就在我们身边。你刚才说的这个问题我也特别思考过，就是说我们脚下和天下的关系。你作为一个河北本土的摄影师，实际你就应该拍河北，把河北省内的地方资源挖掘出来。

杨越峦：结合每个人的具体情况，首先是要关注自己脚下这片土地，关注本土的题材。当你的思路打开以后，会发现有很多题材可以拍，像长城砖我们就是从历史当中去寻找题材。自己拍的东西一定是能打动自己，自己特别感兴趣、愿意去拍的题材，往往这样才能拍好，而不是单纯为了完成一个什么任务。

我们是把长城作为一种精神文化符号来拍

宋靖：刚开始你的作品可能是对长城自然状态的一种记录，到最后彰显的则是军人铸成的长城。我们国歌唱"把我们的血肉筑成我们新的长城"，对中华民族来讲长城不仅是抵御外来侵略的物理性的长城，而且是我们的民族精神。所以你的作品一看特别震撼，就是因为它寄情于那块砖，观众看到长城砖的照片也有这样的感觉，就仿佛看到了英雄在为民族去牺牲和努力。

杨越峦：对，我们在拍长城的时候，也不仅仅关注长城建筑自身，我们是把长城作为一种精神文化符号来拍。当然也很注重它与我们当下的一些关系，包括地域文化、社会变迁、老百姓的生存状态等。我们是带着对世界的思考和态度来拍它的。长城并不像人们想象的那样只是长长的一堵墙和几个烽火台，实际上长城是一个非常庞大的、完整的军事防御体系。既然是一个体系，当然就非常丰富，给我们提供了更大的思考和拍摄空间。

宋靖：河北省的长城资源非常丰富，尤其是明长城，保留最全、最多、最好的都在河北。

杨越峦：我们现在所能看到的长城，基本上以明代为主。但同样是明长城，它的形态也是不一样的，包括甘肃、宁夏、陕西、山西那边的长城，其存在形态有很大差异性。河北的长城都是在燕山和太行山上，所以就显得特别险要雄伟，而且其空心敌楼是包砖的，符号性特别强。西北的长城夯土的比较多，即便有的地方有包砖，现在基本上也看不到了。但是从另一个

新疆尉犁县，罗布泊无人区里的烽燧，2016年。杨越峦摄

北京延庆区青龙桥火车站，詹天佑雕像面对着古长城脚下他设计的铁路线，2018年。杨越峦摄

角度来说，正是因为西北地理环境的因素，老百姓跟长城的关系反而更紧密。我们河北的长城都在山顶上，老百姓都在山下生活，而在大西北，老百姓就在长城边上生活，山西、陕西、甘肃，包括内蒙古、宁夏都是这样。我们现在教科书上或者长城业界说中国长城分布的省份是15个，包括黑龙江、吉林也有，但是后两地的观赏性相对比较差，我没有拍过，其他剩下的，包括山东的齐长城、河南的楚长城，甚至新疆的汉长城，我都拍过。

宋靖：以前"长城"就叫这个名字吗？

杨越峦：不一定。现在西北的老百姓也不叫它"长城"，而是叫"边墙""大边""二边""头道边"等，但是它的功能、它曾经发挥过的作用和长城是一样的。它也抵御过外族的入侵，发生过激烈的战斗，并且它的建筑形式和功能配置都属于长城的这个体系，所以我想有时间再去拍一下。

宋靖：你拍的长城砖我认真看了，非常好。你今天讲的这些，我想对很多人会有启发和帮助，而且你从组织工作者的角度把河北省摄影家如数家珍，把团结、联络摄影家做得很好。

杨越峦：谢谢！我欢迎学生朋友们也能来参加河北的活动。

原瑞伦

中国铁路文联原副秘书长、中国铁路摄影家协会名誉主席、原主席,中国摄影家协会第8届、第9届理事,中国文联文艺志愿者协会第4届理事,中国新闻摄影学会第6届理事。

出生于1955年,内蒙古自治区包头人。

儿时开始跟随在照相馆工作的父亲学习拍照。

20世纪70年代开始拍摄记录铁路和铁路人。

1980年,创办包头铁路少年摄影学习班,并举办少年摄影展览。

1982年起,在《内蒙古铁道》报任摄影记者。

1993年,调入《人民铁道》报从事摄影记者工作,多年担任该报摄影部主任。

2010年,调入铁道部文联任副秘书长兼中国铁路摄影家协会主席,组织策划了全国铁路大型新闻摄影采访和铁路摄影展览活动。

50年来持续关注拍摄中国铁路的发展变迁,50余次赴青藏铁路创作,作品曾获第6届中国新闻奖二等奖、全国新闻摄影年赛一等奖、第11届中国摄影金像奖,中央国家机关摄影展金奖。

2021年,29幅反映中国铁路50年发展的摄影作品入选第28届全国影展,并入评为纪录类长期关注单元评委会推荐作品。

其本人曾获评全国专业报成立25周年"杰出摄影记者",曾担任第15届国际影展、第25届全国影展、第13届中国摄影金像奖评委。

出版或主编有《沙漠轻轨》《挑战极限 勇创一流——青藏铁路建设运营摄影集》《中国梦 铁路情 劳动美——中国铁路职工摄影书画大赛获奖作品集》等多本铁路摄影作品集。

原瑞伦：用"爱"致力于中国铁路摄影

我认为最重要的是喜爱

宋靖：我写这本书的目的，就是想让学摄影的学生能对中国优秀摄影家有更多的了解。你在这个行业里兢兢业业，从包头铁路一名通讯员一路成长为中国铁路文联副秘书长、中国铁路摄影家协会主席。请讲一讲你的成长历程，每一个重要环节又是怎样抓住的。

原瑞伦：我认为一个人一辈子能做好一件事，重要的就是喜爱，只要有一个"爱"字，一般都能够做好。

我对摄影的热爱缘于我的父亲原维新，他年轻时就酷爱照相，做了一辈子的摄影师。他一直善于学习，不但在我们包头当地小有名气，20世纪50年代还去广州、上海、北京、天津学习照相，与同行们交流不断提高自己，并曾师从北京中国照相馆的创始人姚经才先生。我父亲喜欢电器和医学，爱琢磨电器灯光在照片和暗房的应用，从拍摄到后期、暗房冲洗、底片修整，他都是行家里手。1958年，他自己用自行车链条作为传动，制作了半自动冲卷机，能借此经过水洗、显影、定影、水洗烘干等自动程序完成冲洗胶卷。父亲的这台半自动冲卷机也吸引了小时候的我。当年我就爱在他的摄影棚暗房里玩耍，对于摄影的一切都感觉很新鲜，也很痴迷，耳目一新的照相过程深深地感染了我。从那时起，父亲开始手把手传授少年的我照相知识，以及后期暗室冲卷洗相放大照片等，我也是从那时开始脚踏实地学习摄影的基本技术。那时候，为了学照相，我改造暗室，自己制作洗相盒和放大机，白天出去照相，晚上回家在简陋的暗室通宵达旦冲卷洗相，觉得很快乐。

1971年春天，包头客运段的任孝全列车长找到我父亲，想请我们家人随列车去北京，给列车员和著名京剧表演艺术家马长礼在八达岭长城上照相。我父亲当时忙于工作抽不开身，考虑再三后决定让我替他去。那时我才15岁,还在上中学,突如其来的机会让我惊喜万分,也很紧张,生怕照不好。在我出发前,父亲帮我把相机、胶卷等都准备好,再三嘱咐我注意事项。那天我早早带着器材出发,由哥哥骑着自行车把我送上了火车。那是我有生以来第一次坐火车,也是第一次去北京,我至今都还记得当时的心情,一切都新奇且美好。任孝全列车长对我特别好,不仅把我安排到列车员宿营车的卧铺休息,还让厨师给我做了单炒。我从车窗向外望去,列车穿过内蒙古草原,窗外闪烁着春意盎然的秀丽风景,列车的汽笛声以及车轮有韵律的咔嚓声令我心情非常激动,感慨祖国的风景如此美丽、人生如此美好,能坐上火车去北京真是难得的一次经历!白天,我拿着相机去车厢转转,也拍了一些照片,比如列车上的旅客,还有列车长带着列车员学习《红旗》杂志和列车服务售货、倒水的照片。

那时火车行驶很慢,860公里的路程行驶了24个小时,第二天早上6点多才到了北京永定门火车站。15岁的我这是第一次到北京,对一切都非常新奇,两只眼睛眨都不敢眨,生怕错过了什么。旅客都下车后,我和列车员们一起排队出站登上了马长礼先生来接我们的大客车。行驶在长安街上,当雄伟的天安门进入眼帘时我的心情无比激动,因为这是毛主席宣告中华人民共和国成立的地方。和马长礼先生一起坐在车上,我也非常高兴。马先生平易近人,在车上和大家谈笑风生,还为我们现场清唱了京剧唱段。于我而言,列车员们都是叔叔阿姨大哥大姐,对我都很好,他们觉得照相是一门技术活儿,并没有因为我年轻而轻视我。抵达八达岭长城后,我认真地为他们在烽火台上与马长礼先生拍了很多留念照片。那天的八达岭聚会活动大家都很兴奋,很满意,我也松了一口气,总算完成了照相任务。晚上回到市区后,列车员还带我去了当时北京最大的照相器材店——位于前门大栅栏的"国华照相器材店"。当时,我带着父亲的同事门振长叔叔给器材店经理周永昌的信进店后,毛遂自荐,一见如故。我亲切地喊他"周大爷",得到了他认真热情的接待。周大爷帮我选购了一些显影粉、定影粉、小包装的相纸和洗相用的小工具等,准备让我回去后给列车员们洗照片用。当时正是计划经济商品紧缺凭票购买的年代，买相机还需要省部级控购证明，相机也很紧缺，很多人根本买不到。正因为认识了周大爷，我后来的照相器材选购方便了很多，来京的次数也多了起来。

这次北京之行让我对铁路念念不忘，经常想起乘坐列车铁路旅行的幸福时刻，觉得铁路是国家的大动脉，铁路行业很有趣味，产生了羡慕之感，从那时起就萌生了以后来铁路工作的念头。而也正是照相技能，让从包头师范毕业毛遂自荐去包头铁路分局找工作的我获得了入职的机会。当时本来人家是说不要人的，但临离开时分局教育科的同志突然问了我一句："你会什么？"我说，除了学习师范之外我还会照相。他的眼睛顿时瞪大了，问我："你从哪儿学的照相？"我说我父亲是在包头三三照相馆做摄影的，我一直在和我父亲学摄影。他们当然知道三三照相馆，随后说："那这样吧，把你的档案拿来我们看看再说吧。"提交档案大概一周左右的时间后，他们就通知我来铁路报到，安排我在铁路第七中学工作。因为经常抽调我为包头铁路分局拍照，为了工作方便后来他们又把我调到了包头铁路少年宫。在这里我组织了一个青少年摄影学习班，还搞过青少年摄影培训班和青少年儿童摄影展览。在80年代初，全国这样的班也是很少的，我通过办班、搞展览，受到了包头市电视台、内蒙古电视台、铁道部《人民铁道》报的重视和报道。当时《人民铁道》报的记者部主任马焕文还专门从北京来到包头采访我，图文并茂地在报纸上发了半个版。后来呼和浩特铁路局宣传部部长和《内蒙古铁道》报社长也亲自从呼和浩特来到包头找我谈话，1982年6月就把我调到了呼和浩特铁路局的《内蒙古铁道》报任摄影记者。《内蒙古铁道》报是1958年成立的老报，我在那里得到了很好的锻炼，一干就是12个年头，工作期间也认识了摄影界的不少朋友。后来，《人民铁道》报分管摄影的记者部副主任马晶洁也来呼和浩特找我，想调我到北京工作，1993年我就被调到了《人民铁道》报记者部任摄影记者。在北京做铁路摄影记者，视野更开阔，是在全国铁路进行新闻采访。1995年我拍摄的广深准高速铁路获得全国行业报金奖；1996年我拍摄的京九铁路全线铺通获得了第6届中国新闻奖二等奖，我也因此评上了"主任记者"职称；2001

年，根据报道工作的需要，报社成立了新闻摄影中心，社党委提拔我当主任，2005年中心改为摄影美术部，继续由我负责。

宋靖：当年每个铁路局都有报社，都有摄影记者。《内蒙古铁道》报当时在全国铁路各局的报社里并不是最大的，也不是最重要的铁路局的报纸，而偏偏你能到《人民铁道》报工作，这肯定还是有原因的。

原瑞伦：天上不会掉馅饼，事业的成功一定伴随着机缘和自身的努力，这是一个基本定律，也是一个共识。全国铁路有很多优秀的摄影师，比如侯登科、王福春、郭润滋、田增玉等老一辈摄影家，他们都是为中国铁路做过贡献的摄影名家，也都是通过自己的努力取得的成就。成功不是一朝一夕的，需要不断努力，与时俱进，勇于吃苦，勇于探索，而且要不计个人得失。回顾50多年来从事摄影工作的经历，我感觉支撑我继续做下去的最重要的原因就是爱，以及我国铁路快速发展的现实情况。小时候，在父亲的影响下我爱上了摄影，后来接触铁路后，我又爱上了铁路。这两个爱一直伴随着我的成长，也是我的精神支柱。这种爱伴随着我的生命和生活，是我生命的全部，终身没有丝毫的改变。有了这种爱，就会有所追求，事业就有了动力。可以说，我一生中最投入的一件事情就是铁路摄影，至今我还在力所能及地拍摄铁路。因为爱铁路，铁路的发展变化又给了我营养，给了我摄影创作丰富的资源和各种机遇，所以我才会竭尽全力去把它拍好。这两者是相辅相成的，是铁路培养了我，给了我很多锻炼成长的机会，成就了我的50年铁路摄影，我不悔，很庆幸。

真实是摄影的生命，真实记录铁路发展是根本

宋靖：你认为拍铁路最重要的是要记录什么？

原瑞伦：纪实摄影追求的是真实的人文关怀，记录人类社会发展、社会重要节点和重要事件。在我看来，我们的摄影作品必须有用武之地，不但要现在有用，而且将来也要有用，要给后人留下点什么。铁路摄影的真实性就是要拍摄一些在漫长的铁路建设、运输生活中普遍存在的典型瞬间，也就是铁路人和旅客在不同的年代、不同的旅行工具与环境状态下的喜怒哀乐，体现人性、人本，体现铁路上的人文关怀，用影像展现时空的变化。在我的拍摄中选择题材是第一位的，需要记录的也应是普遍存在的典型人和事，以及重要的铁路建设发展的节点物像。"普遍存在"就是在历史发展阶段符合大多数的情况，而且感动人。如果你拍的照片都是一些没有普遍性的东西，或者是摄影人凭空想象摆出来的画面，这样的摄影就没有生命力，也就失去了真实性，与观者产生不了共鸣，导致照片没有意义。

多年来，我不断思考的一个问题就是：铁路是很大的一个工业体系，两根钢轨线把祖国版图上的城市与城市、人与人拉近距离联系起来。列车成为一个小社会，有人情味的列车生活，有旅途的快乐，更有铁路生生不息的很多故事和回味，有时候让人流连忘返。这些都是我们要拍摄的铁路题材，接下来才看你是通过艺术呈现，还是记录呈现。所以，需要我们动脑子、做功课和思考，需要关注研究很多关键性的人和事件。虽然长期以来报社交给我的主要任务是新闻摄影，以拍摄铁路局、铁道部以及国家领导人为主要内容，见报是天职，但是从1971年到2022年这整整50年的铁路拍摄，我一直在忙里偷闲，没有间断地记录着铁路上的普通乘客、重大事件、生产生活和铁路运输的新景象。我一直坚信，摄影要有拍摄理念，首先是扣准一个主题。于我而言，这个主题就是人与铁路的关系，人在铁路上的状态，铁路在大自然中的状态，列车在平原、森林、大海、高原、草原、冰雪、隧道、桥梁中奔驰的美好瞬间……当然这是一个非常宏观的纪实拍摄，难度大，需要花费大量的时间和费用，也需要吃很多的苦头才能实现，但这呈现的是中国铁路的一段历史。就小的题材来说，也能拍摄记录旅客的乘车变化、一位旅客旅行的故事等。总之，铁路的摄影题材非常丰富，一些题材我们还没有挖掘出来，比如即将要停运的老铁路线以及装备，这些铁路马上就一去不复返了，它们将成为历史，成为文物，是共和国发展史上人民永远不能忘记的走过的道路。

1982年早春时节，东北地区仍是寒风刺骨，呼和浩特开往海拉尔的列车停靠在通辽站时，旅客们自带着茶缸在站台上排队打热水。原瑞伦摄

吞云吐雾的蒸汽机车是铁路百年的起源，在新中国成立后的几十年中，火车头精神影响了一代又一代中国人。原瑞伦1977年摄于包头西机务段

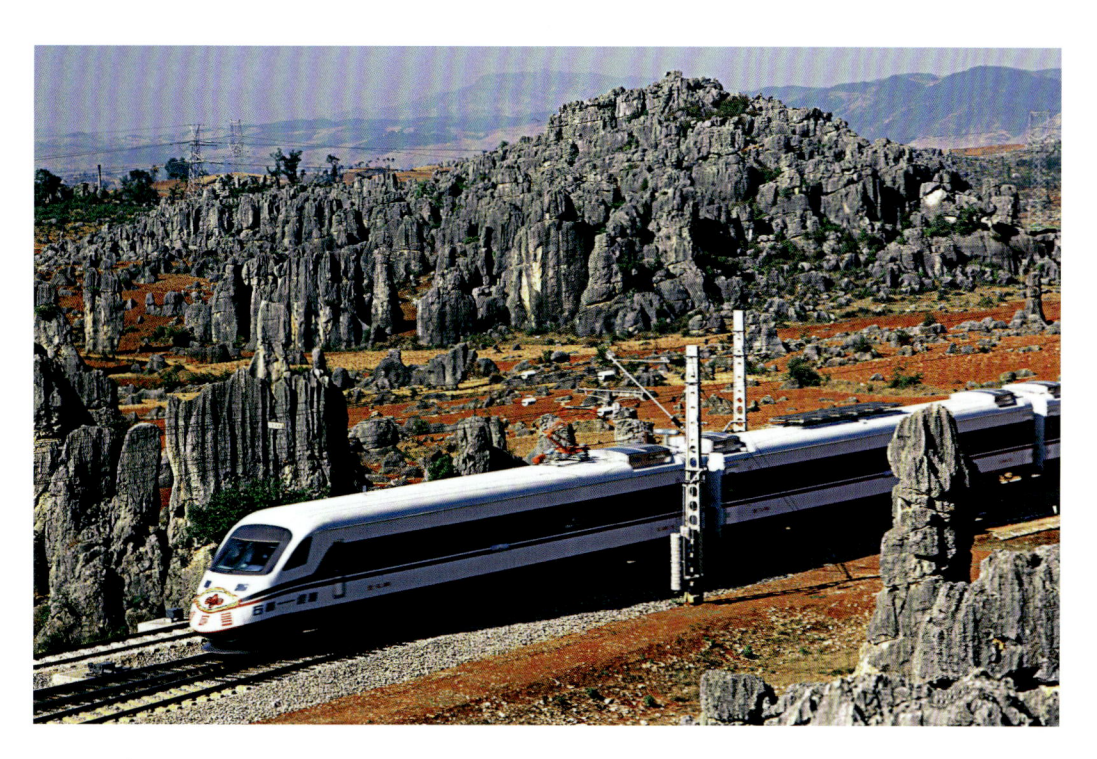

1999年3月，我国第一列子弹头内燃列车从昆明站开出，穿越云南石林风景区向玉溪驶去。这是开发西部修建的提速列车。原瑞伦摄

我拍照片并不是很讲求光线和构图，我觉得纪实摄影到了一定程度，那些技术的东西已经不重要了，我追求的是题材，能吸引人眼球的东西，追求的是自然状态，要在自然的状态下把铁路工作人员、铁路建设者、旅客的真实状态、情感动作以及背景环境捕捉下来。如此日积月累，作品就会变得很丰富，很完整，以小见大就能反映一个大铁路的主题。2018年中国摄影家协会在国家博物馆展出"影像见证40周年"，当时我的一幅反映20世纪80年代初站务员在站台上拿着大瓢给争先恐后的旅客加水的照片获得了很多观众的围观。这张照片记录了那个年代全国铁路普遍存在的喝水难的场景，引起了现场很多观众的共鸣，还原了他们当年乘坐火车旅途中的列车生活状态。"影像见证"，进而引发共鸣、回味，这就是我们摄影的作用和目的。如果我们的作品内容不是社会普遍存在的现象，读者看不懂，没有感觉，人们就不会有很深的感触，也就不会有共鸣，这就失去了纪实照片的意义。

拍打水这张照片时没有特别好的光线，阴天还有一点寒冷，我就是考虑了一个站位和背景，抓拍了一个很真实的瞬间。当

2007年4月5日12时43分，具有自主知识产权的国产化时速200公里动车组列车飞驰在泰山脚下，这也是我国第一列高铁列车在京沪铁路试运行。原瑞伦摄

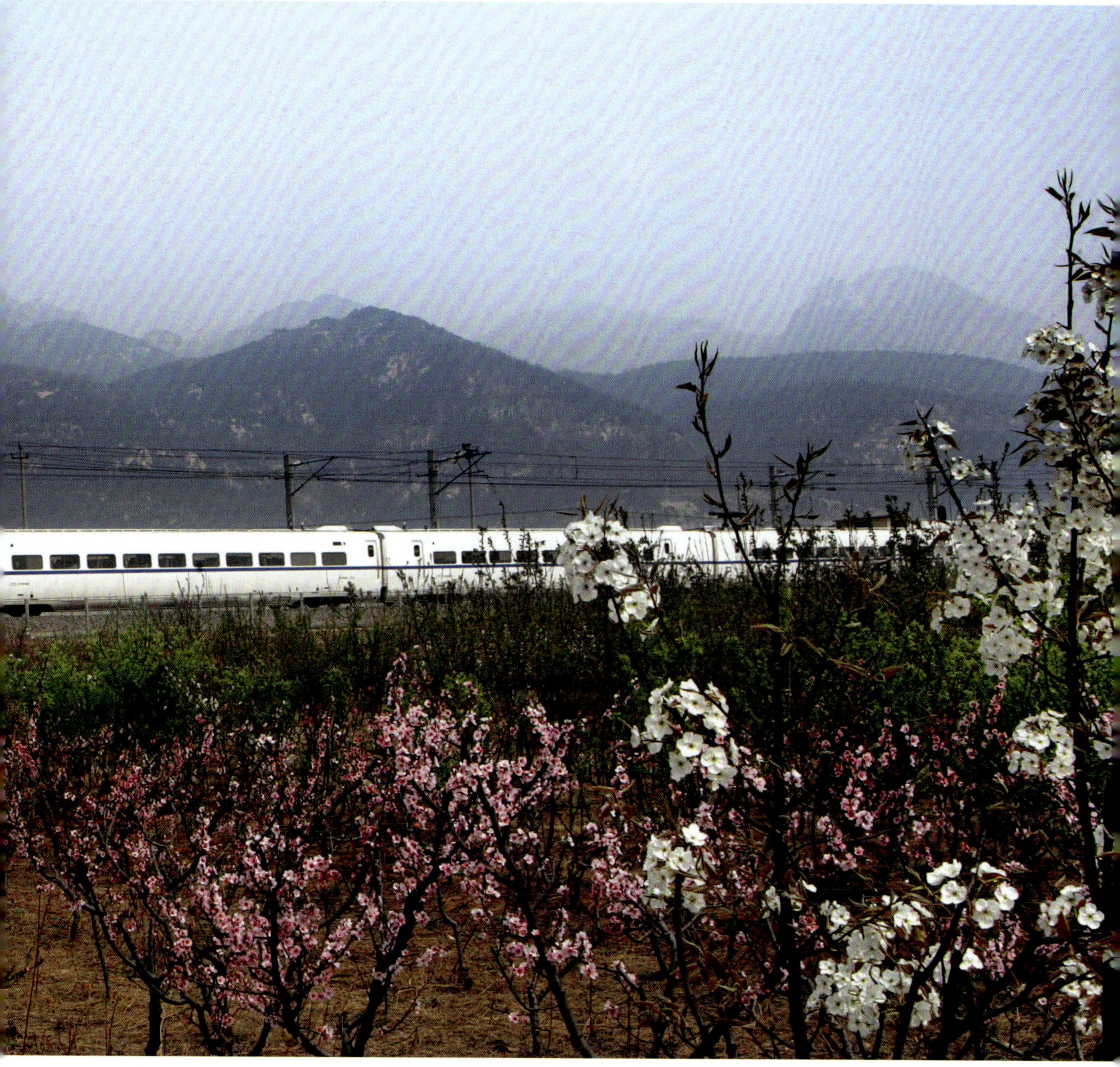

时这张照片是作为新闻照片拍摄的，发表后也没什么强烈的反响，因为当时是普遍存在，但时间长了就变成了纪实照片，成为历史记录，照片的背后就产生了鲜为人知的故事。

另外，我在拍摄铁路时还很重视记录人物。虽然记录外景的变化也很重要，但铁路是为人服务的，有了人才有了生机。毛主席给铁路部门题的"人民铁路为人民"这几个闪光的大字至今还悬挂在国家铁路集团公司大厅。铁路建设、铁路运输，都是以人为前提开展工作的，所以铁路纪实摄影必须以人为基础，以人为主。这50年间，我记录了很多铁路上形形色色的人，从工人到每条线路不同的旅客。回过头来看，他们的穿衣吃饭、乘坐的车型，都是中国铁路发展历史阶段的真实写照。

宋靖：你一直是"镜头追着火车跑"。长期拍摄铁路，见

舒适乘车、快速旅行，已是我国广大人民群众对乘坐高铁的普遍认同。这是2015年旅客正在南京站快速进站上车。原瑞伦摄

证了铁路飞速发展的50年,今天再来回顾,对此你又有何新的感想?

原瑞伦:铁路是国家的象征。新中国成立70多年来,一个破烂不堪的、被万国机车占领的中国铁路,经过几代铁路人的不断维修、改造、新建,实现了从蒸汽机车、内燃机车到电力机车的飞跃,再到现在的高原铁路、高速铁路……我亲眼见证了中国铁路的发展、科技的进步、运输能力的提升,以及由此带来的生产力和生产资料的快速流动拉动经济社会繁荣,铁路的发展促进也彰显了国家的强大,带领我们进入了今天的新时代。同时,我也很庆幸自己能够作为一个铁路摄影师融入我国的铁路发展建设之中,成为铁路的一分子,把铁路的发展变化、客运量的大幅度增加等一点一滴记录下来。如今回想,我记录的都是中国铁路的发展历史。50年摄影与铁路发展同行,我感到很自豪，无悔一生。

创新不是一句空话，它需要付诸实践

宋靖：拍摄铁路有什么技巧吗？在长期的拍摄过程中，有没有什么事让你非常难忘？

原瑞伦：铁路点多、线长，目前我国铁路已达14万多公里，因此拍摄铁路很重要的一点，就是要吃苦、狠下功夫。拍摄好铁路不是一件容易的事，更不可能随便拿起相机按动快门就出来好照片。有时候为了一条重要的铁路拍摄，我们要去若干次，甚至要经过春夏秋冬四个季节才能拍出想要的效果。比如青藏铁路我就去过五十多次，第一次去的时间是2001年4月开工前夕。现在说去西藏很容易，心情也放松，那时候去西藏首先是感到恐慌，因为高原缺氧，心理压力会很大。当时走在海拔4000米的高原上，我感觉脚下就像踩了棉花，呼吸困难，很是害怕，我们同去的记者有的还得了肺水肿住进了那曲医院。后来去的次数多了，工地都有了氧气，就方便了，心里也不紧张了。我还在海拔5000多米的唐古拉山工地吃住过。在我的记忆中，可可西里无人区采访拍摄是比较困难的，高原缺氧，没吃没喝。

京张高铁是从2016年年底开始修建的，2019年年底通车，我从修建之始就开始拍摄，铁路的施工、桥隧线路的铺轨这些区段我都进行了拍摄。每一条铁路都有它自己的特点，京张高铁的特点就是在长城脚下施工运行。但是这条铁路在八达岭地下走了12公里，基本都是看不到长城的。2019年8月，在跟随铁路铺轨建设者铺到九仙庙中桥时，我突然发现从这个位置向远处能看到居庸关长城。这正是我想要的画面，于是我专门把这个位置定了位。2019年10月5日下午2时08分，我在这里拍摄了第一列"黄医生"综合检测车（车体为黄色，故名）通过居庸关长城的历史性瞬间，这无疑是独一无二的作品。同年12月30日早上8时15分，我在这里再次拍摄了京张高铁建成开通首趟"复兴号"列车通过居庸关长城的情景，之后我又连续二十多次在这个机位拍到了春夏秋冬4个季节的京张高

2001年4月，铁道部第一勘察设计院技术人员在藏族同胞的带领下，于拉萨河畔勘察青藏铁路。原瑞伦摄

铁。拍完之后，我深感庆幸，因为这些照片最能彰显京张高铁的标志性特点。后来我又有个想法，这个地方若是下雪了一定会更有味道。所以，我在很多下雪天都又去过，可是一直没有拍到满意的照片，不是雪大白茫茫一片什么也看不到，就是雪太小，星星点点拍不出雪的效果。唯有2022年1月23日拍的第一趟设有5G超高清演播室的"瑞雪迎春"新型奥运版"复兴号"智能列车经过居庸关长城，是我最满意的一幅。这幅作品两天后在《中国摄影报》头版整版刊出（见下页图），后来在《中国摄影》《大众摄影》杂志也被整版刊出。

赴冰雪之约

1月23日，设有5G超高清演播室的"瑞雪迎春"新型奥运版复兴号智能动车经过居庸关长城。

1月21日，京张高铁冬奥列车开启赛时运输服务。据了解，京张高铁为北京冬奥会及冬残奥会提供运输服务，时间自1月21日起至3月16日止，共计55天，铁路部门共安排冬奥列车40对，其中基本线17对，将在冬奥会运输期间每日开行。　　　　原瑞伦 摄

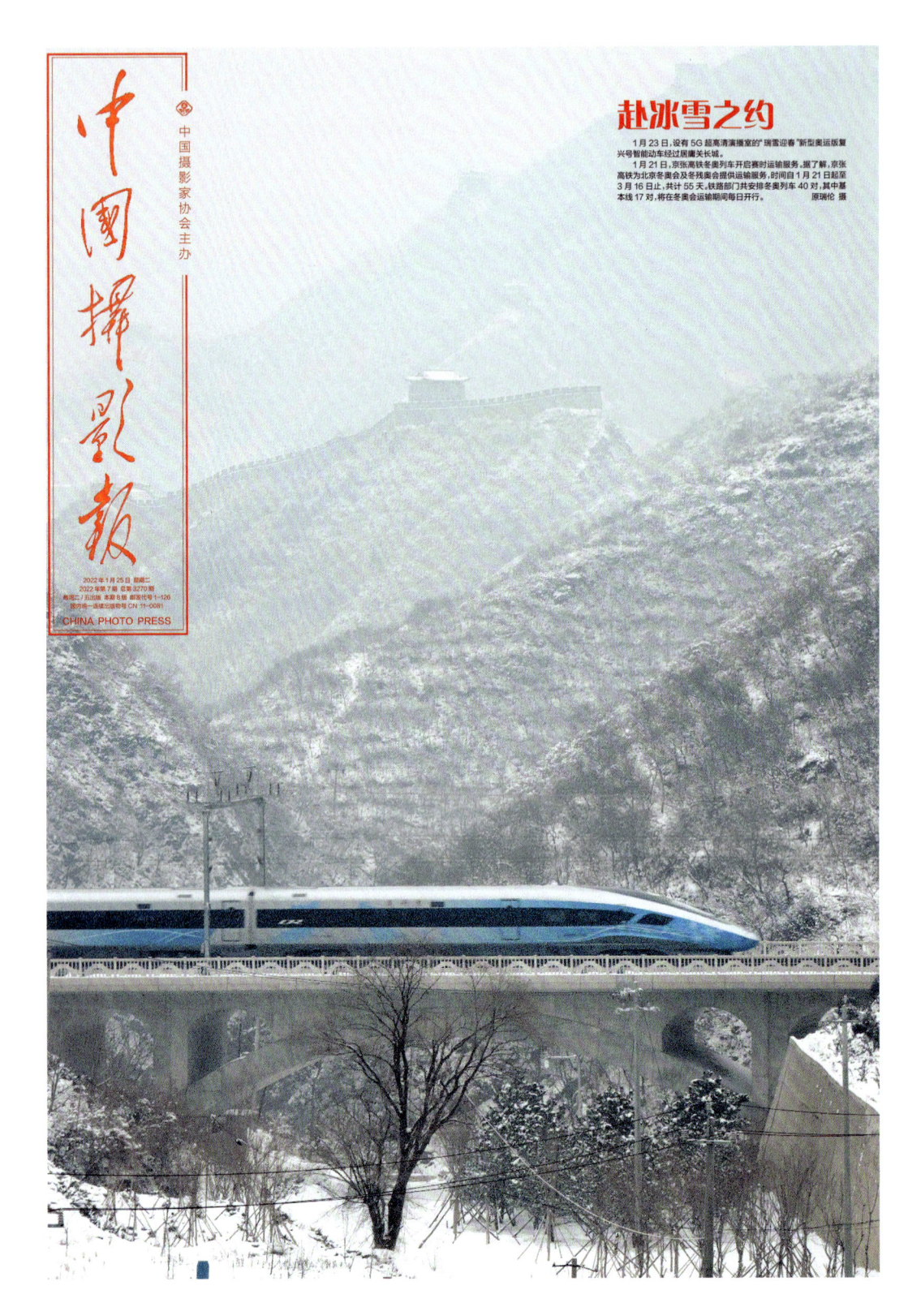

还有花海铁路，也就是北京市郊S2线。那条铁路是2008年开通的，恰逢北京奥运会。当时铁道部部长说，这条铁路开通以后就要有一张照片见报，要能出版画册用，他把这个任务给了我。记得那个时候，我和我们报社的司机顶着8月的烈日开着车，一个一个山头去找，一个一个机位去试拍。最后，我成功拍到了那张S2线路穿越水长城的照片，背景是长城，山谷是白色的飞驰的火车。所以拍铁路真是不容易，要追着火车跑才行，要有付出才有收获，而且还要不断创新。

我们常说，摄影要创新，文艺创作要突出一个"新"字。创新不是一句空话，它需要付诸实践，努力去寻找新的题材、新的角度、新的画面。有的人不愿意下功夫，看着别人拍得好看就直接去问别人机位和技法，模仿着就去拍了。若是刚入门学习，模仿别人拍是必然的学习途径，没有问题，但如果你已经成为摄影师，并且是搞创作，就千万不要这样做，不要跟着别人拍，更不能复制雷同场景，反而要有逆向思维，要用自己的理念，拍前人没有的自己的东西。过去有句老话，"师傅领进门，修行在个人"，就摄影而言意味着要独立思考，要讲究照片的唯一性问题。朱宪民老师说过，"创新没有老师"，我认为这句话说得很有道理。创新是个性化的东西，不是普遍性的，作为摄影师如果一直跟着别人拍，你拍出来的永远都是复制品。我一直认为，摄影创作就是当"个体户"的过程，在学习别人的基础上要不断独立思考，不断去琢磨与众不同的题材和表现手法，不断去寻找那些能够出新画面、新角度、新意境、具有自己风格的独家的新作品。

我在铁路摄影圈也经常强调这个问题：若想出成果，就要做到独特，必须去寻找新的题材和新的物像。摄影要下功夫，要吃苦耐劳，要动脑子，还有就是不要计较个人的得失。不要心里想着加了点油、交了点吃住行费用，就觉得自己亏了，给的稿费微薄就感觉没有赚到钱。一定要把这种观念去除掉，你要知道你的摄影作品是有社会价值和艺术价值的，要想有收获就必须有付出，体力上要付出，经济上要付出，思想上也要付出，只有全身心地付出才能够达到创新的目标。所以，若想成就一

个摄影家或你的代表作品能传得开、留得下,是很难的。一个摄影师一辈子的代表作也就那么几幅,都是千锤百炼出来的。

宋靖:你扎根一个行业,拍了一辈子。你觉得,铁路部门还能再有一个你这样的摄影师出现吗?

原瑞伦:我相信时代在发展,社会在进步,中国铁路有200多万职工,摄影人也无数,只要大家奋发努力,就会青出于蓝胜于蓝,人才会脱颖而出。

目前铁路也有不少的年轻摄影师取得一定的成绩,他们的作品入选全国影展以及全国性的大型主题摄影展,在新华社、《人民日报》等主流媒体刊发,有的摄影师已经成为铁路摄影协会的领军人物,有的人还举办了个展,出版了画册,前途是无限的。但是也有这样的现象,就是摄影人流动性比较大,有些人今天干这个,明天可能就改换工作了,不能长期坚持下来。还有的摄影人把摄影当工作,没有深入的爱,完成任务就满足了,没有高质量发展的自我规划。实际上摄影工作和摄影创作

1997年7月1日,香港回归前夕,一列从内地开往香港的"三趟快车",风雨无阻地运送活猪、鸭、鸡等货物供应香港市场。这趟车自1962年开行以来迄今已是50多年了。原瑞伦摄

是完全不一样的两种概念，它们的拍摄方法不同，摄影工作首先要拍摄好组织交代的会议、领导活动等必要的新闻宣传、展览展示图片，而摄影创作要有一定的时间沉下去，按照自己的想法观察发现，特别是对以小见大的题材要进行连续拍摄、追踪拍摄。摄影绝不能坐井观天，要有激情，还要身体力行。

我来了铁路工作后，就从来没有想过要离开。如果把摄影当作事业，那就要干一行爱一行，要研究中国铁路的发展有什么新的动态，有什么新的车型或者新的铁路工程，哪里是关键的东西，哪些人是铁路人的典型群体……直到现在我满脑子想的都还是这些，我这辈子就致力于拍摄中国铁路。

宋靖：你今天讲的就是热爱和脚踏实地，我也想让同学们知道脚踏实地有多重要。

原瑞伦：是的，一个摄影师，脚踏实地、实实在在下功夫才能出效果。凡是虚张声势、浮皮潦草的做事恐怕是永远不会有结果的。

张兆增

中国摄影家协会第9届理事，中国新闻摄影学会理事，中国煤矿摄影家协会主席。

1957年生于北京。

1978年后就职于中国人民大学书报资料社。

20世纪80年代初加入北京崇文区（现已并入东城区）广角摄影学会，开始关注纪实摄影报道。

1984年获第13届全国影展银牌奖。

1986、1988年获第1届、第2届上海国际影展铜牌奖。

1989年获"'富士杯'全国摄影十杰"称号。

1996年、1999年两次荣获"全国人像摄影十杰"提名奖。

2003年获得中国记协"抗击非典优秀新闻工作者"称号，中国摄影家协会"德艺双馨优秀会员"、"抗击非典优秀摄影工作者"荣誉称号，北京市"抗击非典先进工作者"称号。

2008年获中国摄影家协会"抗震救灾优秀新闻摄影工作者"称号。

2011年获中国煤炭文联"德艺双馨文艺工作者"荣誉称号。

2016年获中国摄影金像奖。

2017年获行业报新闻摄影学会"行业摄影致敬奖"。

2017年、2021年两次担任第26届、28届全国影展纪实类评委。

张兆增：这就是我摄影40年来最深的感悟

每天上演的鲜活生活，一直是我喜欢摄影的动力

宋靖：我在几十年的教育生涯中发现一个问题：中国学摄影的孩子对外国摄影师如数家珍，对中国摄影师了解少之又少。在我看来，中国学生与外国摄影师的成长环境不一样，若想在作品中体现中国优秀的传统文化及中国人的情感，若想拍摄具有中国国情与中国现实的作品，必须从本国摄影师身上学习。所以，我想通过挖掘中国最好的摄影师，把你们的人生经历记录成册，让学摄影的孩子们了解本国的优秀摄影师都是如何成长、如何成就自我的。

张兆增：这个想法非常好。如你所说，现在的年轻人大多都只知道外国的摄影大师，对中国摄影师的关注却不多，我觉得有很多原因，其中一点就是缺少文化自信。很多人一提摄影都会有一种"外国的月亮比中国圆"的感觉，总觉得外国的东西比中国的东西好。但是我认为，作为一名中国摄影人，我们出生在中国，从降生起就潜移默化地接受原汁原味的东方文化。不管你多年轻、学了多少知识、多时尚、多前卫，你的根基还是在中国，还是要立足于国内。

例如我出生自北京，在胡同儿里长大，对于文化的延续和传承是一种骨子里的自觉。如果你把世界最顶级的相机交给我让我去国外拍，在外国两眼一摸黑，语言又不通，我肯定拍不过那些国外大师。因为他们是在那个土壤里生长的，生活和文化沉淀出来的气质是不一样的，所以我认为你的想法和观点非常好。

宋靖：你是从什么样的机缘巧合开始摄影的？最后是怎么专注到煤矿摄影的？

张兆增：我以前就比较喜欢照相，喜欢给同学、同事照相，喜欢去照相馆买显影液自己冲胶卷，自己印相。1978年，中国人民大学恢复办学，一次偶然的机会我被调到了人民大学书报资料社工作，当时资料社的楼下就是人民大学图书馆。在这里，弥补了我"文化大革命"中没有多少机会看书的遗憾，感到莫大的惊喜。我们资料社有一个规定，那就是上班期间的工间操时间段职工可以自由活动，这时我就选择去图书馆看书。里面什么类型的书籍都有，国外的名著、社科类、文化类……开始我什么都看，后来就开始关注到摄影书。当时图书馆有好多摄影书合订本，像《大众摄影》《中国摄影》……里边有许多非常棒的摄影作品，讲了许多有关摄影艺术创作的经验，我越看越喜欢。那时，我翻阅了好多像吴印咸、吕厚民等老前辈拍摄的历史照片和风光照片。其中，我对陈勃老师拍的《雨越大干劲越大》印象深刻。那张照片场景很大，下着大雨，照片里的人物全穿着雨衣挑着装满泥土的担子，画面视觉效果非常强烈，现场感很强。除此之外，我还看到了许多曾经获全国影展金、银、铜奖的作品，这些作品令我影响很深，从那时起我就开始喜欢摄影了，开始省吃俭用攒钱买相机。后来，我还看了许多关于暗房技艺的书籍，更深入地掌握了冲胶卷、调配方、放大照片的技能，也开始照猫画虎学着前辈们的拍摄方式去创作。在没看到这些摄影刊物之前，我以为照相机就是用来拍纪念照的，是这些刊物使我豁然开朗——原来照相不光是拍纪念照，还能用来搞艺术创作。

记得当时我月工资不过30多元钱，但依旧省吃俭用买相机、买胶卷，背着相机满处转。我特别喜欢去北海植物园、香山植物园、紫竹院公园等地方，去拍荷花、拍舞台。后来经徐勇（拍北京胡同成名的摄影家）介绍，我加入了刘家瑞老师在崇文区文化馆创办的北京广角摄影学会。在这里，我认识了贺延光、解海龙、王文澜、徐勇、刘占崑、彭宏、崔新华、王毅、陈炼一等优秀的新闻摄影家和纪实摄影家，他们对我的影响很大。从1982年起我开始关注纪实摄影，关注老百姓的日常生活，一直到现在。后来，改革开放初期那段时间我拍了80年代北京街头百姓的市井生活，2019年出了一本画册，叫《北京十年（1980-1990）》。每天上演的鲜活生活，一直是我喜欢摄影的动力。

1984年，我从人民大学书报资料社调到了北京市红十字血液中心，当时是因为我获了一些奖，正好红十字血液中心需要一个摄影宣传干事，所以我就被调过去了。于我自己而言，我调入的主要原因是可以干专业了，终于不用再为相机、胶卷贵发愁了。在血液中心我就负责血液宣传，如拍摄名人来献血、无偿献血，给单位拍资料，拍宣传图片等。再后来，我还是特别想去报社，想干一个专业的摄影记者。那个时代进报社的前提条件必须要有大专学历，我初中后就插队，学历上受到限制。当时像我这样没学历的大龄青年很多，大家每天下班就骑自行车去上夜校，一个星期上3天，晚上9点多下了夜校骑车回家再吃饭，这样要上3年。因为想去报社，所以我夜校学的是电大新闻系，毕业拿到文凭后通过朋友介绍，我1988年调到了《中国煤炭报》，直到2019年12月31号退休，我拍摄煤炭报道30多年。后来国家安全生产监督管理总局成立，创办了《中国安全生产报》，这张报纸也放到了我们报社。2018年国务院机构改革成立了应急管理部，国家安全监督管理总局归到应急管理部，《中国安全生产报》又变更成《中国应急管理报》，我们报社一波儿人办这两张报。这就是我喜欢摄影一直到今天的经历。

审视一张照片好坏标准的心理变化

宋靖：可以谈谈你拍煤炭的经历吗？

张兆增：至于拍煤炭报道的经历，我当年调入《中国煤炭报》一直做摄影记者到退休，每次下去采访我都看作是一次难得的机会。除把采访任务完成以外，我还要留出一两天时间去拍一些我比较喜欢的煤炭题材。改革开放初期，煤炭工人工作、生活条件非常艰苦，而且煤炭工人憨厚，看到煤炭报记者来采访，他们就像看到亲兄弟一样，非常愿意让拍照，所以我拍了大量的煤炭行业纪实照片。干专业之前我曾有一段时间一直是在追求光线影调，追求人像的神态，类似于沙龙摄影的感觉。那会儿是业余爱好，包括拍的80年代的

2007年8月，史上规模最大的煤炭行业运动会（全国煤矿第4届职工运动会）在山西大同矿业集团举办，运动会的开幕式上矿工演矿工。张兆增摄

在煤炭形势一派大好的同时也伴生出煤炭事故频发。2010年3月山西王家岭矿难发生7天后，下井搜救的矿工按当地习俗都要佩带红色丝带，寓意井下搜救可以辟邪。张兆增摄

北京的那些照片。当时没有双休日，只有星期天休息。每当休息日我很早就出去拍照，拍完回家把胶卷冲出来看底片，如果感觉没有能获奖的照片，就把胶卷卷起来放抽屉里。就这样，我存下了大量当时看不上眼的记录改革开放初期京城百姓在改革开放春风下的真实生活场景图片，同时也有许多沙龙式的作品获奖。但是拍着拍着我就觉得，光影造型的那些人像并没有太大意思，当时可能感觉好，感觉能获奖，但事后看却是缺少细节，缺少环境，缺少情感交流，或是说缺少一些文献的东西。干上专业记者后，尤其是改革开放以后，在外来的信息，尤其广角学会的影响下，我开始关注纪实摄影。当然，我拍纪实摄影也是一点一点摸索着往前走，一直到今天。前阵子由"巨浪影像"（2021年《财经》杂志联合"巨浪视线"推出的系列影像专题视频节目。前著名媒体人、文艺评论家杨浪陆续对话数十位中国摄影家，通过访谈回顾摄影家们的创作与经历，再现他们镜头下的高光时刻——编者注）登出的我那一部分就是在我对纪实摄影有了另外认知，知道了我要怎么去拍煤炭，用什么方式去拍煤炭的成果。如果一直只是在煤矿拍那种黑脸白牙笑脸的所谓人像获奖照片，今天我也拿不出这些东西。就是因为自己内心对到底应该拍什么产生了观念的变化，所以我才记录下了中国煤炭工业30年的起起伏伏，做了这些今天看来史料般的记载。

宋靖：在这个过程中，你见证了中国煤矿工人从最原始的挖煤状态，到最后大工业时代的整个历程。在拍摄过程中，你有没有想跟大家分享的东西。

张兆增：从拍沙龙味道的照片到拍纪实摄影，记录所见到事物的变化过程，我想这个变化是值得分享的，当然这种变化只有走过来后才明白其重要性。2018年深圳国际摄影大展约了我一组"80·北京"的照片参展，邀请我去参加了开幕式。在展览现场，深圳电视台记者采访时对我说："张老师，你的80·北京，影响非常大，而且在社会上反响非常强烈，你当时是想到改革开放初期的10年变化巨大、是很重要的里程碑才去

进入 21 世纪的第二个十年，随着新能源的不断发展以及老矿山接近枯竭，中国煤炭走入"寒冬"。2015 年陕西铜川矿业集团王石凹煤矿因资源枯竭工人被分流到 60 公里以外另一家煤矿工作，这是母亲和妻子送亲人离别的场景。张兆增摄

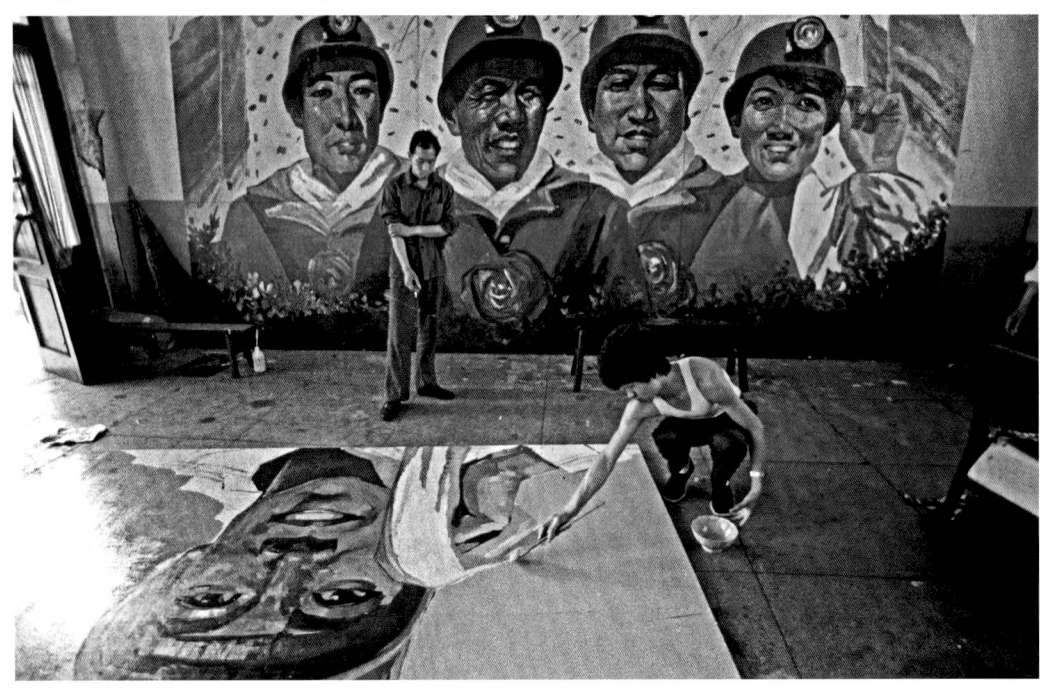

中国的煤炭工人在艰苦的环境下为中国的改革开放初期建设做出了默默无闻的贡献。1992 年，山西潞安矿业集团石圪节煤矿工会在绘制、塑造高大上的矿工形象。张兆增摄

拍摄的吗？"我说："那就太夸张了。你这恰恰问到了我的软肋，我没有想到，并且现在是最后悔的。假设当时我能像你说的预料到改革开放北京这十几年变化的重要性，我就不会舍近求远，跑到我不熟悉的地方去创作。我会一门心思拍北京，一点不夸张，从改革开放一直拍到现在，这样我能拿出上万张精彩的照片。"

我之所以这么说，恰恰是因为我走了很长一段弯路。当年我新疆去了7—8次，南疆、北疆跑了不少地方；云南去了3次，甘南去了6—7次。那会儿背着摄影包不看见好题材相机都不掏，看见中意的就一定要拍下来，回来选出满意的图片参加比赛。一点儿不夸张地说，"80·北京"这组照片是我在北京闲得没事儿的时候背着相机街拍的，充其量只能说我是一个摄影勤快人，拍北京只占了我摄影时间的1/10。只是现在回过头来翻看那些获奖的照片和证书，我就感觉不值得一看，没有味道，但是对于在抽屉里睡了30年的"80·北京"这组照片经整理翻找再发现，才感觉这些照片是真正的纪实摄影，真实记录了20世纪80年代改革开放初期北京百姓真实的生活状态，让人一看就觉得特别亲切。当时如果我能意识到这点，一直关注身边事，拍摄最熟悉的领域，记录下北京改革开放的变迁，比如胡同的消失、人们精神面貌的变化，全部都拍下来，可想那是多么精彩。但是世上没有卖后悔药的，好在我还是闲暇之余拍了一些。

宋靖：心态决定了你的摄影方法。你在北京溜达着拍的时候是用一种十分轻松平静的心态去拍的，你看到的生活也是平静的，但是当你去外面那些地方，你是带着目标攒着全身的劲儿去拍的，你可能感觉拍不出来最好的照片都对不起自己。所以，在平静祥和的状态下，拍出来的才是老百姓的日常生活。你没有去找那些典型环境的典型人物去拍，而是特别悠闲自得地去拍，反而把北京人的乐趣拍出来了。

张兆增：我有一张比较经典的照片，内容是一个小孩与警察互相敬礼。1980年，北京摄影家协会与《北京日报》摄影部联合举办"北京美"摄影比赛。那时我对摄影还只是业余爱好，每天上班都背着相机,自行车后夹个三脚架。我的同事对我说:"既然你这么喜欢摄影,我告诉你一个活雷锋,你可以去拍拍。"据他所说,平安里有一名西四交通大队的文职警官,他每天都用业余时间早起送小孩过马路,等到7点半把孩子送到学校以后再骑车到单位上班。我听说后就去拍,从春天拍到夏天,回来冲完胶卷一看没有能获奖的照片就将胶卷扔在了抽屉里。最后我决定用艺术创作方式,采用拍摄移动物体的追随摄影法去拍摄。警察领

20世纪80年代初,每天清晨7点开始,北京西四路口都有一位交警在此义务护送小学生过马路上学,送完学生他再骑车到交通队上班。每当送学生后,孩子都向他敬礼表示感谢。张兆增摄于1980年

着小孩过马路，走得很慢，那个速度得在1/4秒以下，所以拍摄难度非常大，但是我当时觉得这才是作品。因为拍摄难度大，我前后拍过10多次。那时马路上车没现在这么多，除了公共汽车就是自行车。我站在慢行道，看见警察领一个小孩儿过来我就拍一张，拍出来基本都是虚的。我就这么不停地拍，经多次拍摄，终于有一张里警察和小孩儿表情都特别好，动感强烈，人物主体面部清楚，我就感觉这张照片一定能获奖。我把它给《北京日报》寄去了，一星期后这张照片在该报一版大幅刊登。1980年在《北京日报》一版用那么大版面登照片真是破天荒。后来过了3个月，我这张照片在"北京美"摄影比赛获评了一等奖。我就把这张底片剪下来，放在暗袋里边，当宝贝似的放在底片盒里面。但是30年以后，现在看这张获奖照片其实并不比其他张好，反倒是其他张环境交代、人物装扮、人物表情、时代印记等纪实摄影要素全面，方方面面都比这张获一等奖的照片优秀得多。

宋靖：一个人没有办法超越时代，那个时候大家的审美和认知都还在技术技巧上。不过现在再看这张照片也不失为一张好照片，它反映的是人和人之间的心灵沟通，这张照片把中国人心里鱼水情深的感觉给表达出来了。你还有什么印象深刻的经历想跟年轻人分享吗？

张兆增：你问我这么多年印象最深的经历，尤其是对年轻人能有帮助的经历，前面我举的两个例子就是。一个是舍近求远，放着身边有时代价值的题材不去深入拍摄，丢掉了非常珍贵的具有史料价值般的文献摄影或者说是档案摄影；另一个是审视一张照片好坏标准的心理变化。这是我经历过40年摄影的磨炼，如刻刀一样深深铭刻在心中最深刻的经历，在此分享给大家。

宋靖：越拍越走进生活的本质，这是摄影最应该坚守的。

张兆增：是，应该用一种平和的心去关注社会，关注文化，而不是跑到你不熟悉的远方待上十天半个月。去拍所谓的能获奖照片，花费了大量的资金，还不如拍你身边熟悉的百姓文化生活。这就是我摄影40年来最深的感悟。

宋靖：你说的这种创作方式和认识的转折，对年轻人非常有借鉴意义和学习价值。

张兆增：但是现在还有好多人一直就盯着打比赛，甚至不惜为了烘托气氛营造美妙的视觉效果，带上烟饼、补光器械甚至模特，制造摆拍的"纪实糖水片"。我认为这背离了摄影本身的那种最真实、最美的、最有质感的东西。

宋靖：应该让生活启发我们，而不是我们去导演生活，这在纪实摄影里边是一个根本性的问题。

张兆增：还有一点特别关键，许多摄影人感悟不到，等他们明白过来幡然醒悟的时候，可能大好的时光在他身边又是擦肩而过。现在有好多人见到我常说，"80·北京""中国煤炭三十年冰与火"我们是拍不着了，没有那种机会了。我说不对，现在有现在的机会，就看你怎么去把握，历史不可能是停滞的、定格的，历史永远向前走。解海龙的希望工程作品《我要上学（大眼睛女孩）》没有了，但还有别的机会。我的意思就是要好好把握现在的机会，不要怨天尤人，没有卖后悔药的。

你们身上有太多值得学习的东西了

宋靖：拍什么样的照片，跟拍摄者的三观相一致。怎么拍好解决，技术技巧也好解决，但是大家就算一起拍，同一个主题拍出来的感觉也是不一样的。能说一下你在推动煤炭摄影方面的想法和做法吗？

张兆增：2018年我接手了煤炭摄影协会，然后我们搞了很多活动，2019年又搞了4个季度的摄影比赛。在山东兖矿集团、安徽淮北矿业集团、河南平煤矿业集团、神华神东煤炭集团，我们选了一些拍摄煤炭行业比较优秀的摄影人，走出去到同行那里去拍摄。我们每个季度评出优秀摄影师给予奖励，年终又在季度获奖人选中经过年终总决赛评出"年度煤炭摄影十佳"。2020年至2021年因故没有再做，只做了一些线上的展览，还参加了一些活动，如《中国摄影报》在陕西神木举办的首届全国能源大展。因为是能源大展，煤炭自然是个重头，所以我们好多摄影家的照片一起展览，还有我的个展同时展出。

宋靖：煤炭是最传统的行业，也是现在高科技成分很高的行业，所以如果这个行业能拍好，以后就是专家。
张兆增：没错，我做煤炭摄影这么多年，越拍就越喜欢这个行业，出彩，鲜活。

宋靖：而且地域分布很广，从高原到平原，遍及中国各地。
张兆增：现在煤炭行业转型的也很多，有煤制油，还有煤化工等，煤炭的化工副产品很多，其中还包括瓦斯治理，可变害为宝。

宋靖：煤炭就是自然给人类的馈赠。它深藏在地下，往往在夹缝中也会存有瓦斯。瓦斯如果能好好利用，也是非常强大的能源。
张兆增：跟天然气差不多，利用好高瓦斯矿，可变废为宝，用来发电等。瓦斯利用好了，可能比煤矿采煤的收入还要高。

宋靖：我常常觉得，作为在校老师，我跟你们这些行业摄影师比起来见识还是太少。我特别喜欢朴素的生活，我拍的作品和你拍的"80·北京"的风格也特别像。我不是有意识地要这么拍，是因为我的职业特点，拍出来的就是普普通通、平平常常的生活，有我对生活的感动在里面，或者是我能捕捉到的生活的小乐趣，所以拍出来的东西还挺生动。

原来我一直是在做电影，做电视，跟图片摄影离得比较远，但是我特别爱拍，近年来带学生们出去做社会实践，我们都是到农村或者工厂去拍摄。而且随着这几年跟摄影界沟通多了，我越来越觉得我有职责让学生们知道中国优秀摄影师的作为和思考，你们身上有太多值得学习的东西了。

赵 青

高级编辑、策展人，中国新闻摄影学会副秘书长。

1997年本科毕业于陕西师范大学中文系，获学士学位。

2003年研究生毕业于中国人民大学新闻学院传播学专业新闻摄影与视觉传播方向，获文学硕士学位。

2003年7月至2019年7月，任《中国青年报》图片编辑、摄影记者、视觉中心主任，参加过诸多重大摄影报道，主编《中国青年报》专题摄影版，主持编辑运营摄影公号"守候微光"，面对青年摄影群体开展线上线下活动。

作品《北京：电视机里的奥运会》曾获得荷赛一等奖、索尼世界摄影大赛专业组入围、《人民摄影》报"金镜头"金奖等。

作品《长城，不是一堵墙》曾获得2006北京·影像专家见面会（Fotofest Beijing）推介。

作品《江河故人》曾于北京798映画廊个展。

作为图片编辑曾分别获得中国新闻奖一、二、三等奖，中国新闻摄影"十佳图片编辑"。

2019年调任中国摄影家协会，先后任中国摄协展览处处长、策展委员会秘书长，中国文联摄影艺术中心副主任。同年起开始担任中国摄影艺术节、全国影展等大展艺术总监，全国影展评委会秘书长，主持中央网信办支持的"长征"影像纪实及融媒传播项目，策划组织《身旁与远方》影像放映会（北京中华世纪坛）等。

赵青：时代造就影像

我的摄影从媒体出发

宋靖：跟本书中的其他摄影家相比，你算是摄影科班出身，所以你的成长之路对于国内的摄影学子更具借鉴意义。请说说你对于今天摄影的思考和你的成长经历吧。

赵青：当下的摄影，跟中国摄影以往的经验认知或有些教科书上讲的已经很不一样了。今天的摄影，更加多元，更加难以准确全面地描述。今天的摄影，可以是一种艺术形式，也可以是一种工具、一种语言或者一种媒介。我们正处在一个视觉文化泛滥的时代，这个时代的摄影几乎无所不在，影像如水一样渗透到各个领域，被融合、包容。但很多时候摄影不是独立存在的，它开放却被动，力量有限……这就是我对当下摄影的一些理解或者感性认识。

我的摄影，是从媒体出发的。我在《中国青年报》摄影部工作多年，一直以来在新闻报道摄影、社会纪实摄影和图片编辑的一线工作，现在中国文联摄影艺术中心主要从事摄影展览的组织、策展工作。

就我个人而言，我感兴趣的是关于探寻现实和历史关系的摄影题目。另外在今天，随着科技的发展和传播环境的变化，摄影的内容、形态、呈现会有各种未知性，我也很期望参与到这更多的可能性的实现过程中去。

宋靖：你曾参与过许多重大摄影报道工作，你的作品《北京：电视机里的奥运会》曾获荷赛一等奖，当时你是怎么想到通过这种视角去展现奥运会的？

赵青：奥运会在家门口开，作为一个摄影记者，我想全力以赴尝试摄影各种的可能性。那个夏天特别热，我现在还常能记起当时的高温天气下，人们为迎接奥运会，准备奥运

会的开幕式、在室外一边流汗一边演练。整个城市乃至国家的准备特别充分，每个人都在跟奥运会产生关联，人们的付出也很多，这让我感动。开幕式后的第二天，我采访完回到单位，当时摄影部的电视机里正在直播奥运比赛，在各种情绪作用下，那个场景突然就启发了我。城市偌大，但进入赛场看比赛的人只有少数，从某种角度来说，通过电视机观看的奥运会才是多数国人的奥运会。此外，这样的场景还能收纳很多象征性的视觉符号，表达很多难以用语言描述的气氛。

于是，接下来我就按照统一的方式坚持拍摄了7—8天。之所以说"坚持"，是因为实际上把屏幕和现实环境同时拍摄到一个画面中，会有很多技术上的困难，要走街串巷地广泛踩点选择场景，要等待电视画面里的内容和环境产生关系，还不能去干涉所有人……这实际上是用最传统的抓拍方式去完成一个带有观念表达的作品，有时候一个场景前举着相机一蹲就是1个小时。将千言万语通过无言无表情的空镜头叙述出声色是这个作品的统一风格，而这种风格的"坚持"比想象中的要困难不少。

《北京：电视里的奥运会》（其中9张）

2008年8月，北京大街小巷、家家户户的电视机里都在播放奥运会的盛况。 赵青 摄

这组照片的出发和拍摄，都是一段时间以来个人情感积聚的结果，这种情感真诚，由内而外，是为拍摄生出的原动力。那个夏天，听到过无数次歌曲《北京欢迎你》的旋律响起，现在一听到这首歌我仍会感触良多。我想，找到摄影的内心原动力还是很重要的。

这组照片不是传统意义上的体育摄影。时代在发展，体育摄影的理念其实也发生了很多变化。最早的体育照片就是还原现场，把当时的场景复制给你看。比如：运动员踢球射门，球进了没有；怎么进的球；是用头还是用脚；用左脚还是右脚；场景是怎么样的。这些要向没有观看电视直播的读者交代清楚。因此，以往欧洲图片社编辑对体育摄影记者的要求是一定要捕捉到进球一瞬间的场景。而在今天的传播环境下，照片的这些需求不再必要了，甚至很多专职的体育摄影师的工作似乎变得有些无聊。在这种逻辑背景下，我用摄影技术拍摄电视机里的体育比赛，就像是开了一个反向的小玩笑。

今天的现场摄影，实际上要求摄影师更着重发表自己的意见，展示自己的态度，甚至表达在现场的情绪和观点。这组照片就是这样一个逻辑，试图更多表达的是思考。还有一点，我们说新闻摄影的主要元素是人，但这组照片里面没有一个实体的人存在，却仍然有浓浓的情感和人的味道，我们似乎能看到居住者的生活和境遇。这组作品并不是传统意义上的新闻摄影，它不是图片新闻，不以传递信息为主，它融合了一些当代艺术的形式，比较开放，我个人的观点、态度、情绪都得以在里面充分体现。可能也正是因为这种态度，这组作品当时获得了荷赛体育特写类组照的一等奖。

我试图把报道和艺术结合起来

宋靖：从新闻纪实摄影角度出发，面对突发事件你有哪些经验可以分享？

赵青：面对突发事件，除了做摄影记者，实际上我更多是以图片编辑的角色在后方策划编辑，协调各方。面对突发事件，

摄影记者首先要做的就是尽快到达现场，这是跟文字记者或其他人不一样的地方。其次就是尽快报道真相，尽快真实全面地编辑、传播。从报纸的角度说，假如现在是中午，出现了一个灾难性的突发事件，那记者就得想尽办法，动用各种关系，携带便于随时发稿的器材，及时到达现场，尽量全面地拍摄采访，并在报纸晚上截稿之前把内容想办法传送到编辑部；然后进入传播场域，经过编辑、审稿、上版、检查、校对等一系列环节，到第二天吃早饭的时候，把报纸送到读者眼前。这其中，摄影记者要和图片编辑积极配合，协同工作。

所以，面对突发事件，一线摄影记者和图片编辑的职业传播要求是非常清晰的，那就是"快"，工作目标往往是明天早晨报纸上的一个摄影版，或是即时发稿的客户端。没有时效性，再辛苦、再重要的工作都会失去一些意义。

当然，考虑问题的另外一种角度恰恰相反，有些摄影师的策略是慢下来。卡帕说没有拍到好照片是因为你离得不够近，那么有的人恰恰要保持远一点。这个"远"，一方面是时间上的远，另外一方面是心理距离上的远。这样的摄影家不面临快

《面对洪水》
2007年7月15日，安徽省凤阳县黄湾乡韩巷村大堤上，两位全身用荷叶打扮起来的小姑娘望着面前仍在不断上涨的淮河水。前日夜间，由于遭遇强降雨，加之洪水浸泡，她们脚下的堤坝出现了管涌和滑坡，形势紧急，武警官兵正奋力抢险。据调查，这是新中国成立以来淮河发生的第二次大的洪灾。 赵青摄

《八月的日本》之一 2015年8月9日,在日本长崎和平公园的和平纪念雕像下,长崎市举行原子弹爆炸70周年纪念活动,几十位当年的核爆幸存者合唱祈祷和平的歌曲后被引导下台。1945年8月9日,美国向长崎投下继广岛之后的第二颗原子弹,造成15万人死伤。随后,日本于8月15日宣布无条件投降。赵青摄

速发稿的任务,他可能考虑的是要做一个摄影项目,做展览、画册,做一个比版面更大的呈现。传统的摄影记者面对突发事件,快速将信息报道之后,也会追问,会去做深度的解释性报道。当代的摄影家也会进行追问,但是他想的可能是更艺术、更有广度和深度的追问,他来到现场就是为了提出问题进行深入思考。

如今,传统媒体摄影记者报道突发事件致力于的"快",面对电视、新媒体的挑战,反而成为其天生的弱项。另外,作为图片编辑,我们还要考虑传播效果,在影像之外考虑受众的反应,琢磨有没有人看,有没有人喜欢,哪些是人们喜好或者厌恶的。今天的实际是,新闻摄影的力量显得比较弱。受众会觉得新闻摄影的语言非常传统,有的特别官方、老套,一本正经。突发的事件少有人看,年轻读者往往觉得这种事情跟他没什么关系。这让从业者感到悲哀。

所以在《中国青年报》时,我试图把这两种情况结合起来进行尝试,既追求新闻的时效性,也追求艺术的策略。我希望用艺术的语言或者姿态来维系这种报道的力量,来适应年轻读

者趣味的变化，来实现纪实影像落地传播的价值，让包括突发事件报道在内的新闻摄影既能吸引人来看，让人切实感受到其真实的力量，又能让人体验到报道之外多元、并不乏味的讲述。这是我个人的一些看法和做法。

努力了解摄影背后的逻辑

宋靖：你担任过很多大赛的评委，那么从评委的角度出发，你认为什么样的作品才能够打动你？

赵青：我更愿意强调我是图片编辑，图片编辑跟摄影师有巨大的不同。要想让评委喜欢、认可你的照片，有一点非常重要，那就是要考虑评委观看照片时的场景，其实就是要求你有编辑意识、用户体验意识。我看到很多摄影比赛有这样的一个初评场景：评委们坐在一个黑暗的房间内集体观看快速闪烁的幻灯作品，几万张照片一天之内就要看完，给出结论。你觉得你花了很多工夫，一张照片凝聚了你大量的思考，花费了不少心血，但结果就是一秒钟一张，一闪而过，而且参选的照片水平都不

《长城，不是一堵墙》之一

2006年5月30日，在明代长城的终点甘肃嘉峪关城下，当地人正在风沙中等待游客骑乘他们的马匹和骆驼。游人同骆驼合影的费用是一次5元钱。赵青 摄

低。你想想这是一种什么样的场景，是一种什么样的体验，所以你就能理解为什么能通过专业摄影评选的，影像一定要特别强。这种强，一方面是浓墨重彩，另一方面就是新奇，让评委们眼前一亮。有的照片拍得已经很好了，技艺炉火纯青，但是司空见惯，评委喜欢上作品的时间可能至少要半分钟。当然视觉过强也不行，如同妆容太重也会让人心生厌恶。简单来说，就是你要考虑评委的体验，这也是没有办法的游戏规则。

初评过关选出来的照片，接下来就有机会被慢慢品头论足。这时候，评委需要理性分析，他可能要看文字，要斟酌，要讨论。作品光有视觉上的新奇体验还不行，还需要背后的东西，与摄影脉络的关系。如果作者对当前摄影领域新的异动特别敏感，也会对参赛准备有所帮助。作品背后的逻辑特别重要，在参加一个比赛前，需要了解这个比赛，了解这个赛事的理念、倡导、好恶，它的价值观是什么。比赛评出的结果、名次并不重要，专业严肃的评选都是为了进行业务探讨，表达价值观。我觉得，了解评委观看的场景、影像背后的逻辑、赛事本身的理念，是有意义的事情，比得奖还有价值。在此基础上，请你不再过多考虑评选本身，拍自己爱拍的照片，编辑自己理解的照片，做自己爱做的事情就可以了。

宋靖：你认为今天的新闻摄影和以往的新闻摄影观念有何不同？以及今天摄影师和以往摄影师业务层面有何区别？

赵青：时代造就影像，不同的年代，摄影传播、展示的途径不一样，一代人和一代人的影像语言也是不一样的。今天的摄影更加开放、包容、多元，更加个性化。新一代的新闻纪实摄影者，面对新的境遇，会有新的操作方式。

他们除了要学会像前辈那样用相机讲故事，还要更强调用视觉的方式评价事物，表达观点，渲染气氛，表露情绪，分享感受等，使用更加个人化的表达方式。

今天的摄影师需要学习在互联网、移动端上进行新媒体报道或者展示，他们需要更加在意用户体验。信息、互动、记录和艺术这些概念混在一起，也变得越发复杂。

不少摄影师拍摄静态照片时，他们也要和电视图像、视频、直播、抖音、快手等抗衡。有年轻的摄影记者说，他很怀念之前两只手拍照片的时代，现在得一只手拍摄，一只手做直播，同时做几件事。

同时，新闻纪实摄影也在进入美术馆的观看机制，所以越来越多的年轻摄影师在报道的同时，也开始把注意力逐渐转向展览、出版。纸媒上的新闻图片过去注重的是信息真实性，注重现场冲击力，而美术馆里白墙上的作品需要更注重一些艺术的表达，需要跟新闻的某种隔离。

图片编辑要有呈现意识、传播意识

宋靖：说得好。关于图片编辑，你有没有给年轻摄影师的一些建议？

赵青：新闻报道摄影与其他摄影的重要区别是，除了影像本身的讲究，它还受严格的规范和约束，即来自于新闻业对真实客观的要求，也来自于媒体的伦理道德，而图片编辑工作就是重要的保证。

图片编辑在整个影像传播过程中非常重要，是有专业要求的，但在我们中国很多人往往还是会忽视这方面的工作。甚至很多成名的摄影记者、摄影家，图片编辑能力都是比较欠缺的。图片编辑首先要求有综合能力、综合素养，一个图片编辑可以不会摁快门，不会拍照片，但是一定得懂影像、懂文字；要有好的视觉素养，懂设计，懂艺术；还要有足够的跟人沟通协作的能力，懂得协调各方利益。

图片编辑要有很强的呈现意识。拍照片不是个人的事情，不是摄影师想怎么干就怎么干的，你不关心别人，别人一定也不会理睬你。图片编辑需要了解别人，尊重受众的观看习惯，要考虑一个作品面对公众，面对观看者，它是怎么样一种场景。比如在手机上观看一个专题摄影，标题不吸引人的话，人们都不会打开。过去把照片刊登在纸媒上就完了，编辑、记者不用太考虑订户，但现在可不行，现在每一条你都知道有多少人看，有流量、有数据。现在做媒体的就老有这种焦虑，还有同行竞争的关系，所以你得不停地考虑受众喜不喜欢你的作品，喜不喜欢看到你作品的方式。图片编辑的这种呈现意识，也会延伸到摄影展览中。比如，策展人得考虑观众是怎样在某个空间里面观看一幅影像作品的，是怎样遭遇到它的，是在入门处还是在转角的地方，多大的尺寸、怎样的光线更好，这都是在考虑观看者的感受。类似这些，往往容易被我们摄影人所忽视。

图片编辑还要有很强的传播意识。图片编辑得了解社会，了解外部环境。在新闻摄影、报道摄影传播中，图片编辑的一个重要工作，就是要让作品面向整个社会，你有义务去评估这件作品的社会价值。当你把这件作品拿到一份报纸、杂志上或者带到一个大的展览里，你得让人意识到这不仅仅是你个人的喜好，你需要告诉别人你为什么用这张照片，它的价值在哪里。同时，图片编辑还要有公众意识，要把握大众当时的情绪和情感。

另外在我看来，图片编辑这个职业一半是在工作，一半是在学习。这个行当在不停地变化，今天的工具、环境都在发生变化。

宋靖：在新媒体快速发展的时代里，《中国青年报》也创办了公众号"守候微光"，当时创办这个公众号的理念是什么？

赵青：在新闻摄影的黄金岁月，《中国青年报》摄影部被很多人认为是那个年代国内最好的摄影部，这里有新闻摄影、社会纪实的优良传统，有贺延光、解海龙等名家，一幅幅记录当代中国社会进程的经典影像在此诞生。秉承这种新闻摄影理想主义的传统，并寄望在新的环境有新的玩法，2014年年初，《中国青年报》摄影部（2015年成为视觉中心）微信公号"守候微光"上线。

"守候微光"刊载依托《中国青年报》摄影版原创生产的新闻摄影、社会纪实摄影作品，翻译推介了大量西方的摄影实践和理念，也就新闻摄影、影像传播、职业价值等方面的话题一起研讨评说。在图片社交功能肇始的时代，诞生于传统媒体的"守候微光"，也注意到传统摄影之外影像流传的现象和机制。

《江河故人》之一

2016年8月30日的广西壮族自治区全州县凤凰嘴渡口。长征中最惨烈的一役是湘江战役，而这里又是红军伤亡最大的地方。当年，红八军团的1万余人在这里渡江，江面浮尸遍野，满目血红，最后只有1000余人成功到达对岸。 赵青摄

今天的编辑区别于以往的一项工作，就是他要想办法寻找和开发用户。通过"守候微光"公号，我们把严肃的社会纪实摄影精准地推送到摄影专业人士和喜欢摄影的年轻读者面前，并且采用他们喜欢的方式。同时，借助公号对粉丝的黏性，我们在798艺术区举办展览，在北京国际摄影周举办多媒体放映会，组织举办亚洲大学生摄影比赛，开发视觉学习类互动游戏等，在新闻纪实摄影圈和年轻的摄影爱好者中具有了一定影响，颇受好评。正如"守候微光"简介说的那样，"帮助年轻的你看身旁、看远方。大家一起凝视的，既是我们的生活，也是历史的脉络。"承蒙那么多人厚爱、支持，该公号在这个新闻和摄影激烈变动的年代闪烁出微微的光芒。

宋靖：好的，非常感谢赵老师，你的所思所做一定会给学生很多启发。

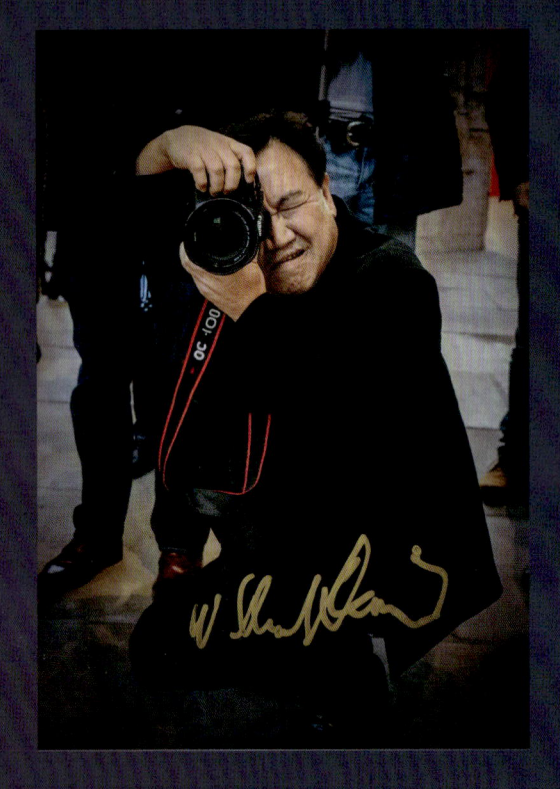

钟维兴

　　成都当代影像馆创始人，中国艺术摄影学会副主席，中国摄影家协会影像产业委员会委员，法兰西艺术院"威廉·克莱因摄影奖"评委会终身联合主席。

　　1962年生。2003年开始系统性摄影艺术创作，历年来创作了《天路》《失落园》《天玄地黄》《马达加斯加影像日记》《秘鲁影像日记·山巅上的乌兹托克》《斯里兰卡影像日记·化相重合的瞬间》《恒河系列》《美国西海岸》等摄影艺术作品。部分重要作品刊登在《中国摄影》《中国摄影报》《西藏人文地理》等报刊上，并在全球进行世界级摄影大师肖像的拍摄项目。

　　2012年，钟维兴凭借《失落园》获得了平遥国际摄影大展"优秀摄影师评审委员会大奖"，该系列作品2014年参加巴黎图片展之洛杉矶当代摄影博览会（PPLA），2015年参加巴塞罗那国际当代艺术博览会（SWAB）。

　　2018年，担任平遥国际摄影大展评委、北京国际摄影周评委。

　　2019年，在成都当代影像馆举办《Face to Face 面对面》个展。

　　2021年，担任集美·阿尔勒发现奖评委、大理国际影会评委会主席。

　　2022年7月，换届连任中国艺术摄影学会副主席，同年11月，被授予法兰西艺术与文学骑士勋章。

钟维兴：跟其他艺术大胆结合，这样摄影才有未来

摄影肯定是我无法割舍的一种生活方式

宋靖：现在是提升中华文化自信的时候，就摄影文化而言，作为摄影教育工作者我务必要把中国的摄影家介绍给孩子们，让我们中国的摄影发展后继有人。你在摄影界是勇立潮头的人，所以肯定能感觉到中国人对摄影的认识在不断加深，自信也在不断提升。你的摄影创作经历和看法非常有学术价值，你创办的成都当代影像馆也非常有引领意义。可以谈谈你具体的摄影之路吗？

钟维兴：迄今为止，摄影肯定是我无法割舍的一种生活方式。我认为摄影这门艺术的诱人之处，在于它从来不给你设置门槛，所有的门槛都是来自你内心。最终能在摄影这条路上走多远，全靠你自己，做好选择，做好判断。从技术层面来说，摄影对基本功的要求很低，毕竟它是现代技术的产物，只要反复操练机器，不需要太长时间就能学会。它也不是体力活，不需要"努力"，有时越努力越糟糕。

2002 年，我刚好 40 岁，那时候我就想，如果能活到 80 岁，我人生的下半场要开始做什么。我是从 2003 年开始拍照的，之前谈不上接触摄影。我一直喜欢旅行，走过很多国家。2002 年一个偶然的机会，我认识了四川籍摄影家朱林，之后就跟着他和几个摄影前辈一起走了许多地方。在过去的经历里，我接触到的人都很复杂，要相互防备，但到了摄影圈，我发现艺术家都那么可爱，那么透明，有缘就好好玩，没缘就离开，没有任何思想负担，我为什么不跟他们一起玩呢？摄影给我带来的快乐是超乎想象的。我越是深入其中，越能感知到世界的美好与丰富。这是我前 40 年人生里都不曾有过的体验。

宋靖：你之前有过一个拍摄当代摄影大师的创作计划。到目前为止，在当代摄影大师计划的拍摄过程中让你印象最深刻

的一次拍摄经历是什么？

钟维兴：到今天为止我拍中国和国外的摄影师有100位左右了，其中国外的大概有90多个。这中间有很多很多的故事，但其中让我印象最深刻的，我认为还是拍摄法国摄影师贝尔纳·弗孔。为什么这么讲？这个项目主要是要拍摄大师的肖像，肯定要拍到他们的脸，如果一个肖像连脸都拍不到，那这种肖像好像也不太完整。但是贝尔纳·弗孔非常特别，他是我遇到的这100个人当中唯一一个不让拍脸的摄影师。

弗孔年轻的时候长得很帅气，但随着时间流逝，如今他已经70多岁了，因此他非常不想把他现在苍老的形象留在这个世界上。所以在很多年以前，他就不接受任何人的拍摄，尤其是不允许拍到他的脸。我记得以前他在我国的中央美术学院做展览、讲课的时候，他给中央美院提出的唯一要求，就是当年所有听课的、听讲座的人都不准拍照。其实他就是担心别人拍到他。通过跟他一来二去的接触，我们成了非常好的朋友，但当我提出要拍摄大师肖像时，他就有点犯难了。毕竟他不想打破他的原则，很不想让我拍，但又考虑我们关系好到这种地步了，不让我拍又感觉有点说不过去。后来他居然找了一堆动物的面具戴在头上让我拍，所以在整个大师拍摄系列里面，他是唯一一个没有露出正脸的人，全程都是戴着各种各样的面具。

当时来讲，肖像没有拍到正脸是个遗憾，但是在今天，当我把所有照片一一回顾重新来看时，我发现弗孔其实是我整个系列当中最特别的一组。我甚至都在想，如果当时他直接不戴面具让我拍了，也许反而没有他戴上面具这么有意思。所以说他这一组肖像非常特别，给我的印象也特别深刻。

艺术家最欣慰的事情就是有人欣赏他的作品

宋靖：你最初收藏的作品是哪一幅？什么样的作品会使你想要收藏？

钟维兴：我真正开始进行系统性、学术性的收藏是在2015年，是为打下成都当代影像馆的学术根基而开始的。在这个过程中，我们对现代新闻摄影之父亨利·卡蒂埃-布列松的作品进行了系统化收藏，截至目前，我们是国内收藏其作品最多的机构。并且我们收藏了法国后现代摄影代表人物贝尔纳·弗孔的全系列作品，这也是全球范围内其作品收藏的最大规模。除此之外，我们还对威廉·克莱因、约瑟夫·寇德卡、森山大道、细江英公等重要摄影家的代表性作品进行了收藏。尽管学术性收藏的起步并不算太早，但我们的收藏计划是非常清晰的。馆内的学术收藏主要有两条线索：首先就是围绕在馆里做展览的艺术家来开展；第二条收藏线索就是围绕我的创作"Face to Face 面对面"来开展。

我同时兼有机构创始人、艺术创作者、收藏者等多重身份，因此在不同的立场与身份之下，我考量收藏的标准大有不同。为保证收藏的价值，馆内的学术收藏部分需要经过我馆的收藏委员会进行严格的评审，包括图书收藏，我们甚至聘请了专业的收藏顾问来把关。

对于馆内展览摄影家的学术收藏计划，我们首先会考虑这些作品要有别于其他国内外的摄影机构的馆藏。除了收藏艺术家们经典的作品以外，我们也非常注重他们未发表过的作品。通常情况下，耳熟能详的经典作品多数已被研究透彻了，但一些未公开的作品实际上也具有很大的学术研究价值。比如萨尔加多的"亚马逊"系列就有很多还未公开发表，但我们已经有他这个系列相对完整的收藏，这对未来我们对其进行深入的学术研究具有十分重大的意义。

同时，我也会收藏我在"Face to Face 面对面"系列创作中拍摄过的艺术家的作品，我认为这是非常必要的，因为这系列作品的拍摄对象都是在摄影史上重要的、杰出的，同时也是我尊敬的艺术家。艺术家之间的往来，除了思想、创作上的交流，收藏对方的作品就是向他们表达最大的敬意，因为艺术家最欣慰的事情就是有人欣赏他的作品。

宋靖：你是如何想到要创立成都当代影像馆的？

钟维兴：最初筹备创立成都当代影像馆的时间非常早，大

选自"Face to Face面对面",自左至右为贝尔纳·弗孔、荒木经惟、安东尼·达加达、塞巴斯蒂安·萨尔加多。钟维兴摄

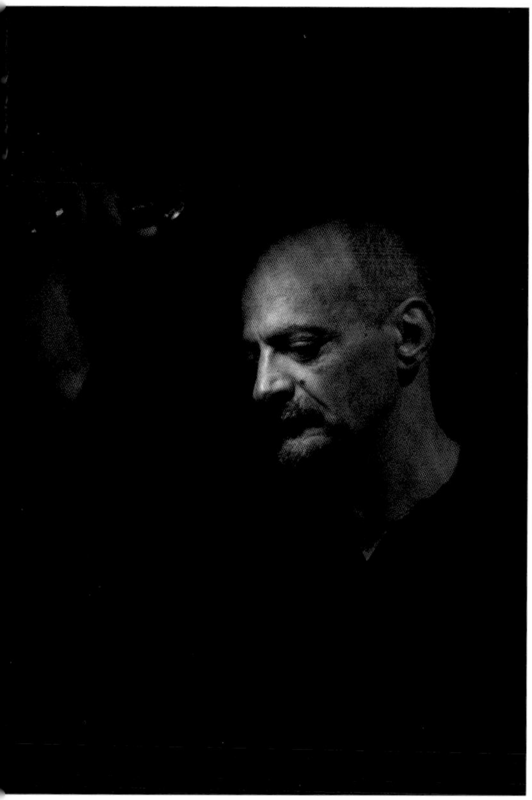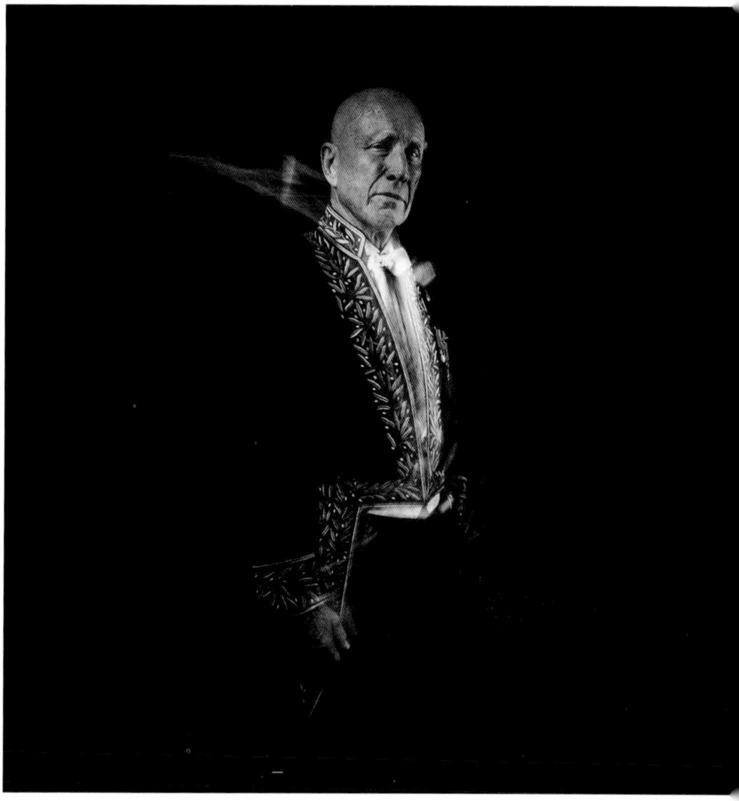

概在2012年左右。当时中国有很多美术馆，但主要是针对绘画和雕塑艺术，而没有一个专门针对影像艺术的美术馆。那时候我从欧美、日本考察回来感触还是比较深的，因为从摄影师的数量上来说，中国是绝对的大国，但是却没有与之相对应的美术馆平台。所以当四川省政府要把原来的钢材批发市场改造为府河公园的时候，我觉得这正好是一个契机。当然还有一个关键原因，因为我是成都人，我应该为这座美好的、有人文底蕴的城市去做这样的事。中国迟早要有专注于影像艺术的美术馆，我们既然有能力做这件事，为什么不做！就这样我下定决心做了。

曾经就有一个朋友问到我这个问题，问我为什么不在巴黎，不在美国或者其他地方建。我说巴黎和美国已经有很多优秀的专注于摄影艺术的相关平台，而这样的平台在成都，乃至中国都凤毛麟角，欧美国家的摄影艺术体系已经非常成熟，不需要我们再添砖加瓦。反之，在中国本土推进摄影艺术是一件更有价值和意义的事情。

实际上建立影像馆前前后后筹备了7年，前期我们对海外的美术馆进行了大量考察。我们最初考虑的很简单，比如场馆建筑面积等基础硬件设施，需要向亚洲的摄影美术馆标杆——东京都写真美术馆看齐。后来考察了一些欧洲的摄影博物馆，我们发现也有一些面积很小的摄影机构，但其内涵与底蕴十分深厚，这时我们才意识到只考虑建筑的大小是不全面的。

于是前期在基础设施和学术积累等方面，我们都做了很多扎实的建设性工作。所以现在无论从展览本身的质量，还是参展的艺术家水平，我们都是向国际一流水准看齐。当然还是有美中不足的地方：一方面是收藏问题，要成为国际一流的影像馆，需要丰厚的馆藏做基础，这也许是需要我耗费一生的精力以及得到社会力量的帮助，才有可能达到的目标，在这方面我们依旧任重道远。另外，我们的学术还需要持续做大量有深度的积累与开发性工作。无论如何，我们最终的目标非常明确，那就是要建成一个能与国际平等对话的影像馆。

我相信摄影一定会发展得越来越好

宋靖：你希望成都当代影像馆的创立能为观众以及社会带来什么？

钟维兴：我希望能够让成都当代影像馆成为国际一流的影像馆，让中国有一个能够与西方平等对话的影像馆。而且，在关注当代艺术的同时，我们也不能丢掉历史上经典传承的摄影作品。所以成都当代影像馆设置了布列松的常设展，也花了很多精力办年轻艺术家的展览。做好学术的同时，公众教育也是我们非常注重的。所以每个周末，我们都会有定期的公共活动。总体来说，影像馆的展览只是基本功能之一，还要有收藏、公众教育、学术研究、对外交流等。

宋靖：在今天新媒体兴起及全民摄影时代，你认为摄影将如何发展？

钟维兴：这其实是最近这一两年我常观察思考的一个问题。我是这么看的，就摄影来讲，到今天为止它才180多年。在艺术门类里，180多岁的摄影算是很年轻的一门艺术了。况且这180多年以来，如果从记录的属性到大家承认它有艺术属性算起，摄影的历史就更短了。毕竟在发明初期摄影完全是一个用来记录世界的工业化的产物，我们真正把它纳入艺术的门槛也就近几十年的事情。但是我认为，在跟现代科技相遇（像是随着数码技术、新媒体出现）的今天，恰恰是这种年轻的、新的艺术形式，进入了一种全新的状态，这时我们中国是最有希望实现弯道超车的。我前几天和几位艺术家也谈了一个观点，就是就我们现代中国来讲，我们与现代西方的音乐、绘画等其他艺术门类相比，还有一段很大的差距。在中国要产生一个贝多芬非常难，要出一个毕加索也比较难。毕竟我们近代中国在经受了百余年屈辱历史的情况下，被落下了很多。但就摄影来讲，恰恰就因为它这么新、这么年轻，从某种角度我们与他们处在同一个起跑线上，所以只要我们稍加努力，是完全可以实现弯道超车的。况且就中华民族来讲，我们本身有基础，有底蕴。

随着摄影技术手段越来越先进，随着科技的发展，尤其是随着现在多媒体这种跨艺术媒介的发展，我相信摄影一定会发展得越来越好。

宋靖：再说说你的策展经历吧。

钟维兴：我第一次答应去做一个策展人是给上海的影像艺术家马良做展览。我为什么愿意给马良做策展人？因为我觉得马良本身就是对今天提摄影发展这个问题很好的回答。我们以前传统的摄影在呈现方式上通常就是把照片输出来挂在墙上，而现代的摄影根本不是那么回事，它跟装置艺术、音乐还有其他多媒体都是相融结合的关系。我们2021年的很多展览是跟话剧、舞蹈相融合，呈现出来的力量完全不一样。所以我认为其他传媒介质与艺术的发展以及摄影的发展，已经走向了一条很好的融合道路。摄影那么年轻，我们一定要去大胆拥抱其他艺术，不能只是从摄影到摄影。如果我们仅仅是从相机到相机，从摄影到摄影，那我认为摄影没有未来，它走不了多远。把自己禁锢在单纯的照相术里面去，是肯定走不出来的。摄影第一在创作手段上有一些优势，第二在呈现方式上有优势，那就一定要把它发挥到淋漓尽致，去跟其他艺术门类大胆结合，这样摄影才有未来。

我经常跟很多摄影师讲，你是摄影师，你是优秀的摄影师，没有问题，但是，没有人规定你不可以做装置艺术，不可以绘画，不可以把音乐加进来，不可以把舞蹈加进来，不可以让它成为一个全新的艺术作品。所以我认为摄影遇到了一个很好的时代，科技革命和人们对新媒体的新奇感与我们的摄影刚好都处于碰撞时期，都需要发展，而且这些都是高速的发展。关于其他的艺术门类，由于其相对封闭性和高门槛，说实在的从业者其实现在很痛苦。我遇到过很多音乐家，而且都是很优秀的音乐家，他们是很痛苦的。因为他们这一生当中，好像还没有把很多曲子学完，人生可能就结束了。于他们而言，一旦遇到瓶颈，会出现很大的问题。而摄影的门槛低，非常开放多元，这门年轻的艺术能跟其他艺术门类结合，而且只有跟其他新媒体艺术相结合，它才有无限的可能性，有无限的未来。

当然现在很多人也提到另外一个概念，就是我们现在所说的"全民摄影时代"。其实对此我是存有疑问的。因为现在大家有一种误区，以为拿个手机随便一拍那就叫"摄影"。我认为"摄影"和"照相"这两个词之间还是有区别的，照相跟艺术本质上是没有关系的。摄影从表面上看起来好像没有门槛，不像小提琴，拿起来你不会拉就是不会拉，而每个人拿起手机都会拍，谁都可以玩儿，但是拍的结果是什么？不是每个人都可以成为艺术家，也不等于每个人拍的照片都能成为作品，并不是所有的照片都能达到艺术的高度。我甚至认为，照相更多的就是发挥简单的记录功能，这跟摄影艺术没有关系。如果不去区分的话，那是不是每个人拿个小提琴，哪个音都拿不准，只要你去拉，你就成为小提琴家？不可能。所以说，就摄影而言，我认为已经到了要捋清很多界限问题的时候。当然，全民摄影是很好的事，一个国家、一个民族，能爱好这件事就是最大的好事。第二，很多摄影师也都是从业余的发烧友成长起来的，我们的基数够大，这就给今后诞生的摄影艺术家创造了一个很好的基础，这是好事。但是我认为不能简单地将照相和艺术的摄影混为一谈。摄影虽然表面无门槛，但是这个门的背后，有一座高山。这座高山你能爬到什么位置，得靠你自己的努力。

1962年生于北京。

1994年在北京文化艺术总公司光达图片公司担任摄影师。

1997年在北京歌华集团担任首席摄影师,曾参加拍摄1997年香港回归、1999年国庆50周年大阅兵及辉煌50年成就展、1999年澳门回归、2001年申奥成功及第21届世界大学生运动会、2008年北京奥运会、2009年国庆60周年和2019年国庆70周年天安门广场焰火晚会、2014年南京青奥会、2021年建党100周年国家体育场焰火晚会等国家大型活动。

2010年在中华世纪坛举办"黑白人体"个人摄影展。

2013年至2022年,在中华世纪坛艺术馆主展场承担历届北京国际摄影周的策划、组织、运营、统筹、协调、执行、实施等全面的总监工作。

2017年5月、6月先后在法国阿尔勒摄影节和巴西里约年度摄影展举办"黑白人体"个人摄影展。

摄影作品先后在美国、法国、意大利、德国、俄罗斯、澳大利亚、韩国、巴西等国影展展出。

拍摄并出版大型画册及图书有《黑白人体》《用照片赚钱》《中国国宝展》《世纪国宝》《青州北朝佛教造像》《盛世吉金》《中国珉田石艺术雕刻集》《鞍山——路灯与城市》《摄影策展实用手册》。

曾担任中国摄影金像奖、全国影展评委。

朱洪宇：我是在最紧要的时刻跨准了三步

这就是我这么多年来从事摄影的大概情况

宋靖：简要讲一讲你的摄影之路是怎样的吧。

朱洪宇：我的职业摄影生涯最早是从商业摄影开始的。20世纪90年代，随着改革开放逐步推进，人们的生活渐渐富裕起来，摄影随着科技的发展也开始从黑白走向彩色，很多人拿起了照相机，商业摄影开始快速发展。那会儿大部分摄影师是在企业或单位做记录摄影，真正从事商业摄影的人不算多。我当时正好是在一个做市场化商业摄影的单位，于是就跟着单位做了商业摄影。大概6—7年后，我逐渐"摸着点门儿"，开始能独自接到一些商业摄影的单了。当时商业摄影从业者不多，相对而言竞争压力没那么大，总体而言还算走得比较顺畅。那会儿商业摄影主要是拍广告和拍画册，我们单位活儿不算少，做得不错。但到了后来，没想到我们单位转型成立了歌华文化集团，开始做国家级的大型活动。这时，

为国内某著名VCD机品牌拍摄的商业广告片。朱洪宇摄

我就从商业摄影师转型成了记录国家级大型活动的摄影师。

刚转型时其实我是很痛苦的，因为刚在商业领域拍出一些成绩就突然转型，开始确实有些不习惯。当时我也纠结了很久，后来平衡再三，考虑到能够拍摄更多的国家级大型活动其实是一个很难得的机会，心态就好多了，就这样我从商业摄影师转型成新闻摄影师和国家大型活动的记录者。当时我是歌华集团的首席摄影师，那个时候几乎所有的国家级大型活动我都参与进去了，而且都站到了最佳机位，也就是今天年轻人常说的"C位"。当然，在承担和享有记录国家级大型活动使命和荣誉的同时，我的商业摄影之心也没完全放下，我想要继续寻求突破，进而转向了艺术摄影，并开始尝试拍摄人体。

1997年6月30日香港回归前一日天安门广场庆典现场（左）和1999年12月19日澳门回归前一日天安门广场庆典现场（右）。朱洪宇摄

宋靖：为什么会想去拍人体？

朱洪宇：人体摄影一开始的确不是我的强项。只是我骨子里就不是墨守成规的人，不甘心做单调的职务摄影。加上有曾经从事过商业摄影的经验，独立运作过摄影棚十多年，擅长对灯光的把控，又赶上改革开放的好时代，那时涉及人像甚至是人体拍摄的肖像摄影顺理成章成为众多商业摄影门类中的一项。其实，1995年到2000年全国兴起过一阵拍人体热，但是人体并不好拍，真正能做到从艺术角度、光影角度去创作的少之又少。我那时看到了一些艺术水准很高的国外人体画册，自己也就想尝试拍一些艺术性较强的黑白人体。

在进行人体摄影探索过程中，我始终带着敬畏之心，凭借着

对光线的独到见解和对相机的娴熟把握，在光影下仔细巡视和提炼人体之美，将拍摄对象缩减到一种纯粹的镜头语言中，结合中国绘画与书法的间架动势、运笔疾徐、轻重顿行等曲线韵律，在黑白之间彰显极致的视觉构图。我有意识地剔除用色彩表现人体世界，而将所有的摄影理念在黑白影像中呈现。

也就是说，2010年以前，我经历了从单纯商业摄影到偏重国家级大型活动和艺术摄影拍摄。但2010年前后，我又逐渐感到了迷茫和压力。随着数码时代的到来，摄影随着科技的融入和发展发生了本质的变化，年轻人运用数码的手法迅速就把我们甩到了后面。看着年轻人在迅速向前发展，我真觉得有些力不从心和望尘莫及，这次迷茫和压力甚至比我上一次从商业摄影转型国家大型活动拍摄还要强烈，感觉自己已经被时代抛弃了。好在我这次的无奈持续的时间并不长。2011年、2012年，歌华集团开始和中国艺术摄影学会密切合作，共同商议向文化部申办北京国际摄影周，以弥补北京缺少大型摄影节的缺憾。2013年，北京国际摄影周终于申办成功，其落地执行单位就是歌华集团。当时歌华集团除了我之外没有人接触过摄影行业，作为歌华集团的首席摄影师，我当时对摄影比较了解，对当时摄影的各个承办机构都比较熟悉，顺理成章我就从原来摄影师的身份转行成了策展人。这次的转型策展人和上一次从商业摄影转成记录摄影有相似之处，都属于有一点被迫型的，但我这次的转型比上一次的转型更主动一些。因为，此时我意识到，随着数码时代的到来，我在拍摄方面的上升已经没有任何优势，再往下发展很难预测我是否能继续拼出一片天地，但在当时策展空缺很大，所以我想这可能是未来的发展趋势，如果我能在这方面努力，很有可能开拓出新的天地，于是我毅然承担了北京国际摄影周策展人这项工作。

从2013年创办北京国际摄影周起，我就开始积极主动地尝试做策划、组织、运营、统筹、协调、执行、实施等一系列工作。这些基础工作烦琐，事无巨细，非常锻炼人。说实话，我们当时也不知道北京国际摄影周未来会发展成怎样，毕竟当时平遥、大理、连州、丽水等摄影节都已很成熟，我们北京国际摄影周相对

《黑白人体》 朱洪宇摄

而言太年轻了。所以当时真的是看着人家学习，努力摸索着、请教着这些有经验的策展人。用短短三两年工夫，北京国际摄影周做起来了。这就是我这么多年来从事摄影的大概情况。

宋靖：你每一次的身份转变都抓住了机遇，你觉得抓住机遇的方法是什么？

朱洪宇：我的每一次转换都不是我主动的，特别是第一次从商业摄影转向单位的大型活动摄影，从内心来说真的不是我情愿的。但我是主动顺应社会的发展，会比别人有更多的思考和更早的预判，当然也会有更多的付出。第一次转型时我评估了一下，如果我辞职离开单位、自己去闯商业市场天下，保险系数并不高，因为北方的商业摄影环境远没有南方的商业摄影环境成熟和规范，而且是在首都北京，我没有那么大的信心在那种环境下靠商业摄影养活自己和家庭。但在北京从事摄影工作跟单位转型的好处是，我可以参与、见证国家几乎所有的重大历史事件，这会是我人生的最大机遇和安慰。后来拍人体，也是在我走向大型活

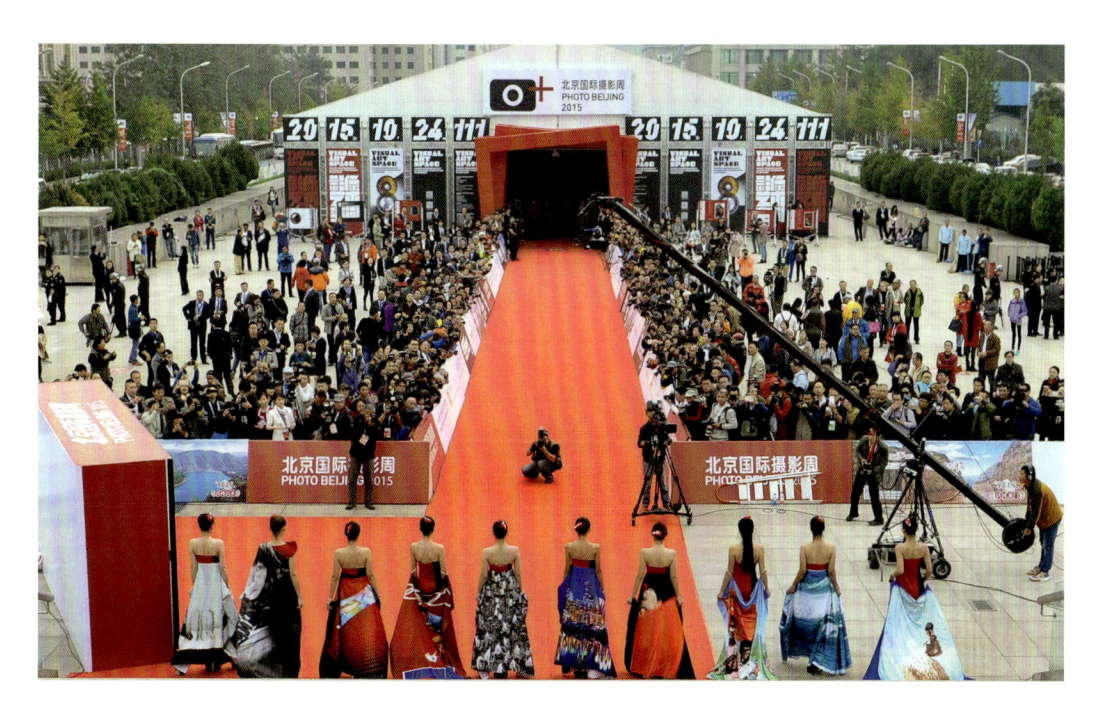

2015年北京国际摄影周盛大开幕式现场，首次出现模特身穿摄影作品与摄影家们共走红毯盛况。胡科摄

动拍摄的过程中，为突破单一模式而进行的艺术性摄影尝试，可以说两不耽误。再后来，随着社会的快速发展，数字摄影的出现让我更深刻地意识到我即将被时代所抛弃，所以这次转型不像第一次那样被动，而是有一些相对的主动性。而且事实证明，我这次的转型策展人也是成功的。当然，当时内心的彷徨也是有的，第一次转型至少还是拿着照相机的角色，心里还有底，但第二次转型相当于放弃了照相机，完全走入了另一个领域中。不过这一次转型确实是对的，我给自己的新定位是成功的。应该说，我运气很好，两次转型都赶上了时代的变革，顺应了发展的需要。

如何做一个好的策展人

宋靖：在你看来艺术摄影与商业摄影是否可以兼容？

朱洪宇：它们之间肯定有相通之处，一定有兼容。试想，艺术摄影首先追求的是"艺术"，有了艺术性的东西，它暗含的商业性价值也会存在，通常艺术表现性越强，商业性价值也会越高，这是成正比的。反过来从商业角度说，所谓商业摄影，其中的一个重要属性就是艺术性。我们赶上了时代的变革，亲身感受到从暗房到现代电脑明室的变化，简直一天一个变化。我记得特别清楚，早些年我们都不知道什么叫PHOTOSHOP（PS）的时候，当时美国的一个知名摄影机构在中国历史博物馆（今中国国家博物馆）举行了一次大型的摄影展览，它的"换头术"给我印象特别深。当然，现在摄影人都能很轻易地给作品"换头"了，但在那个时代这个操作是非常难的，也不容易被接受。所以那会儿的商业摄影靠的是摄影基本功，在此基础上再体现艺术性。这样的照片才容易打动客户，相应的摄影师才能有更强的接单能力。因此，当时的商业摄影师想得更多的是怎样拍出好的创意，特别是在没有PS技术支撑的前提下，

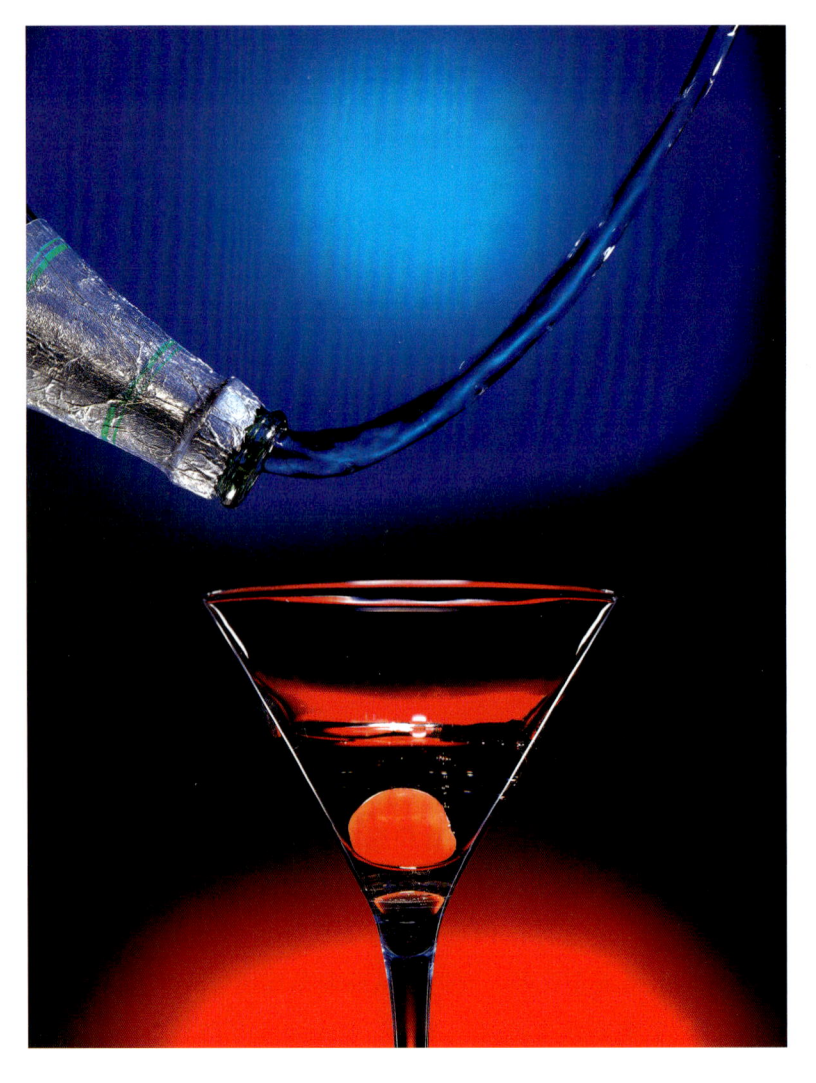

商业摄影作品《倒流》。朱洪宇摄

纯粹靠摄影的基本功来突出艺术性并展示自己的拍摄水平,这是非常难的。所以,我认为商业摄影和艺术摄影必须是兼容的,如果不兼容,它们双方之间就都没有价值了。

宋靖:你现在做了很多策展的工作,那么你认为如何才能成为一个好的策展人?

朱洪宇:首先你要知道什么是策展人,才能成为好的策展人。一般人对策展人的了解是他们就是挂挂画、写写前言,其实并不是这么简单。一个好展览并不是把所有的摄影界大腕儿集中在一起做一个大规模、有宏大主题的展览就可以了,如果你没有好的主题构思和策展方案,没有好的展览主线和展陈设计想法,这帮大腕儿你也拢不到一块儿去,也就做不出来有影响力的大规模展览。

具体来说,第一,你要知道策展人的基本职责是什么,要懂得展览的学术定位、学术主题是什么;第二,策展人并不是简单的挂画人、前言作者,最起码的展览资金怎么解决,这是策展人能否策展成功的很关键的因素;第三,展览的展品制作和展陈设计如何执行完善,这关涉到呼应定位及主题的策展具体执行和资金使用。

有了资金就得考虑如何使用,无论大、中、小规模的展览,也无论是普通的成就展还是高端的收藏展,都要做好预算,考虑好展品制作、展陈设计的方方面面,甚至要考虑到开幕式的各种情况。策展是一项事无巨细、环节烦琐的工作,策展人要组建团队并能给整个团队制定策展倒计时排表,准确到每一天该做什么事。策展人还有一个重要职责,就是宣传和推广工作。

总而言之,策展人的职责包括:明确展览的学术定位和主题;解决好资金来源与预算问题;决定展陈设计样式和展品制作标准;掌控好展览的布展和开幕式;做好展览的宣传和推广。这些都是策展人的基本工作职责,把这些做明白了,你才能成为一个基本称职的策展人。

那么什么是好策展人,我们就要在以上基础上进行提升,以主题契合国家的时代发展需求,以定位促进摄影媒介的学术

探讨和功能延展。以北京国际摄影周为例，我们每年有国家形象展，2022年是冬奥年，2021年是建党100周年，再往前还有新中国成立70周年、改革开放40周年等。能把契合国家发展的大型主题做成展览，并能得到政府认可、行业支持、广大民众喜欢，你就可以说是一个好策展人了。当然，如果还可以把学术类、专业类的展览做精、做好，最起码要和国际国内的摄影发展趋势、发展动向结合起来，把未来的影像发展动向和趋势打造成展览呈现给国人，你就是一个非常优秀的策展人。

我不久前就做了一个相对有难度的展览策划，就是北京电视台"光影新视界"栏目的第1届展览。这是一个要把电视台采访的50位摄影人的作品聚在一起展出的展览，而这50位摄影人既有老前辈里程碑式的大师级人物，又有资深摄影家，还有网红，有刚出道的新秀摄影人……不光作者身份构成五花八门，作品内容或手法也是有纪实、有新闻、有风光、有人文、有动物、有体育、有当代……这样的一个展览要想做到特点突出而不显得杂乱无章，并给参与者和参观者留下深刻印象，是

2018年起，以北京电影学院摄影学院院长宋靖为学术带头人在北京国际摄影周上打造了几届的动态影像空间展览板块，把传统的静态摄影展览打造成具备国际化、市场化特点的动态影像展览，从展览展陈形式到市场化运营模式，都起到了风向标的引领作用。朱洪宇摄

有难度的。经过斟酌分析，我决定从资深摄影家中找出非常有特点的10位，用装置把他们的特点提炼出来，以此为主线赢得观众和展览作者们的认可。

这其中，例如我们熟悉的《大众电影》杂志老摄影师张甦妍，她当年拍摄封面的《大众电影》杂志月发行量可是高达900万份。要是用现在的标准来定义，张甦妍老师绝对是人像摄影的超级大网红。只是本次展览要求每位摄影师仅能展示两幅作品，那我该怎么展示她的成就呢？我就从电影博物馆借了很多老的电影胶片盒，在展览现场搭成装置，把张甦妍老师的摄影作品悬挂在胶片盒子上，让人一看就知道这个摄影师肯定与电影有关。然后我又找了一些《大众电影》杂志放在胶片盒上，她的职业特点一下子就表现出来了。还有近年业界很有名气的王新妹老师，很多人知道她多次去南极、北极，并已经在中国美术馆举办过专拍南北极野生动物的个人摄影展，但这次她的两幅作品如何跟老一辈摄影大家的作品悬挂在一起而不泯灭个性，就需要有对王新妹的熟悉程度和智慧性的策划工作。很多人只知道王新妹专拍南北极野生动物，却不知道她还是国内顶尖的摄影书收藏大家，她在嘉兴创办的"影上书房"规模在国内堪称顶尖级。因此我特意在展览现场布置了一个大书架，在上面打印上"影上书房"的标签，摆上许多摄影书，再把她的两幅企鹅作品单独悬挂在书架上，瞬间就把她的内心需求与众不同地展示了出来。另外，还有专拍鸟巢体育场馆的何慷民老师，从鸟巢建设第一锹挖地基开始，他就在里面从事拍摄工作，一直拍到鸟巢体育场馆最后全面竣工。经和他本人商量，我在展览现场给他设置了脚手架，把他在鸟巢体育场馆施工时戴的安全帽、穿戴的安全带和工作服等行头都拿来挂上，然后把他的鸟巢作品也悬挂其中，远远一看，他的职业特点就显示出来了。还有摄影圈"打鸟"很有名气的段文科老师，他是鸟网的创始人，据说有几十万粉丝，那么怎么来表现他？他的特点是"打鸟"，我就说你把你"打鸟"用的伪装网和拍摄用的800毫米的镜头"大炮"以及三脚架拿过来，我在展览现场给你搭个"打鸟"环境，然后把你的作品直接挂上。就这样，我选了10个代表性的摄影人，在展览现场搭了10个具有职业摄影特点的展示装置，把这个展览的特色展示了出来，给人留下深刻的印象。

好的展览，最基本的就是要能给人留下了深刻印象。相对于常规的摄影墙面展，近年装置影展因为身临其境感颇受欢迎，"光影新视界"影展通过装置提炼了摄影师的职业特点和拍摄特点，将一盘散沙重新规划提炼，给人留下了非常深刻的印象，应该算是一个成功的好展览。

还是那句话，要做好策展人，首先要知道什么是策展人，策展人的基本职责是什么，除了前面总结的5点前提和基础，你要再去提升，使你策划的展览给人留下深刻印象，这时你就离好策展人不远了。（关于策展的更多经验思考，详见朱洪宇著《摄影策展实用手册》）

一个人成长有其偶然性，但也有一定规律

宋靖：你多年从事摄影的历程和转变很有启发性。我们现在好多学生太过急功近利，缺少踏踏实实的好心态。当然，他们现在的就业环境也确实不容乐观，孩子们的压力也不小，但即便这样也不应该丢了初心，只要实实在在一步一个脚印，总能做出成绩的。

朱洪宇：这一点我非常同意，不论是谁，你一定要在自己的工作岗位或者自己从事的工作上稳扎稳打。我举个例子，就拿拍人体来说，这个题材绝对是我深思熟虑后开始拍摄的。在判断这个拍摄题材定位时，我不断地反复问自己我到底想拍什么，我的拍摄优势是什么，我的拍摄特点是什么，我如何在每天的事务性工作拍摄之外实现突破。我当时就一直在思考究竟拍什么题材这个事情。我想过拍风光，但工作环境不允许。想过拍新闻，但这显然也不是我的优势。思考再三，我发现中国的人体摄影一直是比较空白的，加上当时改革开放后人体拍摄泥沙俱下，极少有高艺术品位的人体摄影作品问世。就像前面说的，我找到了自己的优势所在，遂开始进行人体摄影尝试。所以我认为，每个人都应该在静下心完成自己本职工作的同时，

2022年1月，北京电视台"光影新视界"栏目"群星璀璨 聚焦光影"摄影展布展现场，策展人朱洪宇和张甦妍老师正在布展。薛宇哲摄

再去研究发现自己的发展方向。包括两次被动性的转型，其实我都有过迷茫，但我也并不是完全被动，我一直在不断反思自己，从而认准了后续的路径选择。

宋靖：是的，我做这个系列访谈就是要告诉学生们，首先要自食其力，等自己在市场上有了立足之地后再去考虑如何实现自己的梦想。现在不少学摄影的学生，把家里钱花干净，最后什么都没弄成，然后就去干别的了，进而把摄影丢掉了。我想，如果不走这个弯路，慢慢在工作里找到事业的方向，没准儿他还能坚持下去。

朱洪宇：是的，这是很现实和实际的问题。我们每个人都有自己成长的环境和经历，都有走出校门、走进社会、走上工作岗位的经历，前人的成长经历和环境不同，但仍有可借鉴之处。

就个人而言，其实我最开始并不从事摄影工作，我以前是在大型国营工厂上班。但我从骨子里就觉得我不是在工厂干活的人，也不是在工厂干活的料。那会儿刚改革开放，城里兴起了打桥牌的热潮，当时工厂工会组织打桥牌，几千人的大工厂挑出十来个会打桥牌的人组成桥牌队，我是其中一个，就由单位工会组织到全北京市各单位去打牌、比赛。那会儿基本上一个星期就打两三天牌，我当时就有心，想从业余打到专业试试，打桥牌都打疯了。但是，随着年龄的增长，大家搞对象的搞对象，成家的成家，就我一个人还在傻傻地跟着到处打牌。然而，打桥牌有个致命的问题，就是必须俩人成对一块发展。这时我意识到桥牌不是我要走的路，因为没有人陪着我再往下走了。那会儿我年龄也大了，也面临着娶妻生子，家里人看着我一天天光晃荡也跟着着急，但是我又不甘心在工厂干一辈子。当时社会上流行第二职业，我想经商但又不会，加上我骨子里很喜欢摄影，就逐渐放弃了打桥牌，专项主攻商业摄影，准备做摄影看看。正好新街口的光达图片社缺一个商业摄影师，我是一个偶然的机会在那儿以第二职业当的商业摄影师。最后，我正式调离工厂，在新街口光达图片社开始正儿八经地跨进摄影行业。在商业摄影干了5—6年，随着单位转型，我又走向了国家级的大型活动资料拍摄，最后走向了大型摄影节的策展工作。我现在也到了职业生涯的退休年龄，回想这40多年的工作经历，虽说经历了不少沟沟坎坎、磕磕绊绊、大大小小不如意的工作困境，但我内心还是一直在"坚持"，要不忘初心地"坚持"，要对自己的职业规划审时度势地"坚持"，要善于把控局势地"坚持"，要随着社会时代的发展走向具有前瞻性地"坚持"，不能有一点不随意就跳槽，跳着跳着可能就把自己原本想要的东西忘掉了。

宋靖：一个人的成长有其偶然性，但也有一定规律，我这本书的目的就是想让学生对自己的职业规划早点儿有清晰的目标，并努力做到顺势而为。

朱洪宇：对，顺势而为，我是在最紧要的时刻跨准了三步，三步都是关键的，应该也是成功的。我从一个产业工人，最后走向了北京国际摄影周的艺术总监，这中间经历了无数的磨难，但也有历练、付出和不断的学习。就做策展人或者艺术总监来说，我是带着照相机事无巨细地记录着、学习着、体会着，我仔细地观察其他摄影节别人是怎么操作的，亲自去看人家的操作，用心感悟。我对我现在的选择无怨无悔。

宋靖：你们的成长经历对学生都非常有参考价值。把对摄影、对社会有贡献的人编到这本书里，让更多的人有机会看到你们是怎么成长的，我想这应该是摄影教育根本的东西。

朱洪宇：摄影使我们有缘相识，使我们有缘共事，摄影也一定使我们有缘与年轻人共同走向美好的未来。

后 记

20年弹指一挥间，一年又一年的时间里，我迎接来一批又一批的新青年，目送他们离开的时候，他们已经成长为新时代的青年摄影师群体。借此文稿成书的时机，对他们和对我自己都要送上寄语：生命之树长青，生活的故事常新。未来，我还将不忘初心地持续关注中国摄影家，倾听他们如何讲述中国故事，我相信会有更多青年人进入我的视野，我们一同讲述，一同倾听，薪火相传。

在此特别感谢陆续参与、协助我完成访谈、收集资料、整理书稿的我的研究生们，他们中包含从2002级我的第1届学生一直到2020级才刚刚毕业的同学。他们依次是：2002级研究生贾玥，2011级研究生胥艺炯、张引，2012级研究生夏凡、冯适，2013级研究生张樵、余美容，2014级研究生谢森崴、吴祥睿，2015级研究生姚礼尧，2020级研究生宋词、毕贺。感谢他们带着对摄影、对生活的热爱，跟随我投入到这项长期工作中，以他们年轻的眼光和头脑带给我非凡的感受与启迪。